THEATRE
DE MESSIEURS
DE BRUEYS,
ET
DE PALAPRAT.

TOME PREMIER.

TOME PREMIER.

PAR M. DE BRUEYS.

DAVID AUGUSTIN BRUEYS
né en 1640. et mort en 1723.

OEUVRES
DE
THEATRE
DE MESSIEURS
DE BRUEYS,
ET
DE PALAPRAT.

NOUVELLE ÉDITION,

REVUE ET AUGMENTÉE.

TOME PREMIER.

A PARIS,

Chez BRIASSON, ruë Saint Jacques, à la Science.

M. DCC. LV.

Avec Approbation & Privilége du Roy.

TOME PREMIER.

PAR M. DE BRUEYS.

TOME SECOND.

PAR M. DE PALAPRAT.

PAR M. DE BRUEYS.

TOME TROISIÉME.

PAR M. DE BRUEYS.

TOME QUATRIÉME.

PAR M. DE BRUEYS.

LA FORCE DU SANG, Comédie.

LES QUIPROQUO, Comédie.

LES EMBARRAS DU DERRIERE DU THEATRE, Comédie.

PARAPHRASE de l'Art Poëtique d'Horace.

PAR M. DE PALAPRAT.

LE CONCERT RIDICULE, Comédie.

TOME CINQUIÉME.

PAR M. DE PALAPRAT.

LE BALLET EXTRAVAGANT, Comédie.

LE SECRET REVELÉ, Comédie.

LA PRUDE DU TEMPS, Comédie.

POESIES DIVERSES.

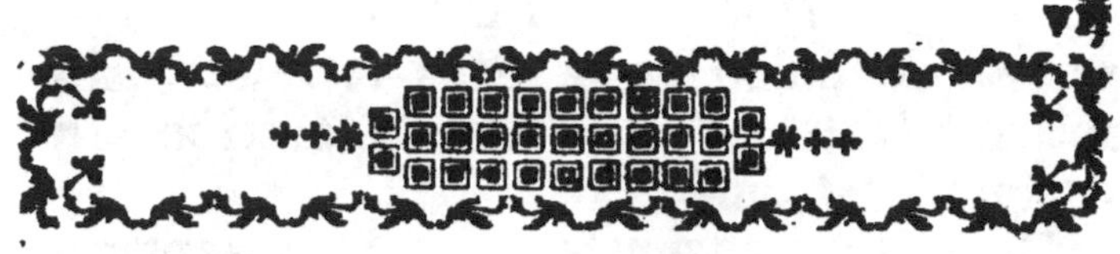

PREFACE

De M. DE PALAPRAT, *pour l'Edition qu'il a donnée en 1712, tant des Piéces de la composition de M. de Brueys, que de celles qu'il a fait seul.*

PERSONNE, que je sçache, ne s'est encore avisé d'écrire la moindre chose sur les Préfaces. On ne sçauroit cependant les regarder comme des ouvrages indifférens, étant faits pour être mis à la tête des autres, pour les annoncer, les préparer, pour en relever le prix en les faisant connoître, & pour leur servir enfin (si j'ose parler ainsi) d'introduction, d'entrée, & de *porte*.

L'occasion de dire mon sentiment sur les Préfaces ne pouvoit, ce me semble, être jamais plus naturelle que dans une Préface même. C'est ce qui m'a porté à nommer ainsi ce Discours : sans quoi j'avoue que je n'aurois jamais eu la témérité de donner ce nom spécieux à quelques pages de mauvaise Prose que je me suis crû obligé, par les raisons qu'on verra dans la suite, de mettre à la tête de la nouvelle édition de ces vieilles Comédies.

Ce n'étoit aucunement mon intention qu'elles eussent, étant surannées, un ornement qu'elles n'avoient jamais eu dans leur nouvelle saison; & plutôt que de songer à les assortir avec un ouvrage aussi sérieux qu'une Préface, j'avois eu la pensée de faire une maniére de petite Comédie sur ces Comédies. J'en avois communiqué le dessein à quelques-uns de mes amis, qui l'avoient fort approuvé: cela m'auroit donné lieu de débiter sur ces Piéces tout ce qu'il y a de bien & de mal à en dire, & je l'aurois fait d'une maniére moins ennuyeuse & plus animée, que ne l'est souvent la *monotonie* d'un Auteur qui parle seul dans ces sortes de Discours, par la petite action qu'y auroit jettée la variété du dialogue. J'y aurois introduit sept ou huit caractéres ridicules de prétendus beaux esprits du temps, de l'un & de l'autre sexe: j'y aurois mis un personnage sensé pour le contraste, & pour lui faire dire des choses justes & raisonnables. Il est vrai que c'étoit beaucoup pour ce temps-ci qu'une personne sensée sur six ou sept d'impertinentes, & que ç'auroit été peut-être l'endroit par où ma petite Comédie auroit été accusée de pécher le plus contre la vraisemblance. J'ai été empêché d'exécuter ce dessein, il pourra revenir en quelqu'autre occasion.

Pour dire donc en peu de mots maintenant ce qu'il y a long-temps que j'avois envie de dire sur les Préfaces, (& ce peu de mots pourra en quelque façon servir de Préface à celle-ci) je ne sçaurois dissimuler que je trouve qu'on les traite quelquefois trop familiérement, que bien des gens en abusent, & leur manquent tous les jours de respect; & que de même qu'on fait de temps en temps, dans les Etats bien policés, des reglemens sur le luxe, on en devroit faire un pareil dans la République des Lettres sur l'usage des Préfaces, pourvû qu'il fût plus durable & mieux observé. Je voudrois donc qu'il ne fût pas permis à toute sorte de livres d'être parés du superbe ornement d'une Préface, & que la qualité, la condition, & le rang de ceux qui pourroient en avoir, fussent marqués : au lieu qu'on peut reprocher aux Auteurs d'être en ce point moins retenus sur la parade qu'ils font de leur orgueil, que ne l'ont été jusqu'ici certains hommes superbes, nés beaucoup moins opulens qu'ils ne le sont devenus un peu trop-tôt, au gré du chagrin & du critique Public, toujours de mauvaise humeur contre leur magnificence ; certains hommes fiers & haïs, tant & si souvent accusés en plein Théatre de ne garder aucunes mesures sur l'imprudent étalage de leur vanité. Cependant voyez l'injustice de ce Public : il ne dit mot aux Auteurs qui mettent impunément à l'*entrée* de leurs livres toute sorte de pauvretés, ausquelles ils donnent le nom majestueux de Préface ; & il ne cesse de crier contre ces pauvres *gros Milords* de soudaine crûe, quoi qu'ils ayent été encore assez modestes pour ne point mettre à la porte de leurs Palais un Suisse du grand air, avec un plumet, un large baudrier, une flamberge à garde antique, & une moustache retroussée. Ils ont la modération de se contenter d'un simple Portier : personne ne l'oseroit trouver mauvais, on sçait trop qu'il leur est nécessaire pour faire le prélude, &, pour ainsi dire, la *Préface* de leurs brusqueries ; c'est le domestique de confiance, chargé de leur procuration générale pour repousser tous créanciers & demandeurs avec la douceur & l'honnêteté que le métier de ceux dont ils ont procuration *le comporte*, & enfin avec une extrême politesse, qu'ils ne possédent guéres moins bien que leurs maîtres, parce que souvent ils l'ont apprise en même école.

Mais pour revenir à mon sentiment sur les Préfaces, qui sera toujours conforme à celui des sages écrivains, quand je parlerai sérieusement, j'estime que ce ne sont point des ouvrages indifférens. Les bonnes ſont des chefs-d'œuvres, les médiocres des avortons, les mauvaiſes des monſtres. J'ai toujours conſidéré les premieres avec vénération : elles ont même eſſentiellement une des qualités qui conſtituent la bonne Comédie, en ce que, bien loin d'admettre ces ambitieux ornemens rejettés de tous les bons ouvrages par les Maîtres en l'art d'écrire, * elles ne reçoivent point de beauté étrangére ou inutile à leur deſſein, & rien n'eſt beau chez elles, s'il n'y eſt abſolument néceſſaire.

Telles ſont parmi pluſieurs bonnes Préfaces, celles de *l'Hiſtoire du Renouvellement de l'Académie des Sciences*, & celle de *l'Hiſtoire de la Ligue faite à Cambray*, *&c.* L'Auteur de la premiere, ſans s'écarter de ſon objet, ne trouve point de fleurs ſous ſa main qu'il ne moiſſonne ſoigneuſement, & ne ſe détourne jamais à droite ni à gauche, pour s'abaiſſer à cueillir même celles qui ſont ſur le bord de ſon chemin : il ne court pas après les beautés, comme l'*Apollon* qu'il a ſi bien peint courant après *Daphné*, dans un des plus galans Sonnets * * que

* Ambitioſa reſcindet ornamenta. *Horat.*

* * *Ce Sonnet commence par ces Vers :*
Je ſuis, diſoit un jour Apollon à Daphné,
Lorſque tout hors d'haleine il couroit après elle, &c.

j'aie vûs de ma vie : il attend sagement qu'elles naissent de sa matiére ; & d'autant plus éloquent qu'il est plus précis, il donne une idée de toutes les sciences qui occupent cette Académie, les fait non seulement connoître à ceux qui en étoient les plus éloignés, mais leur inspire une secrette envie de s'y appliquer.

L'autre Préface est digne de l'ouvrage qu'elle annonce. Elle met le lecteur au milieu de tous les intérêts de l'Histoire qu'elle lui présente, & s'en éloigne si peu, que l'auteur commence par elle à pratiquer la régle inviolable qu'il s'est faite pour tout le corps de son Histoire ; & cette régle est, dit-il, de tenir toujours devant ses yeux le titre de son livre : en effet, bien loin de s'en écarter jamais, toutes ses lignes y aboutissent comme à leur centre, tout y instruit avec une netteté qui est une sûre garantie de celle qui regnera dans tout l'ouvrage, & qui fait qu'en y entrant on se trouve d'abord en pays de connoissance.

Voilà comment doivent être les Préfaces, & pour quels ouvrages on en doit faire. Quand on a d'elles une idée pareille à celle que j'ai, & qu'on les envisage avec autant de circonspection que je le fais, on est porté à croire comme moi que toute sorte de livres ne méritent pas des Préfaces, & que d'en honorer de pures bagatelles, des ouvrages ſeulement faits pour le badinage & pour l'amuſement, ou, ce qui eſt encore pis, les écrits dégoûtans & les ennuyeuſes fadeurs qu'on en honore, c'eſt donner à une bamboche la coëffure d'une *Andromaque* *, orner une chaumiere du frontiſpice d'un Temple, & par une avenue magnifique faire arriver à une *Guinguette*. Je prévois fort bien que ce mot ne plaira point aux perſonnes délicates, & je ne m'en ſers que parce que c'eſt un terme bas que le peuple a mis en vogue depuis quelques années, & que j'en voudrois ſçavoir quelqu'autre de plus bas encore pour exprimer le mépris que j'ai pour de pareils ouvrages, qui partent ſouvent de la plume précieuſe de ces délicates Perſonnes que le mot de *Guinguette* ** offenſera.

Suivant ce que je viens de dire des Préfaces, voici de tous les livres celui qui en méritoit le moins; auſſi celle que j'y mets n'en eſt pas véritablement une, je ne la donne pas pour telle, & ne l'ai intitulée ainſi que par une commune façon de parler, & par la néceſſité que trouve *Soſie* à

* Andromachen à fronte videbis; Poſt minor eſt. *Juvenal.*

** *C'eſt ainſi que le Peuple appelle de petits Cabarets où il va ſe divertir les jours de Fête.*

être quelque chose. * *Au demeurant* donnez-lui le nom qu'il vous plaira, j'y consens, même celui de monstre dont je viens de qualifier ses pareilles, les Préfaces extravagantes. Celle-ci est d'un dessein fort différent de toutes les autres. Quant aux bonnes, dont les exemples que je viens de citer peuvent tenir lieu de définition, je n'ai pas besoin de prouver qu'elle leur est fort opposée, il suffit de la lire.

Il y en a d'un second ordre, qui sont plutôt des dissertations sur la nature, l'excellence, & les bonnes qualités du genre d'ouvrage qu'elles précédent. L'Auteur, à la vérité, ne s'y loue pas tout-à-fait ouvertement: mais il n'est pas difficile de sentir qu'il n'éleve si fort le mérite de sa matiere, que pour donner bonne opinion de son choix & de son goût.

On en voit enfin d'une troisiéme espéce, & ce sont celles où les Auteurs se louent eux-mêmes: pour le moins s'ils ne font pas directement leur panégyrique, ils travaillent avec grand soin à leur apologie; ils font tout ce qu'ils peuvent pour ériger en beautés les endroits froids, & les autres défauts qu'ils sentent bien qu'on pourra leur reprocher. Ils répondent à toutes

* Car enfin si faut que je sois quelque chose.
Dans l'Amphit.

les objections qu'ils prévoyent qu'on leur fera, & ils s'en font eux-mêmes de foibles de gaieté de cœur, pour triompher, pour s'applaudir de les avoir combattues, & se fournir par-là une occasion d'étaler leur sçavoir & leur éloquence.

Je ne parle pas d'un nombre infini de rapsodies (comme pourroit être celle-ci, sans aller plus loin) & d'impertinences de tout genre, qu'on met indifféremment & avec effronterie à la tête de toute sorte d'ouvrages, & de tous ces volumes difformes qui rendent aujourd'hui nos Imprimeries plus fécondes en monstres nouveaux, que l'Afrique ne l'a jamais été. Il n'est guéres en effet de *libelles*, * pour méprisables qu'ils soient, qui ne se trouvent *décorés* de quelque mauvais préambule qu'on appelle Préface ; & je ne désespere pas d'en voir à la fin aux *Almanachs de Troye*, & à quelque nouvelle édition d'*Ulespiegle*, *&* *de Robert le Diable*.

Il s'est glissé sur cela dans la République des Lettres un abus pareil à celui qui sur le chapitre des femmes s'est entierement introduit dans le monde. Les plus viles & les plus abjectes Bourgeoises se sont arro-

* *Petit livre. J'ose m'en servir dans ce sens après Despreaux.*

gées impunément tous les *attributs* * les plus pompeux des femmes de condition, & se sont mises sur le pied des plus *grosses Madames* **. Comme tous les plus bas recueils des plus plates pédanteries : toutes les plus triviales & les plus ineptes rêveries qu'un Auteur met au-devant de son ouvrage, sont appellées pompeusement, & non moins abusivement *Préfaces*.

En pensant de la maniere que je pense sur elles, je n'avois garde d'en faire aujourd'hui pour des ouvrages qui le méritent si peu, & qu'il y a vingt ans que pour la premiere fois j'avois laissés abandonner au Public, sans en prendre le moindre soin, & avec une tranquillité, si je l'ose dire,

* *La robe portée par une espèce de Carême-prenant, petit paysan de la Brie pouilleuse, grotesquement accoutré en Houssart avec une aigrette. Le carreau soutenu par un More, pliant sous la pésanteur de son velours & de ses galons, (les laquais blancs sont trop triviaux.) L'Ecuyer y sera insensiblement ajoûté : & que ne donneroit-on point pour couvrir de velours l'impériale du carrosse ? car il n'est marque de distinction si sacrée que n'eussent l'insolence d'oser prophaner des créatures sorties quelquefois de la boue du marché au poisson, que le brigandage de leurs maris, sur les défunts billets de monnoye, a mises de niveau par la dépense avec tout ce qu'il y a de plus élevé.*

** *Madame Jourdain dans le Bourgeois Gentilhomme de Molière.*

re, pareille à celle de ces meres assez indifférentes sur le destin des fruits de leurs amours, pour les exposer sur une borne à la merci des passans, & des soins peu empressés d'un Clerc de Commissaire, qui n'est jamais fort diligent quand il ne s'attend pas d'être bien payé.

J'avois, il est vrai, porté mon indifférence si loin pour ces Comédies, que sans parler des horribles fautes d'impression contre la raison & le bon sens, dont fourmilloient leurs précédentes éditions, il manquoit à la seule Comédie du *Grondeur*, qui est celle qui a été imprimée le plus souvent, des Scénes toutes entiéres: & malgré tout cela, cette Piéce ainsi défectueuse & mutilée, n'a pas laissé d'avoir un débit & une vogue presque aussi grande chez le Libraire que sur le Théatre; preuve suffisante pour voir que la plûpart des gens n'achétent ces livres que parce qu'ils les voyent acheter aux autres.

Il auroit donc suffi d'un très-petit Avertissement du Libraire, qui eût assuré les acheteurs que j'avois vû, revû, touché, retouché, examiné, & corrigé cette édition avec exactitude, & qu'outre qu'on la leur donnoit correcte, on l'avoit augmentée de plusieurs Piéces qui n'avoient pas été imprimées.

Car pourquoi, dira-t-on, s'aviser, après

ſi long-temps de faire une Préface pour de vieilles Piéces, & de mettre des paremens neufs à un habit uſé ? il ne s'agit pas de juſtifier ces Comédies, dont les unes ſont reçûes encore tous les jours avec plaiſir, & on ne ſonge plus aux autres.

On auroit donc raiſon de me reprocher que j'enchéris viſiblement ſur l'abus que j'ai condamné, ſi je ne prenois le ſoin que je prends de déclarer que tout ce préambule, ce verbiage, ce prologue, *ce Poëme*, ce diſcours, cet avant-propos, à qui, entraîné par le mauvais exemple, j'ai donné le nom de Préface, que j'avoue qu'il ne mérite pas; ſi, dis-je, je ne déclarois point que la précaution que je prends dans ce diſcours n'eſt point du tout pour les Comédies qui ſont contenues dans ce volume; je la prends uniquement pour les Diſcours qui précédent ces Comédies. Voici le fait.

Je me ſuis amuſé, je ne ſçaurois dire comment, pourquoi, ni par quel caprice, à faire un Diſcours ſur chacune de ces Comédies; en quoi la réfléxion, qui vient rarement aſſez-tôt dans les perſonnes un peu vives, pour ne dire pas étourdies, m'a fait appercevoir après coup, & un peu trop tard, que j'ai fait un uſage moins bon & moins ſérieux que je ne devois du loiſir qui ſuit le penchant d'un homme qui ne ſe ſent que trop ſur ſon déclin, qui ceſſe d'être occupé par les passions, & qui l'est aussi peu que je le suis par les affaires.

Il s'agit donc de prévenir franchement & de bonne foi le lecteur sur ces Discours, afin qu'il n'aille pas croire, comme vraisemblablement il le croiroit, qu'ils sont des examens de ces Piéces, & qu'ils contiennent des dissertations instructives sur ce sujet. Je lui déclare qu'ils ne sont rien moins que cela, & ne parlent tout au plus de ces Comédies, que pour dire ce qui a donné lieu à chacune d'elles, la part que j'y ai, la maniére dont je les ai faites, en tout ou en partie, moi seul, ou avec un homme de mérite qui fut long-temps mon associé; & dont je ferai fréquente & honorable mention dans ces Discours.

J'y rapporte quelques incidens & quelques petits traits historiques de leur temps, des scénes qui se sont passées à leur occasion, soit dans l'enceinte des murs sacrés de la Comédie, soit dans sa banlieue, & quelquefois même au-delà du ressort de la jurisdiction théatrale & comique: mais qui ont toujours quelque légére connexité avec le temps de la Piéce, son sujet, les Acteurs qui y jouoient, ou avec d'autres circonstances.

Au reste, le lecteur ne peut être assez préparé à trouver toute sorte de défauts, des écarts fréquens, & des déreglemens outrés dans ces Discours, à commencer par celui-ci, qui n'étant fait que pour prévenir le lecteur sur les désordres des autres, au lieu de produire en lui cet effet en leur faveur, achevera peut-être de l'indisposer contr'eux.

Qu'on s'attende donc à trouver toute sorte de hardiesses & de négligences dans ces Discours, sur-tout dans ceux qui précédent *le Grondeur*, *le Muet*, *les Empiriques*, & *l'Important* : je n'y garde pas plus d'ordre & de suite qu'en tient dans sa course un jeune cheval échappé qui va par bonds & par sauts, n'ayant point de frein qui le retienne. *

Mais voilà une comparaison bien magnifique & peu proportionnée à mon âge ; c'est bien à moi vraiment à être comparé à un jeune cheval fougueux, & n'est-ce pas le moyen de me faire dire au contraire:

Malheureux, laisse en paix ton cheval vieillissant,
De peur que tout à coup efflanqué, sans haleine,
Il ne laisse en tombant son maître sur l'arène. †

* Per aperta volans ceu liber habenis
Æquora. *Virg.*

† *Despreaux.*
Solve senescentem maturè sanus equum, ne
Peccet in extremum ridendus, & ilia ducat. *Horat.*

Je doute même qu'on me fit l'honneur de se servir de ces vers de *Despreaux*, imités d'*Horace*, & l'on m'appliqueroit plutôt ce Quatrain, qui est de *Dassouci*, ou de quelqu'autre qui ne vaut guéres mieux.

Ton Pégase n'est qu'une rosse,
Tiens-le clos, il bat trop des flancs;
Crains, s'il avait la clef des champs,
Qu'il ne s'attirât plaie ou bosse.

Je profite de ma réfléxion & de cet avis, je dérogé à la comparaison, je l'abdique & je la *casse*, comme *le Jaloux désabusé* * casse le privilége des femmes, pour confesser de bonne foi que je me suis laissé gagner à la démangeaison de conter mille choses vaines, avec la foiblesse d'un vieillard, qui, au milieu de sa famille & de ses amis, leur fait des histoires qu'il leur a cinquante fois répétées, raconte les incidens de sa vie, depuis ses premieres classes jusqu'à ses troisiémes nôces, passe des frédaines de sa jeunesse aux graves époques de ses emplois les plus sérieux, saute du Collége à la Cour, du Bal au Palais, revient de la Grand'-Chambre à l'Académie, confond les procès qu'il a perdus avec les parties de paume qu'il a gagnées, ne met

* *Acte 3. Scéne 4.*

point d'intervale entre le récit de ses galanteries & de ses combats, & la description de ses fluxions & de ses rhumatismes ; commence une avanture de cabaret, qu'il finit par des réfléxions morales sur le temps passé ; & ne s'ennuyant jamais d'ennuyer tout le monde, conte dans ce bel arrangement toutes les rêveries qui lui tombent dans l'imagination.

Voilà la peinture fidéle de ces Discours. Je prends toutes les précautions que je puis & que je dois, d'avertir qu'il n'y a guéres de libertés que je ne me sois premises, de celles qui ne peuvent faire tort qu'à la conduite d'un ouvrage & à la pureté de son style, & qui ne blessent pas les bonnes mœurs ; car à cet égard je me suis fait une loi très-sévére. S'il m'échappe quelque trait de satire, ce n'est que sur le siécle en général ; & quand il y a quelqu'un de désigné dans mes portraits, ce n'est que quand le portrait est à son avantage. J'atteste la vérité que je professe, que je n'ai eu aucun particulier en vûe, & j'espére que tous ceux qui auront assez de temps à perdre pour lire ces bagatelles, en tomberont d'accord. Quelquefois j'ai formé mes peintures des traits rassemblés en trente objets différens, pour éviter avec soin qu'il n'y eût personne d'assez malin qui en pût faire d'application juste.

Pour les libertés qui n'encourent que la censure du Parnasse ; je n'en ai pas usé avec la même retenue : je me pique d'être un bon homme, & n'ai point la vanité d'aspirer à passer pour un bon écrivain ; aussi ne me suis-je guéres ménagé sur ce dernier article. Attendez-vous à trouver dans ces Discours tous les défauts qui peuvent choquer ce que les écrivains *tendus* appellent de leur autorité *justesse* ; excuse quelquefois de la froideur, & toujours faux-fuyant d'un génie timide qui se défie avec raison du succès de ses hardiesses.

Il n'y a donc rien de tout ce qui est décrié par les édits de ces souverains Maîtres, ou plutôt de ces tyrans de l'Eloquence, comme directement contraire & opposé à leur justesse, qui ne se trouve fréquemment dans ces Discours : métaphores hardies, façons de parler témérairement hasardées, & sans les avoir soumises à ces grands arbitres de leur *sauf-conduit* ; nul scrupule sur les Gasconismes, quand ils ont facilité mon expression, gasconades même employées avec dessein, parce qu'une longue expérience m'a appris qu'elles divertissent souvent ; fréquens écarts de mon sujet ; que dis-je ? égaremens inexcusables & si grands, que je plante là quelquefois ce pauvre sujet, pour courir après quelque trait de satire, innocente à la vérité, parce qu'elle eſt générale, pour m'embarraſſer dans des contes, pour m'embarquer dans des peintures des mœurs, leur faire la guerre, & les combattre auſſi mal à propos que le *loyal*, mais toujours malheureux *Chevalier de la triſte figure*, combattoit les moulins à vent.

Pour les digreſſions, j'y retombe ſi ſouvent, que j'en ai eu honte, & me ſuis crû obligé d'en faire une *amende honorable* dans un Diſcours exprès qui précéde celui qui eſt à la tête des *Empiriques*. Bien plus, je ſuis trop ſincére pour ne pas confeſſer que tous les défauts en un mot qui peuvent être critiqués avec juſtice par les perſonnes ſérieuſes qui aiment qu'on écrive avec ſageſſe & avec pureté, ſauteront aux yeux du lecteur de ce caractére, même le plus indulgent, non ſeulement dès l'entrée de ces Diſcours, pour leſquels je prends tant de ſoin de l'y préparer; mais même de celui-ci, qui n'a pû être ſuſceptible d'aucune préparation, parce que cela ſeroit allé à l'infini, & que j'aurois fait inſenſiblement un volume entier de préparation.

J'avoue ingénuement qu'au lieu d'éviter tous ces défauts dont je viens de parler, je me ſuis flatté que ce ſeroit peut-être par-là que ces Diſcours feroient fortune. Le goût du tems en toutes choſes ne me paroît pas ennemi des irrégularités; il ſuffiroit ſtroit de la fureur qu'on a pour les ouvrages de la Chine, pour prouver que les imaginations les plus bizarres plaiſent plus que les deſſeins ſuivis & correcte; les arts en cela ne font qu'imiter la Nature. Les beautés les plus parfaites n'ont pas toujous fait naître les plus grandes paſſions : j'ai ſoupiré pour tels petits yeux noirs, qui m'ont ſuſcité plus de rivaux que je n'en aurois eus, s'ils avoient été grands & *verds* comme les yeux de *Minerve*, tant vantés par les Poëtes Grecs, * ou ceux de *Philis*, qui mériterent d'être changés en aſtres. * * Et j'ai connu telle grande bouche qui a fait plus d'adorateurs, & a inſpiré plus de déſirs, que n'en alluma jamais la petite bouche de *Diane*, * * * la plus parfaite du Ciel & de la Terre, au jugement de Praxitelle.

Mais il ſemble qu'il y ait un je ne ſçai quoi de plus piquant dans les caprices de la nature que dans ſes opérations exactes, ce doit être un favorable préjugé pour les ouvrages des arts, ſur-tout pour ceux de l'eſprit, en un ſiécle où les choſes nouvelles, extraordinaires & bizarres ont pris un ſi grand empire. Ce n'eſt pas d'aujourd'hui

* *Me. d'Acier ſur l'Ode 28. d'Anacréon.*

* * *Poëme des yeux de Philis changés en aſtres.*

* * * Oſculum quale Praxiteles habere Dianam credidit. *Petrone.*

seulement que la bizarrerie, le hasard & le caprice ont fait des miracles en des occasions où le dessein, la patience & l'étude avoient échoué : un grand Peintre en jettant autrefois son pinceau de dépit, rencontra heureusement en cet instant & par ce seul coup, ce que son travail assidu cherchoit sans succès depuis plusieurs jours. *

Toute l'espérance que j'ai que ces Discours soient favorablement reçûs, n'est fondée que sur leur bizarre& capricieuse singularité. Je vois qu'on ne fait guéres d'attention tous les jours sur trente personnes dont la taille est belle & proportionnée, & que l'on court à la Foire pour y voir un *malotru*, parce qu'il est d'un demi pied plus grand que les hommes ordinaires.

J'ai espéré aussi de faire quelque plaisir par une maniére de nouveauté, qui consiste en ce que j'ai eu soin de semer dans ces Discours des circonstances, des particularités relatives au temps auquel ces Piéces ont été jouées, & aux Acteurs qui y jouoient. C'est dommage qu'on ne se soit pas avisé depuis qu'on a commencé d'imprimer tout ce qui se présente sur la scéne Françoise, de mettre le nom des Comédiens à côté de leur nom de théatre ; cela

* *On connoît cette histoire de Protogenes & de Néalcès.*

nous auroit donné une eſpéce d'hiſtoire de la Comédie, & de ceux qui l'animoient. Je voudrois que la penſée, qui ne m'en vient qu'en ce moment, m'en fût venue plutôt, j'aurois introduit cet uſage dans les Comédies, comme il l'eſt dans les Opéra; & j'aurois mis, par exemple, à côté de *M. Grichard* dans le *Grondeur*, de *Frontin* dans le *Muet*, de *L'Epine* dans le *Concert Ridicule*, *&c. M. Raiſin le cadet; ainſi* que *Mlle. Beauval* vis-à-vis des noms de *Javote*, *Toinette*, *Cato*, *Marine*, & des autres.

Je ſuis perſuadé que mille gens ſeroient curieux de connoître les Comédiens qui ont eu quelque nom, & de ſçavoir la ſucceſſion théatrale de ceux qui ont été les *Rois* * de leur profeſſion. Il ſeroit à ſouhaiter qu'on la pût trouver depuis les Jongleurs du temps de Philippes le Bel, juſqu'à la troupe qui repréſentoit les ruſes & les ſubtilités de l'Avocat *Pathelin*, à ce qu'on croit ſous Charles VIII. & ſucceſſi-

* *On donnoit autrefois le nom de Roi à celui qui excelloit dans ſa profeſſion. Philippes le Bel par Lettres Patentes de* 1295. *fit* Charmillon, *Roi des Jongleurs: & Henri IV. long-temps après, le célèbre* Matali, *un des quatre miracles de Toulouſe, Roi des Violons. Ce nom étoit tiré de l'antiquité; Roi vouloit dire Maître.* Voyez M. Dacier ſur l'Ode 43. d'Anacréon.

vement jusqu'à ce qu'on cessât de s'enfariner à la farce, & qu'il sortit du *cahos*, pour ainsi dire, & de la confusion des trétaux sur lesquels regnoit toutes sortes d'impertinences, un théatre régulier & brillant par les soins du grand *Moliere*, à qui la Comédie a dû sa derniere perfection.

J'appris en 1671. beaucoup de particularités sur ce sujet, par des personnes de conditions fort différentes, & également instruites de ces vieux temps ; si je ne les ai pas toutes retenues, j'ai pour le moins encore présent le plaisir que j'avois de les entendre discourir de ces antiquités théatrales. M. le Maréchal d'Albret, & M. le Marquis d'Albret, gendre & neveu de ce Maréchal, étoient d'un goût curieux pour ces sortes de choses, ainsi que pour toutes celles où l'esprit & la galanterie avoient autrefois brillé. Ils se faisoient un divertissement d'être sur cela plus sçavans que les autres, & ils avoient là-dessus des mémoires qui venoient de très-bon lieu, & de l'homme de Paris qui en sçavoit le plus. Ma famille avoit été toujours très-attachée à cette Maison : J'y faisois assidûment ma cour, j'y étois bien reçû & je n'en bougeois ; j'étois souvent présent (écoutant & très-attentif) à des conversations qu'ils avoient sur ces anciennes espéces de galanteries & de spectacles.

Mais ce n'est pas seulement auprès de ces Seigneurs que j'appris des particularités de notre ancienne Comédie. Je soupai tous les Samedis en très-bonne compagnie chez un Peintre Italien nommé *Vario*, tant que dura l'hiver de cette année 1671. hiver, qui fut plus riant qu'un printemps pour la ville de Paris, parce que le Roi l'y passa tout entier. L'illustre & le magnifique *M. Riquet*, plus immortel encore par le mérite des personnes qui composent la famille qu'il a laissée, que par le glorieux ouvrage de la jonction des mers, * avoit fait venir *Vario* de Florence, pour orner de plusieurs belles peintures sa maison charmante de *Bonrepos*. C'est-là où j'avois lié une grande amitié avec *Vario*, ** pendant les deux ou trois années qu'il y avoit travaillé. Mon Florentin étoit venu à Paris, & il n'y avoit pas été plutôt établi, qu'il étoit devenu grand ami, cousin, camarade & compere de tous les excellens Acteurs de la Troupe Italienne de ce temps-là; elle

* *L'Océan & la Méditerranée, par le fameux Canal de Languedoc, qui dans son étendue contient 30. merveilles, l'une plus surprenante que l'autre, & dont la moindre mériteroit d'être prise pour un ouvrage des Romains.*

** *Nous l'appellions* Berrio, *& allongions l'io, par l'habitude que nous avons d'estropier les noms, & de donner au B & à l'V l'usage de l'un à l'autre.*

jouoit au Palais Royal, & avoit ses jours marqués sur le même théatre avec la Troupe de *Moliere*.

Ce grand Comédien, & mille fois encore plus grand Auteur, vivoit d'une étroite familiarité avec les Italiens, parce qu'ils étoient bons Acteurs & fort honnêtes gens: il y en avoit toujours deux ou trois des meilleurs à nos soupers. Moliere en étoit souvent aussi; mais non pas aussi souvent que nous le souhaitions, & Mademoiselle Moliere encore moins souvent que lui: mais nous avions toujours fort régulièrement plusieurs *virtuosi*, (je puis me servir de cette expression dans la maison d'un Italien) & ces *virtuosi* étoient les gens de Paris les plus initiés dans les anciens mystéres de la Comédie Françoise, les plus sçavans dans ses annales, & qui avoient fouillé le plus avant dans les archives de l'Hôtel de *Bourgogne* & du *Marais*. Ils nous entretenoient des vieux Comiques, de *Turlupin*, *Gautier-Garguille*, *Gorgibus*, *Crivello*, *Spinette*, du *Docteur*, du *Capitan*, *Jodelet*, *gros René*, *Crispin*. Ce dernier florissoit plus que jamais; c'étoit le nom de théatre ordinaire, sous lequel le fameux *Poisson* brilloit tant à l'Hôtel de Bourgogne. Quoique Moliere eût en lui un redoutable rival, il étoit trop au-dessus de la basse jalousie, pour n'entendre pas volontiers les louanges qu'on lui donnoit ; & il me semble fort (sans oser pourtant l'assurer après quarante ans) d'avoir ouï dire à Moliere, en parlant avec Dominico * de *Poisson*, qu'il auroit donné toutes choses au monde pour avoir le naturel de ce grand Comédien.

Ce fut donc dans ces soupers que j'appris une espéce de suite chronologique de Comiques jusqu'aux *Sganarelles*, qui ont été le personnage favori de Moliere, quand il ne s'est pas jetté dans les grands rôles à manteau, & dans le noble & haut comique de l'Ecole des Femmes, des Femmes Sçavantes, du Tartuffe, de l'Avare, du Misantrope, &c.

Les Pasquins & les Merlins ont eu leur vogue depuis. * * J'oserois croire, si Moliere avoit vécu, qu'insensiblement il n'auroit pas fait grand fonds sur les rôles de valet dans ses Comédies. Je ne serois pas trop

* *C'est le célèbre Arlequin, pere de Mlle. de la Thorillieré, qui a soutenu seule long-temps le Théatre Italien sous le nom de* Colombine.

* *Les Philippins l'avoient eue quelque temps ; & j'ai lû & vû jouer une Comédie intitulée* La Coquette, *où je dirois que le Philippin étoit un valet de la force de Parmenon & de Davus, s'il étoit permis de hasarder une pareille gasconade en faveur d'un Auteur Gascon : c'étoit M.* Maleprade, *de Toulouse un des grands ornemens de nos anciens* Jeux Floraux.

fâché qu'on voulût travailler à s'en passer quelquefois ; il y a trop d'uniformité à leur faire toujours conduire l'intrigue, à jetter sur eux le plus risible & le plus plaisant. J'ai ouï dire qu'on s'en passoit souvent dans les Comédies Angloises. Je ne parle que d'après les autres ; je ne sçai pas un mot d'Anglois, & ne crois pas même, quand la paix sera faite, aller exprès à Londres pour l'apprendre.

Je suis donc persuadé qu'une histoire des Théatres de Paris seroit bien reçue & lûe avec avidité, sur-tout si elle étoit de temps en temps mêlée de quelques agréables incidens nés du mérite & de la beauté des Actrices. On n'a pas eu jusqu'ici assez de soin de conserver la mémoire des choses qui contribuent à la publique allégresse, plus intéressantes souvent que des évenemens considérables, & desquelles on peut quelquefois tirer autant d'utilité. Nos peres ont trop négligé de nous laisser des tableaux de leurs mœurs touchant leurs modes, leurs jeux, soit à jouer de l'argent, * soit à entretenir

* *Qui auroit dit aux graves Espagnols, premiers joueurs de l'*Hombre*, que ce jeu sérieux & d'une si profonde réfléxion, deviendroit le jeu, ou plutôt le jouet de toutes les têtes les plus légéres de Paris, & qu'un jour on ne pourroit aller chez la plus petite Lingére du Cimetière saint Innocent, que l'agréable maitresse de la maison ne vint d'un air gracieux &*

ſeulement la joie ; de leurs divertiſſemens, leurs goûts, leurs plaiſirs publics, leurs ſpectacles ; des perſonnes qui y brilloient, & qui en faiſoient l'agrément. Il eſt sûr que dans un ſiécle auſſi délicat que le nôtre, & qui a droit d'eſpérer de ſervir de modéle à ceux qui le ſuivront, nous aurions un tort infini d'imiter ſur cela la négligence de nos Peres.

Ne ſerions-nous pas trop injuſtes, nous qui avons le plaiſir aujourd'hui de jouir des talens enchanteurs d'une *Journet*, d'un *Thevenard*, d'une *Prevôt*, * d'en vouloir jouir tous ſeuls, en permettant que le nom & la mémoire de ces grands Acteurs fuſſent perdus entierement pour ceux qui viendront lorſqu'ils ne ſeront plus ? & ſi nous leur en dérobions la connoiſſance, ne mériterions-nous pas d'être ſoupçonnés d'avoir des ſentimens bas, pareils à ceux de ces Souverains peu dignes de l'être, qui ſembloient ne tant rien craindre que le bon-

empreſſé au-devant de vous, une carte à la main, vous propoſer de faire un tiers à l'Hombre, en vous promettant de vous indemniſer avec une taſſe de caffé mais du caffé qu'on fait chez elle, à l'en croire, comme n'en a jamais fait Turc, Armenien, ni Italien, Gregoire, Bennachi, ni Baptiſte ?

* *Je n'ai oſé nommer l'excellent Danſeur qui nous a quittés, de peur de renouveller ma douleur avec celle de tout Paris.*

heur des peuples ſous leurs ſucceſſeurs? Ne devrions-nous pas plutôt, par un ſoin charitable pour ceux qui nous ſuccederont, contens d'avoir poſſedé ces plaiſirs en réalité, leur en tranſmettre au moins une jouiſſance en idée? Je dirai plus; nous devrions pour l'amour de nous-mêmes en laiſſer par écrit des traits immortels à ceux qui vivront après-nous; ce ſeroit nous perpétuer avec eux en quelque maniere. Que ceux qui vivoient en ce temps-là, étoient heureux, diroient-ils toutes les fois que la lecture de choſes ſi agréables préſenteroit à leur imagination les charmes de la voix, la beauté de l'action, & la légereté de la danſe de perſonnes qui auroient été rares dans l'excellence de leur art!

Certainement c'eſt une pareſſe, ou une indifférence qui n'eſt pas excuſable, que de laiſſer oublier des choſes de ce prix. Je ne puis croire que nous le faſſions par malignité, & pour nous venger ſur nos deſcendans de la négligence de nos ancêtres; trop heureux ſi je pouvois ſur cela réveiller nos écrivains, & les piquer d'honneur & d'émulation!

On ignore plus ce qui ſe paſſoit à Paris, il n'y a pas encore cent cinquante ans, touchant ces matiéres de théatre, que ce qui ſe paſſoit à Rome du temps de *Terence*: en nous conſervant ſes Comédies on a eu le ſoin d'y nommer les chefs des troupes qui les repréſentoient, ceux qui en avoient fait la muſique, & juſques à la différence des flûtes qui y étoient employées. Je ſçai de plus que quand il y auroit des gens qui par pareſſe de n'avoir pas voulu s'en inſtruire dans les livres, auroient vécu juſqu'à ce jour dans une totale ignorance des Théatres Grecs & Latins, ils n'ont pas longtemps à attendre pour en ſçavoir plus que moi, & l'on m'a dit que cette matiére doit être traitée à la prochaine ouverture de l'Académie des Inſcriptions. Je m'en fie fort à l'Académicien qui en eſt chargé, & je m'attends à voir dans ſon ouvrage les maſques, les habits, les théatres, les orcheſtres des Anciens, avec la même facilité & le même plaiſir qu'un nouvel héritier, qui croit ne pouvoir jamais diſſiper aſſez-tôt les biens que ſon ſordide pere a été cinquante ans à accumuler, eſt pour ſon Louis ſur le théatre de l'Opéra dans la contemplation d'une Actrice madrée, qui ne va pas ſi vîte en beſogne que lui, & défend ſes dehors pied à pied, pour faire une capitulation plus avantageuſe du corps de la place.

Je crois donc, en vérité, qu'on auroit moins de peine à être éclairci de ce qu'étoit la Comédie ſous l'Empire de *Jules Céſar*, que de ce qu'elle a été ſous le regne de *Henri IV*. & cependant j'ai trente expériences pour me prouver qu'on écouteroit avec plus d'attention une personne qui en raconteroit des circonstances du temps de ce grand & de ce bon Roi, qu'on ne liroit un Historien qui feroit un détail bien circonstancié de toutes les actions les plus particuliéres de la bataille de *Coutras*.

La peinture des divertissemens des temps passés a une grace de nouveauté pour ceux qui ne les ont pas vûs, & ne manque jamais de réveiller une agréable réminiscence en ceux qui en ont été les témoins. En un mot, j'ai toujours remarqué qu'il y avoit deux temps également favorables à ces sortes de choses : celui de leur naissance, & celui de leur caducité : parce que cette caducité, cette antiquité est non-seulement une seconde nouveauté, si j'ose ainsi m'exprimer, mais une nouveauté, qui a eu déja l'avantage de réussir autrefois ; car quand je dis qu'on seroit bien aise de sçavoir l'histoire des Comédiens, je ne l'entends que de ceux qui ont eu quelque talent : je condamnerois volontiers aux peines que le Droit Romain a décernées pour les sépulcres violés, * celui qui auroit l'inhumanité d'aller remuer les cendres des mauvais Comédiens, pour les faire encore sifler.

Rostius est plus connu de moi quand je

* De sepulcro violato.

lis son portrait dans *Ciceron*, que ne le sont de cette jeune moitié de Paris qui entre dans le monde, *Floridor*, *Monfleury*, *la Thoriliere*, * *la Fleur*, *la Thuilerie*, *Chammelé*, *&c.* Encore passe pour ceux-là: quelque mérite qu'ils ayent eu, ceux qui sont morts sont morts, comme on dit communément. Mais combien y a-t-il de gens qui ne connoissent pas même *M. Roseli*, ** tout plein de vie qu'il est, aussi bien que cet unique & incomparable Acteur, qui comme lui n'étant mort que pour le Public, semble tous les jours redoubler aux yeux d'un petit nombre de Personnes augustes & délicates les prodiges de ses talens, pour faire sentir mieux à ce Public la grandeur de la perte qu'il fit le jour de sa retraite? ***

J'ai raison d'avancer que *Roscius* est plus connu de moi, que ne le sont de la moitié de Paris tous ces Acteurs que je viens de nommer, dont pas un de nos *Cicerons*, pas même un de nos ingrats Poëtes tragiques ni comiques (qui leur ont plus d'o-

* *Excellent dans les rôles des Rois & dans le comique. Il étoit pere de M. de la Thoriliere d'aujourd'hui.*

** *Grand Acteur dans les rôles des Rois, & fort bon dans plusieurs rôles comiques, sur-tout dans celui de paysan.*

*** *M. Baron, pere du bon Acteur de ce nom.*

bligation qu'ils ne croient) n'a eu la reconnoiſſance d'écrire la moindre choſe à leur honneur.

Ce ſeroit pourtant une eſpéce de petit monument qu'on devroit à leur mérite & à leurs ſervices. Il y en a eu plus d'un parmi eux à qui l'on auroit pû appliquer les mêmes termes honorables dont Ciceron ſe ſert pour ſon client, & de qui l'on pourroit dire, comme de Roſcius, * qu'il avoit plus de probité que d'art, plus de vérité que d'induſtrie; que le peuple le regardoit plus encore comme homme de bien, que comme Comédien habile; & que par ſon intégrité & ſa retenue il étoit auſſi digne d'entrer dans les Charges de la République, que de regner ſur la Scéne par la délicateſſe de ſon jeu. Je ne m'étonne pas qu'un Comédien qui excelle, ſoit un parfaitement honnête homme. Qui eſt plus nourri que lui de beaux ſentimens? qui a l'eſprit plus rempli des images de toutes les vertus? qui occupe ſa mémoire de plus de leçons ſur les mœurs, & s'étudie avec plus de ſoin a

* Plus fidei quàm artis, plus veritatis quàm diſciplinæ poſſidet in ſe. Quem Populus Romanus meliorem virum quàm Hiſtrionem eſſe arbitratur. Qui ita digniſſimus eſt Scenâ propter artificium, ut digniſſimus ſit Curiâ propter abſtinentiam.

Eſt ne quiſquam qui tibi purior, humanior, officioſior, liberaliorque videatur? *Cic. pro Roſc.*

corriger le vice & le ridicule ? en un mot qui a plus d'entrailles ? ſource de toute l'humanité. Je ne ſerai jamais ſurpris quand des *Scipions* & des *Lélies* vivront avec des Comédiens de ce caractére dans une auſſi grande familiarité qu'avec des Poëtes comme *Térence*. Mais ce portrait a ſon revers ainſi que les médailles, & tout ce qui fait l'éloge du bon Comédien eſt à la honte du mauvais.

Si je viens de dire qu'on devoit à la mémoire des bons Comédiens le ſoin de conſacrer leur nom à la poſtérité, je crois qu'on ne le devroit pas moins à la curioſité des perſonnes qui viennent long-temps après eux : ce ſeroit pour elles en quelque façon un dédommagement de ne les avoir pas vûs. Moliere vit, & vivra éternellement dans ſes ouvrages. On croit tous les jours n'avoir pas perdu le fameux *Poiſſon*, quand on voit ſon fils. Mademoiſelle *Démares* rappelle toutes les idées de ſon illuſtre tante, * quand elle joue dans la Tragédie, & de Mademoiſelle *Beauval*, quand elle a un rôle comique. Mais le charmant, le gracieux, l'ineſtimable *Raiſin*, mais *Brecourt*, *la Grange*, *de Viliers*, ſi bon dans les rôles de Gaſcon, d'yvrogne, de Marquis ridicule ; & *Roſimon*, l'idole de la rue au Fer

* *Et véritablement illuſtre*, Mlle. *Chammelé.*

& lieux adjacens; Dauviliers, à qui ſa voix ſéduiſante dans la déclamation avoit fait tant de partiſans. Qui fera connoitre tous ces Acteurs, je ne dis pas ſeulement à nos neveux, mais même à la Jeuneſſe de nos jours? Qui leur ramenera les merveilles de l'inimitable *Dominico*, * les charmes de la Nature jouant elle-même à viſage découvert ſous le viſage de *Scaramouche?* Il n'eſt point juſqu'à *Gherardi* & à *Mezzetin*, qui, en comparaiſon de ces grands Comédiens, n'ont été que fort médiocres, dont on ne fût bien aiſe d'ouïr parler, parce qu'ils ne ſont plus, & dont on ne voulût connoître les jeux, & ce que les Italiens appellent *Lazzi*; ainſi que de pluſieurs autres & Italiens & François, qui ont eu de très-bonnes parties pour leur métier. Tout cela commence de n'être plus connu des perſonnes de vingt ans; jugez de ce qu'ils ſeront à la Cour de Monſeigneur le Duc de Bretagne.

Il eſt arrivé depuis vingt ans de grands changemens au Théatre: quels Acteurs n'a-t-il pas perdus par leur mort ou par leur retraite, dont n'a preſque pas ouï parler une grande partie de ceux qui aux ſpectacles font aujourd'hui la foule, & la cohue auſſi quelquefois? J'ai crû que pour peu qu'ils fuſſent curieux, ils pourroient

* *C'étoit le nom de l'inimitable Arlequin.*

peu

bien me ſçavoir quelque gré de leur apprendre au moins qui étoient ceux qui occupoient le Théatre dans le temps de la nouveauté de ces Piéces ; & ſelon le plaiſir que fera le peu que j'en ai dit, je profiterai de l'occaſion que j'eſpére avoir bientôt d'en parler plus amplement.

Voilà, à peu près, tout ce que j'avois à dire à mes lecteurs, & que j'aurois pû dire plus briévement dans ces pages de proſe négligée, qui méritoient tout au plus le nom d'avertiſſement, au lieu de celui de Préface. En effet rien n'y reſſemble moins que ce bizarre & hardi *Prologue* qui a tous les défauts de ceux de *Rabelais*, ſans en avoir la grace & la naïveté, qui eſt digne précurſeur des Diſcours évaporés qui le ſuivront, & eſt enfin en tout oppoſé à une ſage Préface: mais principalement en ce qu'un auteur, qui eſt aſſez prudent pour ne s'y pas louer, ne manque guéres de s'y excuſer pour le moins ; & moi je me charge, je prononce moi-même ma condamnation, je me fais le premier mon procès, bien loin d'être l'apologiſte de mes fautes. Je fais plus, on diroit que j'affecte de les aggraver, en publiant que je les ai connues ; je n'en diſconviens point, je ne ſçaurois trahir la vérité. Quelque ſouvent que je me ſois écarté de mon ſujet, quelque aiſément que j'aye pris le change, je ne l'ai jamais pris avec l'inexpérience de ces jeunes chiens qui empaument une fauſſe voie ſans ſçavoir ce qu'ils font, ou trompés par les apparences. J'avoue que j'ai toujours pris le change volontairement, le ſentant, le ſçachant, le connoiſſant & le voulant bien, qui ſont les circonſtances, qui, aux termes des loix, aggravent ordinairement les fautes qu'on commet dans le cours de la vie civile.* J'ai prétendu que c'eſt ce qui doit faire excuſer celles que j'ai commiſes dans ma maniére d'écrire, parce que rien ne rend, tout homme qui écrit, moins excuſable dans ſes fautes, que ſon ignorance. Quand il les avoue, & que de plus il aſſure qu'il les a connues, on doit charitablement penſer qu'il a eu ſes raiſons pour écrire ainſi ; & s'il s'eſt trompé dans ſes raiſons, il faut lui appliquer cette maxime dont Horace s'eſt ſervi dans un autre ſens : Il n'a pas mérité de louange, mais il s'eſt mis à couvert du reproche.**

Sur ce principe je ne rougirai pas d'avouer que j'ai toujours connu quand je me ſuis écarté de mon ſujet, quand j'ai ſenti le premier la longueur d'une digreſſion, la témérité d'une métaphore, l'audace d'un mot appliqué à tout autre uſage qu'à ſa pro-

* Sciens, volens, prudens : *termes du Droit.*

** Vitavit denique culpam, Non laudem meruit. *Horat.*

pre signification, le dangereux écueil d'une expression avanturée, indiscrétions, ou plutôt impudences inexcusables en un temps où tout le monde se pique d'avoir l'esprit de choix, de discernement & de délicatesse. J'ai si bien senti tous ces défauts, que j'en marquerois les endroits, s'il n'y en avoit pas tant, & si je ne craignois pas d'ennuyer deux fois. Mais en vérité je n'ai pas crû que des bagatelles, & pour mieux dire des folies, méritassent plus de sagesse; je ne le crois pas encore, & si je suis dans l'erreur, j'aurai bien de la peine à en revenir: les seuls sujets graves exigent une maniere d'écrire grave & sérieuse, & je ne désespére pas de faire voir quelque jour au Public que je sçaurai être plus sage & plus retenu quand je lui présenterai des ouvrages qui le mériteront mieux que ceux-ci.

Je ne dissimulerai pas d'ailleurs que j'ai voulu m'y laisser voir dans tout mon naturel. Il auroit fallu pour mieux écrire que je me fusse, ce qu'on appelle, un peu composé & que je me fusse contraint. J'y serois peut-être parvenu en suivant de grands, mais scrupuleux modéles, & tenant toujours comme eux un compas d'une main & un trebuchet de l'autre pour peser tous mes mots, & pour mesurer toutes mes périodes; j'aurois fait encore davantage si je m'étois donné tant de peine, je n'aurois pas voulu que personne eut ignoré mon travail, & je crois que j'aurois mis une *échelle* au bas de chacun de ses Discours, comme on en met une aux cartes de Géographie, afin que mon Lecteur fut allé s'y éclaircir de la vérité qu il y avoit dans l'observation des distances d'un mot à l'autre, & de la juste longueur de mes phrases.

Que n'aurois-je pas enfin pû faire à force d'art? mais je trouve que dans le propre & dans le figuré, dans la Grammaire & dans la morale, dans presque toutes les actions des hommes, comme dans ces deux mots, L'ART & L'ARTIFICE, l'un est le commencement de l'autre, & je deteste tout ce qui a quelque rapport à ce dernier. Ceux qui écrivent si purement, ne se vantent pas de toutes les tortures & de toutes les génes qu'ils se donnent pour déguiser ce qui leur tombe d'abord dans l'esprit, pour l'enveloper d'une politesse étudiée, & pour nous imposer par l'ordre & l'arrangement ausquels ils s'assujettissent.

Pour moi, sûr de l'innocence de mon cœur, je donne toute sorte de liberté à mon esprit; & bien loin de chercher à surprendre le Public sur l'opinion qu'il lui plaira de former de moi, à laquelle je me soumets avec respect; bien loin de me masquer pour gauchir, pour esquiver les coups de sa critique, je ne veux pas même éblouir ceux qui n'auroient pas assez de lumieres pour connoître mes fautes, quelque grossieres qu'elles soient; je leur ouvre moi-même les yeux, & j'aime mieux être connu de tout le monde pour ce que je suis véritablement avec tout mes défauts, que d'en tromper quelque partie par de bonnes qualités qu'il m'auroit trop coûté d'imiter, & qu'aprés beaucoup de peine je n'aurois peut-être que fort mal imitées: une franche, bonne & légitime rénommée d'ingénuité m'est plus chere qu'une réputation d'esprit mal acquise.

Ce talent ne fait pas aujourd'hui assez d'honneur pour vouloir s'en parer par toute sorte de voies, & aux dépens de la vérité; & quant au profit qui en revient, il n'y a qu'à comparer la brillante dépense de dix mille hommes, dont les uns n'ont sçû que calculer, les autres que mentir & s'abandonner à des actions encore plus basses, avec la fortune de ceux, qui suivant à la fois la route d'*Homere*, d'*Hyperides*, & des *neuf Lyriques*, * ont remporté le prix de l'Eloquence & de la Poësie dans toutes les Académies. Les gens d'un véritable bon esprit, plutôt par tempérament que par étude, d'un esprit paisible, tranquille, point inquiété de la passion d'acquérir des riches-

* *Petron.*

ſes, & qui ſur des principes de vertu penſent que leur gloire eſt moins intéreſſée à leur fortune que celle de ceux qui la devroient faire, ces gens-là ont preſque en tous lieux toujours le même ſort, qui eſt d'être écraſés par des *happelourdes*, des *buſtes mouvans*, des ſots, qui n'ont de leurs jours donné d'autres marques d'être animés, que par l'agitation où ils ſont ſur-tout ce qui regarde leurs affaires : auſſi plus alertes que les premiers, & plus remuans ſur leur intérêt, ne laiſſent-ils échaper aucun bien ſolide, tandis que les autres ſont aſſez agréablement amuſés de quelque chimérique récompenſe. Il ne faut pas aller bien loin, ni parcourir des Villes & des Provinces étrangéres pour en trouver de fréquens exemples ; & ſans ſortir de Paris, il y a plus d'une maiſon où l'honnête homme, attentif à ſon ſeul devoir, & point du tout à ſon avancement, n'a de ſes jours reçu le moindre bienfait, pendant que pluſieurs piéplats y ont été comblés de graces. Cela n'entrera jamais dans l'oraiſon funébre de ceux qui les ont ſi mal répandues. Mais ainſi va le monde, je ne le changerai point.

Je ne me changerai pas non plus ; ce qui me reſte de jours ne vaudroit pas la peine que je prendrois ; je ne veux donc écrire que comme j'ai vécu. Aurois-je plus de ſoin de la fortune de ces bagatelles que de la mienne, dont l'idée n'a jamais pû me réduire à me contraindre? Sans doute qu'il y avoit encore à Toulouſe quand j'y nâquis, juſtement au milieu du dernier ſiécle, quelques reſtes dans l'air de ce nitre & de ce ſalpêtre volatil qui formoit l'eſprit d'indépendance & de liberté des anciens *Tectoſages*. Je crois que pour mon malheur j'achevai de le reſpirer tout en naiſſant. J'ai l'idée d'avoir autrefois lû dans un ouvrage de notre ſçavant *Caſeneuve*, * que cet eſprit de liberté originaire des Pirenées nous avoit été porté à Toulouſe ſur les eaux de la Garonne, & que de-là ſes flots l'avoient amené à Bordeaux, où le célébre *Montagne* s'en étoit ſi fort rempli. Les eſſais de cet incomparable Gaſcon ſont un des premiers Livres François que j'ai lûs dans ma jeuneſſe; il me ſouvient que je les devorois, j'en étois idolâtre: ils me firent une impreſſion dont je n'ai guéres pû depuis me corriger. Voilà auſſi la ſource de mon amour pour les digreſſions, & cette impreſſion s'eſt augmentée avec la paſſion que j'ai toujours eue pour la liberté.

Mais ne faiſons pas à cette noble & in-

* *C'étoit un Toulouſain illuſtre, qui a composé pour le moins une vingtaine de volumes ſur de très-ſçavantes matieres, ſur-tout de l'inſtitution de la Nobleſſe, où je crois avoir lû ce que je dis de l'eſprit de liberté originaire des Pirenées.*

nocente liberté tout l'honneur de mes défauts ; partageons-le avec ma pareſſe, & n'en uſons point envers le Public avec moins de ſincérité que mon conſeil & mon oracle, le Poëte-Philoſophe de la Cour d'*Auguſte*, l'honnête homme *Horace*, en uſe à l'égard de ſon ami *Florus*. * Je me ſuis donné à vous pour pareſſeux, lui dit-il, pour un homme auſſi embarraſſé quand il eſt obligé, qu'un manchot qui eſt réduit à ſe ſervir avec peine d'une pauvre main gauche. Je ne me vante pas au Public d'être autre que je ne ſuis ; je l'avertis de mes vices avant qu'il m'achete. Ceux qui n'aiment que des diſcours ſuivis, & propres uniquement à l'ouvrage dont ils ſont les préliminaires, ne trouveront pas ici leur compte : ils peuvent mieux employer l'argent que ces deux tomes leur coûteroient, & s'épargner la peine de les lire. Je ſuis tout le contraire de la juſteſſe & de la régularité ; ſur ce pied m'achete qui voudra, je ne ſuis point ſujet à garantie. * *

* Dixi me pigrum proficiſcenti tibi ; dixi talibus officiis propè mancum. *Horat. Epiſt. ult.*

* * *Par la loi* Redhibitoria.

LA

LA VIE
DE MONSIEUR
DE BRUEYS.

L'USAGE dans lequel on eſt, & quelquefois avec raiſon, de ne point lire tout ce qui porte le titre de Préface, d'Avertiſſement, ou d'Avant-propos, eſt ſouvent cauſe qu'on ignore des faits & des circonſtances néceſſaires à l'intelligence d'un Ouvrage, ou tout au moins amuſantes pour le Lecteur : Par cette raiſon, ceux qui n'ont point lû les Diſcours préliminaires que M. Palaprat à mis à la tête des Piéces imprimées ſous ſon nom, ont dû croire qu'il en étoit le ſeul & le véritable Auteur. Ainſi ce ſeroit ici l'occaſion de faire une Préface, puiſqu'il s'agit non ſeulement de rendre juſtice à M. de Brueys à l'égard d'un bien qui lui appartient; mais encore de faire connoître les procédés généreux qu'a eu avec lui M. Palaprat, ſur une matiére auſſi délicate que les ouvrages d'eſprit. La crainte ſeule d'ennuyer le Lecteur par une longue ſuite d'anecdotes, ſur les différens intérêts de ces deux Auteurs, a déterminé à en rapporter une partie dans la Vie de M. de Brueys, & à placer l'autre à la tête des Piéces, dont la poſſeſſion étoit conteſtée entr'eux. * Par ce moyen, l'on ſe flatte que la lecture de ces faits déviendra plus agréable & plus intéreſſante, & l'on ne pourra, ſans injuſtice, douter de leur vérité, puiſqu'ils ſont tirés, ou des Diſcours même de M. Palaprat, ou des Mémoires donnés par la famille de M. de Brueys. L'envie qu'elle a eue de raſſembler toutes les Piéces de Théatre de cet Auteur, a obligé de réimprimer celles qui l'étoient déjà ; mais ce que l'on verra dans la ſuite, prouvera que cette réimpreſſion eſt moins un double emploi, qu'une reſtitution.

David-Auguſtin de Brueys étoit originaire du Diocéſe d'Uſez, & naquit à Aix en l'année 1640. Sa famille eſt ancienne, & deſcend de Pierre de Brueys, ennobli par des Lettres de Louis XI. du 3. Septembre 1481. On compte parmi ceux qu'elle a donnés à la République des Lettres, le célébre Meſſire Charles de Barbeyrac, Médecin, & beau-frere de M. de Brueys. Le

* Voyez le Grondeur, le Muet, l'Impostant, & les Empyriques.

pere de notre Auteur qui étoit Protestant, éléva son fils dans les principes de la Religion P. R. Il lui fit faire ses études à Aix, & l'y fit recevoir Avocat : ce fut à peu-près dans le même temps qu'il se maria, plus par inclination, que par raison. Les suites ordinaires de ces sortes d'engagemens, jointes au peu de goût qu'il se sentit pour le Barreau, lui firent abandonner l'étude aride des questions de Droit & de Jurisprudence, pour se livrer tout entier à celle de la Théologie & de la Litterature, & il devint en peu de temps un des premiers & des plus sçavans du Consistoire de Montpellier. Comme homme de Lettres il composa sa Paraphrase sur l'Art Poëtique, que l'on trouvera à la fin de ce recueil, & comme Théologien, il répondit au livre de l'*Exposition de la Doctrine de l'Eglise*, que M. Bossuet, Evêque de Meaux, venoit de publier. Ce Prélat consultant plus l'intérêt de sa Réligion que celui de son esprit, résolut, pour toute réplique, de désabuser son adversaire de ses erreurs, & de les lui faire abjurer. Ce projet soutenu de la vérité, du sçavoir & de l'éloquence de M. de Meaux, eut tout le succès qu'il en avoit attendu : M. de Brueys reconnut son aveuglement, promit de défendre la Réligion qu'il venoit d'embrasser, & composa en effet, peu après son abjuration, un ouvrage intitulé : *Examen des raisons qui ont donné lieu à la séparation des Protestans, &c.* Il eut même l'honneur de le présenter au Roi, & ce Prince le reçut avec la satisfaction que lui inspiroient sa Réligion & sa bonté ordinaire.

Bien loin que M. de Brueys eût dessein de profiter des bienfaits que Sa Majesté répandoit sur les Nouveaux Convertis, il pria au contraire M. l'Evêque de Meaux, de ne rien demander pour lui ; afin qu'on ne pût, disoit-il, le soupçonner de s'être réuni à l'Eglise Romaine par un motif d'ambition ou d'intérêt.

Un an après sa conversion, c'est-à-dire, en l'année 1683. après avoir achevé son *Traité de la sainte Messe*, il prit la résolution de retourner dans sa patrie ; mais le Roi qui avoit jetté les yeux sur lui pour l'instruction des Protestans, l'engagea à ne point quitter Paris, & lui dit ; » Vous me » ferez plaisir de vous y employer ; car » ayant été dans leurs sentimens, vous sça» vez mieux qu'un autre ce qu'il faut leur » dire ». Cet ordre, (car c'en fut un pour lui) le détermina à rester à Paris ; il abandonna même ses affaires domestiques, & renonça à la profession d'Avocat, à laquelle il comptoit se dévouer plus par raison que par goût.

La mort de sa femme qui étoit arrivée

peu de temps auparavant, le laissa le maître de disposer de sa personne & de ses volontés ; & comme l'état & l'habit Ecclésiastique lui parurent plus convenables au travail, dont le Roi l'avoit chargé, il reçut la tonsure des mains de M. l'Evêque de Meaux, dans le Séminaire de cette ville, en l'année 1685.

Messieurs Bayle, Claude, & Jurieu, répondirent à son livre de l'Examen, & rendirent en même temps justice à sa modération ; * mais il ne leur répliqua qu'en continuant de soutenir les intérêts de la Réligion, qu'il venoit de reconnoître, & de prouver la sincérité de ses sentimens par les Ouvrages suivans :

¶ *Défense du Culte extérieur de l'Eglise Catholique*, deuxiéme édition, à laquelle il joignit la réfutation des deux Réponses à son Examen, faites par Messieurs Bayle & Jurieu, sous le titre de *Considérations sur l'Examen, &c.* & du *Prosélite abusé, ou fausses vûes de Brueys dans ledit Examen, &c.*

Réponse aux plaintes des Protestans, contre les moyens qu'on a employés pour leur réunion, & contre le Livre intitulé : La Politique du Clergé de France.

* Voyez la fin de la Vie de M. de Brueys.

¶ Paris, M. Cramoisy, 1686.

* *Traité de l'Euchariſtie en forme d'entretiens.*

¶ *Traité de l'Egliſe*, pour ſervir de réfutation à Meſſieurs Claude & Jurieu.

† *Traité de la Sainte Meſſe*, pour répondre & détruire un Traité contre ce Myſtére, fait par le même en 1680.

Après des preuves ſi authentiques de ſon attachement à l'Egliſe Romaine, le Clergé de France, pour récompenſer ſon zéle & ſes travaux, lui accorda une penſion ; & le Roi, dont la piété n'étoit pas moins reconnoiſſante que celle du Clergé, l'honora en 1700. d'un Brevet de 500 livres de rente, en conſidération (ce ſont les termes du Brevet) des Ouvrages qu'il avoit faits pour la défenſe de la Religion Catholique contre les Proteſtans.

Un genre auſſi important & auſſi ſérieux que celui de la Morale & de la Controverſe, ne paroiſſoit pas devoir ſe rencontrer avec le frivole du comique & de la plaiſanterie : & on n'attendoit pas de la plume d'un Théologien, des Actes & des Scénes ; mais le Théatre François que M. de Brueys fréquenta pendant ſon ſéjour à Paris, développa les talens que la nature lui avoit

* *Idem.*

¶ *Idem*, 1687.

† Paris, Barth. Gérin, 1700.

donnés pour le Dramatique *. On ſçait que le goût & les diſpoſitions que l'on apporte ennaiſſant pour le genre comique, ſont auſſi difficiles, & peut-être auſſi impoſſibles à vaincre, que le caractere: l'éducation, & les réflexions peuvent en ſuſpendre les effets, mais elles ne ſçauroient en corriger le principe: d'ailleurs, comme notre Auteur n'étoit apparemment pas convaincu des raiſons que l'on allégue pour condamner la Comédie, il ſe ſeroit plutôt laiſſé aller à ſon penchant, ſi des motifs de politique & de bienſéance ne l'euſſent arrêté. M. Palaprat, ſon ami & ſon compatriote, en lui offrant de travailler enſemble dans un genre qu'ils aimoient tous deux, leva toutes les difficultés, & donna par-là à notre Auteur le moyen de ſatisfaire ſon goût, ſans commettre ſon état & ſa réputation: En effet, il ſaiſit avec joie la propoſition, travailla avec ardeur, & compoſa *le Grondeur*; *le Sot toujours Sot, ou la Force du Sang*; *le Muet*; *l'Important*; *les Empyriques*; *Gabinie*, & *l'Avocat Patelin*.

Cette derniere Piéce fut faite pour être jouée à la Cour. Le Roi vouloit voir une Comédie d'un genre différent de celles qu'on lui avoit préſentées juſqu'alors, &

* Il avoit déja compoſé la Paraphraſe ſur l'Art Poëtique que l'on trouve à la fin de ce Recueil.

M. de Brueys fut choisi pour la composer. Dans ce dessein il imagina de profiter d'une ancienne farce écrite en Gaulois, dont le Comique simple & naïf l'avoit extrêmément frappé. La piéce fut bientôt en état d'être lûe à sa Majesté, qui ne fut pas fâchée d'en reconnoître l'auteur dans la personne de M. de Brueys. Comme elle parut contente de l'ouvrage, la représentation en fut décidée; mais un événement inopiné * en empêcha l'exécution; & six ans aprês elle fut donnée au Théatre François, mais sans le Prologue & les Intermédes allégoriques, que l'auteur avoit joints originairement à la Piéce.

Pendant un voyage qu'il fit avec M. l'Abbé de Thesu, M. Palaprat, dépositaire du Grondeur en cinq Actes, le remit en trois actes, à la sollicitation des Comédiens; il réduisit les quatre derniers actes en deux, en choisit les Scénes, & y mit seulement les liaisons nécessaires; ce qui ne peut guere être regardé, dans un homme d'esprit, comme un titre de propriété ou de revendication.

M. de Brueys à son retour trouva en cet état sa Piéce au Théatre, mais avec un succès médiocre: Il se plaignit amérement de l'entreprise de son associé; il lui soutint

* Le départ de Philippe V. Roi d'Espagne, & la guerre déclarée peu de temps après.

plusieurs fois, & devant des témoins dignes de foi, qu'il avoit défiguré son Grondeur, par un deuxiéme & un troisiéme acte chargés d'incidens forcés & mal amenés : Peu conforme en cela au sentiment public, qui depuis l'a mis, par ses applaudissemens, au rang des plus excellentes piéces.

Ce fut à cette occasion que feu M. le Prince, fils du grand Condé, ayant vû sur le Théatre M. de Brueys, qu'il sçavoit être l'auteur du Grondeur, lui dit : » Je vous » avoue, M. l'Abbé, que je suis embarrassé » de sçavoir si l'auteur du premier acte de » cette Piéce est aussi celui des deux der- » niers ; si vous avez fait le tout, vous » vous êtes furieusement pressé dans ces » deux-ci. V. A. S. a raison, lui répon- » dit M. de Brueys : Je suis l'auteur du » Grondeur, & je ne me suis point pressé ; » mais pendant mon absence l'on m'a mis » ainsi mes quatre actes en deux ». Il seroit facile de juger lequel de notre Auteur ou de M. Palaprat avoit raison, si l'on avoit pû recouvrer une copie originale du Grondeur en cinq actes ; mais toutes les recherches qu'on a faites à ce sujet, ont été inutiles, & il n'a pas été possible d'en retrouver aucun manuscrit.

Tous ces petits démêlés n'empêcherent point MM. de Brueys & Palaprat, de continuer la société qu'ils avoient commencée il y avoit plus de dix ans : ce n'étoient que des vivacités passagéres, qui ne vont guére sans la bonté du cœur, & sans des retours à l'équité, & même à la générosité : d'ailleurs ces vivacités n'éclatoient qu'en présence de leurs amis communs, & excepté une ou deux occasions dans lesquelles notre Auteur a réclamé hautement, il n'a jamais troublé publiquement son ami dans sa jouissance, tant à l'égard de la représentation, que de l'impression. Ainsi l'on peut présumer que cette société auroit subsisté plus long-temps, si M. de Brueys n'eût pris la résolution de se retirer à Montpellier ; & si M. Palaprat de son côté, n'eût suivi son devoir, en accompagnant M. le Grand Prieur à la guerre d'Italie.

M. de Brueys de retour dans sa patrie y reprit les mêmes travaux qui l'avoient occupé pendant son séjour à Paris.

Il y composa le * *Traité de l'Obéissance des Chrétiens aux Puissances Temporelles.* Il y acheva *l'Histoire du Fanatisme de notre tems*, † dont il avoit publié le premier volume en 1692. ¶ & dont il donna le second volume en 1709, & les deux derniers en 1713. Il y fit aussi le *Traité du*

* Montpellier, Martel, 1709.
† A Paris, Muguet.
¶ A Montpellier, Martel.

ıe usage de la Raison, principalement ; objets de la foi.

goût qu'il avoit pour les ouvrages du :re ne l'abandonna point dans sa re- ; il y fit succéder, avec la même : foi, les caractéres Comiques aux :es Théologiques & Morales ; celles- ɔient produites par des principes de ır & de religion, & celles-là par la idée de délassement, c'est dans cet qu'il travailla à la Tragédie de *Lisi-* ; ; qu'il corrigea celle d'*Asba*, & qu'il ɔosa *l'Opiniâtre, les Quiproquo, & les ırras du derriere du Théatre.* Comme uteur n'est point parfaitement content, piéces ne sont représentées, il envoya de ses amis l'Opiniâtre, & le Sot ɔurs Sot pour les présenter aux Co- iens ; mais (comme il arrive souvent) ; n'eurent pas toute la réussite qu'il en t espérée.

orsque M. Palaprat fut revenu dans ein de sa famille, il résolut de donner Public les fruits de sa société avec M. Brueys. Deux ou trois Comédies de ompofition, ses Poësies fugitives, des ours préliminaires, & une longue Pré- : formérent deux volumes qui parurent s le titre de Théatre de M. Palaprat. cette nouvelle M. de Brueys recom- nça ses plaintes contre la lésion, & prétendit que son Associé augmentoit sa part aux dépens de la sienne : il en écrivit à plusieurs de leurs amis communs, & même à M. Palaprat, mais sans aigreur, & seulement avec le feu & l'assurance que donnent la vérité & le climat sous lequel il étoit né. Cet ami ne s'en défendit que foiblement, & convint presque de son tort dans la réponse qu'il fit à M. de Brueys. On peut dire cependant pour excuser M. Palaprat, qu'il étoit naturel à lui de se croire sur la fin de ses jours le maître d'un bien, dont il jouissoit depuis si long-temps, de l'aveu même de celui à qui il appartenoit ; car l'amitié semble nous donner une part dans les ouvrages de nos amis ; & pour peu qu'on y contribue, il n'est pas surprenant que l'on les adopte, ou par sentiment, ou par amour propre. D'ailleurs les faux amis ou les flatteurs (car les Auteurs ont cela de commun avec les Grands) les flatteurs, dis-je, persuadent en pareil cas à celui dont ils affectent de prendre les intérêts, qu'il a raison, que sa part est plus considérable qu'il ne pense, & que la propriété lui est aussi bien acquise qu'à son associé ; l'Auteur les croit, redouble pour eux de confiance, & change enfin en certitude, dans sa vieillesse, l'opinion séduisante de vivre dans la postérité. L'on doit cependant rendre encore cette justice à

laprat, bien d'autres à sa place au-
joui d'un bien qu'une possession pu-
& le sentiment général lui avoient
, sans s'embarrasser d'en faire part
itable maître: ce sont ces principes
tice & de probité qui ont toujours
:hé les suites de la rivalité, & qui ont
:vé entr'eux la liaison d'amitié qu'ils
nt formée il y avoit près de trente ans.
enfin l'année 1723. fut l'époque fata-
leur séparation: car M. de Brueys,
avoir par ses écrits défendu la Réli-
Catholique, & rempli les devoirs de
tien & de Citoyen, mourut à Monter âgé de 83. ans.

omme il avoit été généralement aimé,
t également regretté des * Grands,
gens de Lettres, & de ses enfans,
a laissés dans une médiocrité de for-
:, que sa probité, & son desintéresse-
t n'ont jamais cherché à augmenter.
çut concilier, en même temps, l'ap-
bation des Docteurs Catholiques, &
e des Ministres Protestans; & ces der-
's, en combattant les sincéres témoi-
ges qu'il donna de sa conversion, ne
ent lui refuser l'estime & la justice que
ritoient ses écrits. Ces suffrages ont pa-

* Messieurs de Noailles, de Roquelaure & de
ville.

ru trop honorables à la mémoire de notre Auteur, pour n'en pas faire part au Public.

SENTIMENS DES DOCTEURS Catholiques, & des Ministres Protestans, sur les ouvrages Théologiques de M. de Brueys.

Approbation de M. Courcier, Théologal de Paris au Traité de l'Eglise.

LES Ouvrages que M. de Brueys a donnés au Public, sont des garants assurés de la bonté de celui-ci. Il réfute les adversaires qu'il s'est proposé de réfuter, avec une solidité égale à son éloquence. Non seulement il n'y a rien qui blesse aucune maxime de la foi; mais encore tout y est d'une justesse que tout le monde admirera, & que peu de personnes peuvent imiter. C'est le témoignage que je suis obligé de lui rendre, après l'avoir lû avec beaucoup d'exactitude & de plaisir. Fait à Paris le vingt Janvier 1687. *Signé* Courcier, Théologal de Paris.

ettre de feu M. l'Evêque de Nisme à M. Brueys du 1. Août 1709. sur son Traité de l'Obéissance, &c.

Quoique vous m'eussiez fait la grace, onsieur, de me communiquer votre ouage de l'*Obéissance* avant son impression, i eu un nouveau plaisir à le lire : c'est 1 ouvrage singulier, original, & pour nsi dire de votre invention. Il ne pouoit paroître dans un temps & dans un païs 1 il pût être plus convenable & plus utile. es principes que vous posez sont inconstables ; les conséquences que vous en tiz sont justes ; les passages de l'Ecriture ormels ; les traductions vraies & bien fonées ; & tout cela fait des preuves comettes pour toutes les personnes raisonnaes. Il n'y aura qu'une populace grossié: , qui suit aveuglément ses préventions, ui ose donner dans ces concours & ces lemblées illicites. Ce que vous avez ajou: sur les différences des assemblées moestes, pacifiques & pieuses des anciens hrétiens & des véritables Catholiques 'aujourd'hui dans des Royaumes Protesins, d'avec celles des Réligionnaires, ui sont impures, inquiétes, séditieuses, : contraires par plusieurs endroits aux :gles de l'Evangile, est d'une grande conſidération. Enfin il y a dans ce Livre beaucoup d'ordre, de netteté, d'efficace, de raiſon & d'autorité. Vous m'avez fait plaiſir de m'apprendre qu'on a commencé d'imprimer votre hiſtoire du dernier Fanatiſme ; je l'attends avec impatience, & ſuis avec une eſtime & une conſidération particuliére, Monſieur, votre très-humble & très-obéiſſant ſerviteur, Eſprit, Evêque de Niſme.

Approbation de M. Berthe, Docteur & Bibliothécaire de Sorbonne, ſur le même ouvrage.

J'ai lû par ordre de M. le Chancelier le *Traité de l'Obéiſſance* des Chrétiens aux Puiſſances Temporelles. La matiére de ce Traité eſt délicate, le deſſein en eſt tout neuf, & la maniére de l'exécuter originale. L'Auteur démêle, en homme habile & judicieux, ce que, ſur le fait de la Religion, les Chrétiens doivent à Dieu, d'avec ce qu'ils doivent à leurs Souverains : il les aſſujettit à ceux-ci dans les choſes qu'ils défendent, & qu'on ne voit pas que Dieu ait commandées ; comme de bâtir des Temples, de tenir des Aſſemblées publiques & même de particuliéres, excepté celles que l'obéiſſance à quelques-uns de ſes commandemens, rend quelquefois néceſſaires. Il veut

:, dans la concurrence des deux Puiſ-
es, que ſans balancer, ils obéiſſent à
u plutôt qu'aux hommes; mais en mê-
temps il veut que leur refus d'obéir
Maître temporel qui les gouverne, ſoit
Chrétien, qu'il eſt juſte; & qu'ils en
frent les châtimens les plus rigoureux,
en murmurer, ni ſe défendre. Il re-
e les Aſſemblées des premiers Chrétiens
es vrais Catholiques des derniers temps
s les Empires, ou les États de religion
traire, & en marque les différences
ec celles des Fanatiques & des Pro-
ans de nos jours; nous repréſentant les
s comme paiſibles, chaſtes, édifiantes,
ne reſpirant que l'union & la piété; &
autres, comme indécentes, ſéditieuſes
oufflant le feu de la révolte. Les vérités
es principes qu'il poſe, ſont univer-
ement reçus, & les conſéquences qu'il
tire paroiſſent juſtes; il regle les faits,
oirs & conduites; tout ſe ſoutient &
de concert; & en tout cela l'ordre &
etteté ne ſont pas plus à déſirer, que
orce & la lumiere. En Sorbonne ce 30
vembre 1709.

Signé BERTHE.

Préface de M. Bayle, sur les considérations générales, &c. pour répondre à l'Examen des Raisons, &c. par M. de Brueys.

Si le Livre que M. de Brueys vient de mettre au jour, étoit un de ces Livres qu'ont coutume de faire ceux qui quittent notre Communion, pour embrasser celle de l'Eglise Romaine, on pourroit fort justement s'abstenir d'y répondre ; car quel intérêt a-t-on à de simples apologies de quelques particuliers ; & qui ne sont que les raisons des Missionnaires, auxquelles notre Peuple sçait ce qu'il faut répondre ? Mais ce Livre de M. de Brueys est toute autre chose ; c'est l'ouvrage d'un homme éclairé, & qui s'est même rendu célébre parmi nous, en défendant notre parti. Outre cela, son Livre est écrit d'une maniére douce, insinuante & délicate : il est accompagné d'un air de désintéressement, qui pourroit d'abord imposer ; c'est un tour d'écrire tout nouveau à ces Messieurs. Il est donc de notre intérêt, qui est celui de la vérité, d'examiner si les raisons de M. de Brueys ont autant de réalité, qu'elles ont de vraisemblance ; & il est juste de donner cette consolation à tant de bonnes ames, qui gémissent de voir qu'une Doctrine qu'elles croyent fausses, soit ainsi revêtue des apparences de la vérité.

Jurieu dans un Livre intitulé : Suite du Préservatif, page 12 & 20.

Dans une assemblée des plus fameux Mi-res, tout d'une voix, on tomba d'accord le Livre de M. de Brueys étoit très-n écrit ; & même on jugea qu'on ne voit pas lui faire moins d'honneur qu'à ui de M. l'Evêque de Meaux, & qu'il méritoit pour le moins autant.

trait d'une Réponse à un Livre intitulé : Avis aux Réfugiés.

Les plus fameux Ministres s'étant assem-és pour tâcher de découvrir qui pouvoit e l'Auteur de ce Livre anonyme ; après oir bien examiné cet écrit, & les carac-es différens des Ecrivains du temps, ils mberent d'accord que ce Livre avoit été t en France, & qu'il falloit qu'il fût, de M. Pelisson, ou de M. Nicole, ou M. de Brueys.

APPROBATIONS.

J'AI lû par ordre de Monseigneur le Garde des Sceaux, *les Ouvrages de Théatre de M. de Brueys.* A Paris le 22 Octobre 1734. GALLIOT.

J'AI lû par ordre de Monseigneur le Garde des Sceaux, *le nouveau Recueil des Ouvrages de Palaprat.* A Paris ce 18 Mai 1735. GALLIOT.

PRIVILEGE DU ROY.

LOUIS, par la grace de Dieu, Roi de France & de Navarre: A nos amés & féaux Conseillers les Gens tenans nos Cours de Parlement, Maîtres des Requêtes ordinaires de notre Hôtel, Grand-Conseil, Prévôt de Paris, Baillifs, Sénéchaux, leurs Lieutenans Civils & autres nos Justiciers qu'il appartiendra; SALUT: Notre amé ANTOINE-CLAUDE BRIASSON, Libraire à Paris, ancien Adjoint de sa Communauté, Nous a fait exposer qu'il désireroit faire réimprimer & donner au Public des Livres qui ont pour titre, *les Leçons de la Sagesse; Les Erreurs populaires; L'Introduction à la connoissance de l'Esprit humain; L'Explication historique des Fables; Les Saillies & l'Art d'orner l'Esprit;* Les Théatres de Brueys, Palaprat *& Nadal; L'Histoire des Révolutions de Perse & de Thamas-Kouli-Kam*: S'il nous plaisoit lui accorder nos Lettres de Privilége pour ce nécessaires: A CES CAUSES, voulant favorablement traiter l'Exposant, Nous lui avons permis & permettons par

s Présentes de faire réimprimer lesdits Livres en
ı ou plusieurs volumes, & autant de fois que
on lui semblera, & de les vendre, faire vendre
débiter par tout notre Royaume, pendant le
mps de neuf années consécutives, à compter du
ur de la date des Présentes; faisons défenses à
us Imprimeurs, Libraires, & autres personnes
quelque qualité & condition qu'elles soient,
en introduire d'impression étrangére dans aucun
u de notre obéissance: comme aussi d'imprimer
ı faire imprimer, vendre, faire vendre, débiter
contrefaire lesdits Livres, ni d'en faire aucuns
traits, sous quelque prétexte que ce soit, d'au-
ıentation, correction, changement, ou autres,
ıs la permission expresse & par écrit dudit Ex-
sant, ou de ceux qui auront droit de lui, à
ine de confiscation des exemplaires contrefaits,
trois mille livres d'amende contre chacun des
ntrevenans, dont un tiers à Nous, un tiers à
Hôtel-Dieu de Paris, & l'autre tiers audit Expo-
ıt, ou à celui qui aura droit de lui, & de tous
ɔens, dommages & intérêts: à la charge que ces
ésentes seront enregistrées tout au long sur le
gistre de la Communauté des Imprimeurs & Li-
ires de Paris, dans trois mois de la date d'icel-
, que la réimpression desdits Livres sera faite
ıs notre Royaume & non ailleurs, en bon pa-
r & beaux caractéres, conformément à la feuille
ɔrimée attachée pour modéle sous le contre-scel
Présentes, que l'Impétrant se conformera en
t aux Réglemens de la Librairie, & notamment
elui du 10 Avril 1725; qu'avant de l'exposer
vente, les imprimés qui auront servi de copie
ı réimpression desdits Livres, seront remis dans
nême état où l'Approbation aura été donnée,

ès mains de notre très-cher & féal Chevalier le Sieur Daguesseau, Chancelier de France, Commandeur de nos Ordres ; & qu'il en sera ensuite remis deux Exemplaires de chacun en notre Bibliothéque publique, un en celle de notre Château du Louvre, & un en celle de notre cher & féal Chevalier le Sieur Daguesseau, Chancelier de France. Le tout à peine de nullité des Présentes ; Du contenu desquelles Vous mandons & enjoignons de faire jouir ledit Exposant & ses ayans causes, pleinement & paisiblement, sans souffrir qu'il leur soit fait aucun trouble ou empêchement; Voulons qu'à la copie des Présentes, qui sera imprimée tout au long au commencement ou à la fin desdits Livres, soit tenue pour dûement signifiée, & qu'aux copies collationnées par l'un de nos amés & féeaux Conseillers-Sécretaires, foi soit ajoutée comme à l'Original : Commandons au premier notre Huissier ou Sergent sur ce requis, de faire pour l'exécution d'icelles tous actes requis & nécessaires, sans demander autre permission, & nonobstant clameur de Haro, Charte Normande, & Lettres à ce contraires : Car tel est notre plaisir. Donné à Paris, le dix-huitiéme jour de Novembre, l'an de grace mil sept cent cinquante, & de notre Régne le trente-sixiéme. Par le Roi en son Conseil. SAINSON.

Registré sur le Registre XII. de la Chambre Royale des Libraires & Imprimeurs de Paris, No. 513. Fol. 383. conformément aux anciens Réglemens, confirmés par celui du 28. Février 1723. A Paris, ce 20 Novembre 1750.

Signé, *LE GRAS*, *Syndic.*

GABINIE,

TRAGÉDIE CHRÉTIENNE,

Représentée pour la premiere fois le 2 Avril 1699.

A MONSIEUR
E COMTE DAYEN,
uverneur des Provinces de Rouſſillon & Berry, &c.

[ONSIEUR,

approbation que vous daignâtes donner à Tragédie le jour que j'eus l'honneur de vous ire la lecture, me fit eſpérer qu'elle ſeroit reçuë du Public. Je n'ai pas été trompé dans eſpérance. Sa repréſentation a eu tout le s que la juſteſſe de votre goût m'en avoit attendre. Les applaudiſſemens qu'elle a eus Cour & à la Ville, ont juſtifié votre juge-; & c'eſt ce qui m'a perſuadé que vous ne prouveriez pas la liberté que j'oſe prendre us la dédier. Je ſçai bien, MONSIEUR, que plûtôt au fond du ſujet que j'ai traité, qu'à me que je lui ai donnée, que je dois l'accueil able dont vous avez honoré cette Piéce : le cle de la Religion Chrétienne triomphant la perſécution, & d'un Empereur aban-ant l'Empire, & mis en fuite par la foule r la conſtance des Martyrs, ne pouvoit que e aux yeux de celui en qui une piété ſolide éréditaire fait la baſe de toutes les autres s héroïques dont il eſt orné, & de tout t que lui donne une illuſtre naiſſance, &

une brillante fortune. C'est encore sans doute, MONSIEUR, à ce même triomphe du Christianisme, que je suis redevable du succès heureux que ma Tragédie a eu dans une Cour, où un Roi, selon le cœur de Dieu, après avoir effacé par des actions immortelles les Héros qui l'ont précédé, inspire à tout le monde un zéle religieux, qui le rend aussi cher aux yeux de Dieu, que ses exploits l'ont rendu grand aux yeux des hommes. J'apprens, MONSIEUR, par la Dédicace de l'Auteur qui m'a fourni le sujet de cette Tragédie, que la sienne fut autrefois dédiée à ce grand Roi, & honorée de sa présence. Quelle gloire pour Gabinie, si elle avoit pû aujourd'hui s'attirer encore un tel Spectateur! Mais elle est trop modeste pour oser s'en flatter. Quels Spectacles seroient dignes d'attirer les yeux d'un Roi, qui attache sur lui ceux de toutes les Nations?

Quand un Roi, malgré mille obstacles,
Est devenu par ses travaux divers,
Le Spectacle de l'Univers,
Il n'est plus pour lui de Spectacles.

Pardonnez, MONSIEUR, ces Vers à l'enthousiasme d'une Muse à qui ils ont échappé; & faites-moi, s'il vous plait, la grace de recevoir favorablement l'Ouvrage que je vous offre, comme une marque publique de la passion respectueuse avec laquelle je suis,

MONSIEUR,

Votre très-humble & très-obéissant Serviteur B***

PRÉFACE.

E dois avertir le Lecteur, que j'ai tiré le sujet de cette Piéce d'une Tragédie Latine intitulée, SUSAN-., faite par Adrian Jourdain, Jesuite, imprimée à is par Mâbre Cramoisy en 1654.

[']ai crû qu'il me pouvoit être permis de me servir 1 Ouvrage Latin, fait depuis près de cinquante ans, u près comme on se sert de ceux des Anciens, quand veut les mettre sur notre Theatre.

'est-à dire que je l'ai traité autrement, que même dessein est différent de celui de cet Auteur; car il 'attache qu'au martyre de Susanne, & je me suis cipalement proposé de représenter dans ma Tragé- la Religion Chrétienne, s'établissant miraculeuse- t sans aucun secours humain, malgré les efforts & ge de Diocletien, que tout le monde sçait avoir plus grand persécuteur des Chrétiens.

nsi quoique j'aye imité les endroits qui m'ont paru plus beaux dans cette Piéce, en leur donnant un tour, j'en ai retranché plusieurs Personnages, & coup de choses qui ne me paroissoient pas conve- s à nos Spectacles, & j'en ai ajouté d'autres qui noient à mon dessein, & qui m'ont fourni de elles situations & une catastrophe différente.

reste, je n'expose aux yeux des Spectateurs, que e la Religion Chrétienne a de grand & de merveil- fondé sur des faits certains, connus de tout le e, dont les Historiens même profanes font men- & que par conséquent les libertins ne sçauroient. êcher d'avouer.

J'ai donné à mon Héroïne le nom de Gabinie, que j'ai tiré de celui de son pere, parce qu'il m'a semblé que celui de Susanne, que l'Histoire de nos saints Martyrs lui donne, n'avoit pas assez de noblesse pour le Théatre.

J'ai suivi l'Histoire Sainte & Profane avec assez de fidélité : il est certain que Galerius fut associé à l'Empire par Diocletien : que Serena femme de Diocletien étoit secrettement Chrétienne : que Galerius fut amoureux de la fille de Gabinius, laquelle étoit Chrétienne, & mourut Martyre à Rome : que la Légion Thebaine se convertit à la Foi avec Maurice qui en étoit le Chef : que cette Légion souffrit le martyre, & y fut exhortée par le Pape S. Marcellin : que Diocletien, après vingt ans de regne, abandonna l'Empire, & se retira à Salone en Dalmatie environ l'an 296, à cause, dit Zonare, que le Christianisme qui s'établissoit malgré lui, lui suscitoit trop d'affaires.

Enfin il est certain que ce fut peu de tems après que le grand Constantin, qui avoit appris le métier de la guerre sous Galerius, fut le premier Empereur Chrétien, sous qui l'Eglise jouit d'une grande tranquillité, & commença à établir à Rome avec éclat le Siége de l'Empire de Jesus-Christ : Constantin ayant donné au Pape S. Melchiade, pour sa demeure, une maison Impériale qui s'appelloit le Palais de Latran, avec un Domaine & des revenus convenables pour soutenir honorablement la suprême dignité de Chef visible de l'Eglise.

Je n'ai pris d'autre licence, que de rapprocher un peu de l'action théatrale certains événemens mémorables, qui sont pourtant arrivés sous le regne de Diocletien, & presque au tems que la fille de Gabinius souffrit le martyre.

Je souhaiterois pour la satisfaction du Public, qu'un si beau sujet eût été traité par celui de nos Poëtes Tragiques qui a abandonné le Théatre pour une occupation plus digne de lui, & dont les écrits m'ont souvent fait tomber la plume de la main, lorsque je les lisois pour tâcher de les imiter; mais enfin j'y ai employé tout le soin & tout l'art dont je suis capable; j'ai consulté, suivant le précepte d'Horace, des gens éclairés, sincéres & desinteressés, & j'ai suivi exactement leurs avis; si après cela on y trouve encore des défauts que je n'ai pas connus, 'ose espérer que le Public voudra bien m'accorder un eu de cette indulgence, qu'il ne refuse gueres aux preiers Ouvrages de ceux qui ne travaillent que dans le des-in de lui plaire.

Avant que de finir cette Préface, je dois dire encore Lecteur, que si j'ai consenti qu'on ait mis ici l'Epiamme qu'un de mes amis a faite sur Gabinie, c'est 'il est certain que le jour de sa premiere représenion on vit dans le Parterre deux ou trois Auteurs 'on ne connoîtroit pas, quand même je les nommes, qui cabaloient ouvertement de tous côtés pour faire ıber cette Tragédie, & qui en disoient tout haut seuls, ce que le Public a dit de leurs Ouvrages, qu'on evoit plus sur le Théatre.

EMARQUES HISTORIQUES.

ette Piéce fut représentée le 2 Avril 1699, & reçuë ablement; mais une jalousie d'Acteur en pensa manquer la représentation. Voici quel en fut le .

1693. Raisin devoit jouer le premier Rolle dans ortant, lorsque la mort l'enleva précipitamment,

& priva le Théatre d'un Acteur presque inimitable. Cet accident inopiné jetta M. Brueys dans l'embarras d'une nouvelle distribution du Rolle de l'Important ; il n'y avoit pas de tems à perdre, & notre Auteur, par le conseil de M. Palaprat son ami, le donna au Sieur de Villiers qui faisoit alors les Marquis avec beaucoup de succès. Le Sieur de Beaubourg, que le Public commençoit à écouter tranquillement, fut blessé de cette préférence, & sa vanité mal entenduë se trouvant soutenuë de la hauteur de la Demoiselle Beauval sa belle-mere, il se promit de se venger tôt ou tard du prétendu affront qu'on lui faisoit. En effet six ans après, il en trouva l'occasion, & ne la manqua pas. Voici comme elle se présenta.

En 1699. Gabinie ayant été reçuë par les Comédiens avec applaudissement, il fut question de donner les Rolles. Celui de Serena, femme de Diocletien, avoit été fait pour la Demoiselle Beauval ; & lorsque M. de Brueys voulut le lui présenter, il reçut un refus sec & obstiné, dont il ne fut pas possible de la faire revenir. Il se ressouvint alors de l'incident du Rolle de l'Important, & obligé de se rendre à l'opiniâtreté de cette Actrice, il donna le Rolle de l'Imperatrice à la Demoiselle Duclos, qui le joua avec les talens & la noblesse qui ont toujours accompagné les graces de sa personne ; ainsi l'exécution de Gabinie en souffrit peu, & cette Piéce eut le succès qu'elle mérite, & elle a été depuis remise au Théatre en 1717. avec applaudissement. L'on pourroit avec raison espérer aujourd'hui une semblable réussite, puisqu'elle le devroit moins aux beautés de détail, qu'à la régularité de sa conduite, à l'interêt de ses situations, & à la vérité de ses caracteres : qualités, si l'on l'ose dire, assez négligées par la plûpart des Auteurs de ce tems.

EPIGRAMME

Sur la Tragédie de Gabinie.

Peut-on faire une Tragédie,
Qui ſans aucune exception,
Soit de tout le monde applaudie?
Non: il n'eſt pas poſſible: non.
Vous vous trompez; on dit que Gabinie
Plaît généralement à tous les Spectateurs.
Eh! non: elle déplaît à deux ou trois Auteurs

Par M. de P*** ami de l'Auteur.

ACTEURS.

DIOCLETIEN,	Empereur.
SERENA,	Imperatrice.
GALERIUS,	Associé à l'Empire.
CAMILLE,	Sœur de l'Imperatrice.
GABINIUS.	Pere de Gabinie.
GABINIE,	Fille de Gabinius.
MAXIME,	Confident de Diocle-tien.
CARUS,	Confident de Galerius.
PHENICE,	Confidente de Gabinie.
JULIE,	Confidente de Camille.
GARDES.	

La Scene est à Rome, dans une Salle du Palais de Diocletien.

GABINIE,

TRAGÉDIE CHRÉTIENNE.

ACTE PREMIER.

SCENE PREMIERE.

GALERIUS, CARUS.

CARUS.

'Où peut naître, Seigneur, cette sombre tristesse,
Quand vous faites vous seul la publique allégresse ?
Quoi ! le jour qu'on vous place au trône des Césars ;
Aux spectacles nouveaux refusant vos regards,
Pour rêver à loisir à votre inquiétude.

[illegible] en ces lieux chercher la solitude ;
Tandis que le Sénat, & le Peuple, & la Cour,
Dans la pompe des jeux célébrent ce grand jour ?

GALERIUS.

Oui, Rome en ce grand jour, en Spectacles abonde,
Elle voit deux Césars sur le trône du Monde ;
Et Diocletien m'élevant jusqu'à lui,
Au souverain pouvoir m'associe aujourd'hui.
Le croirois-tu pourtant ? monté jusqu'à l'Empire,
Il est encore un bien, pour qui mon cœur soupire.
Au faîte des grandeurs sous un titre éclatant,
Tout César que je suis, je ne suis pas content.

CARUS.

Vous, Seigneur ? Qui jamais a vû, dans moins d'années,
Tant de prospérités l'une à l'autre enchaînées ?
Depuis qu'on voit sous vous voler nos Etendarts,
Nos plus fiers ennemis tremblent de toutes parts :
Par-tout, du nom Romain rétablissant la gloire,
Vous avez à nos pas attaché la victoire ;
Par vous le fier Sarmate obéit à nos loix ;
La Perse a vû tomber le dernier de ses Rois ;
Nos Aigles devant vous traversant la Sirie,
Ont de leur vol rapide épouvanté l'Asie ;
Et du char de triomphe, au sortir des hazards ;
Vous n'avez fait qu'un pas au trône des Césars ;
Les Prêtres à l'Autel, & sous d'heureux auspices,
De votre avénement consacrent les prémices :
Quel bien peut souhaiter l'heureux Galerius ?
Tout célébre à l'envi vos faits & vos vertus.
On dit même, & ce bruit remplit toute la Ville,
Qu'à vos justes desirs on accorde Camille,
Sœur de l'Imperatrice, & l'objet de vos feux.
Que vous faut-il encore, Seigneur, pour être heureux ?

GALERIUS.

Qu'on se trompe aisément, lorsque sans connoissance,
On veut juger d'autrui sur la seule apparence !
Tel souvent, dont par-tout on vante le bonheur,
Porte un poison secret qui lui ronge le cœur.

CARUS.

Cependant vous m'avez daigné dire vous-même,

Que vous aimez Camille ; on sçait qu'elle vous aime ;
Rome approuve ce choix, & vous pouvez, Seigneur,
Vous assurer encor sur l'aveu de sa sœur.

GALERIUS.

Eh ! c'est mon desespoir, puisqu'il faut te le dire.
Pour ce fatal hymen tu vois que tout conspire ;
Que Camille l'attend ; qu'il est presque arrêté ;
Que moi-même autrefois je l'avois souhaité ;
Mais .. hélas ! ...

CARUS.

Ah ! je vois, qu'à regret infidelle,
Vous brûlez aujourd'hui d'une flamme nouvelle ;
Et je vous avouirai, que mon zéle indiscret
Avoit déja, Seigneur, pénétré ce secret ;
Je n'osois en parler. ..

GALERIUS.

Le bonheur de ma vie,
Il est vrai, cher Carus, dépend de Gabinie.
Lorsque j'aimai Camille, & que j'en fus aimé,
Je n'avois jamais vû les yeux qui m'ont charmé.
Tu sçais, qu'en ce tems-là Gabinie & son pere
Fuyoient de l'Empereur l'éclatante colere ;
Tu sçais, que même encore on tient humiliés
es parens, ses amis, dans l'exil oubliés :
Iais enfin je la vis ; & mon ame éperduë,
e sentit embraser à sa premiere vuë.
ontre elle quels efforts, Carus, n'ai-je pas faits !
ais ses yeux dans mon cœur ont lancé tant de traits,
ue malgré les efforts de ma premiere flâme,
amour de toutes parts est entré dans mon ame.
vain à cet amour, qui flate mon espoir,
ppose ma raison, j'oppose mon devoir :
vain pour m'en guérir, Gabinie elle-même
nble affecter exprès une rigueur extrême,
chercher dés raisons pour combattre mes vœux ;
sons, rigueur, devoir, tout redouble mes feux.

CARUS.

ien, Seigneur, aimez, épousez Gabinie :
sang de nos Césars n'est-elle pas sortie ?
ez votre penchant : le Sénat, les Romains

N'approuveront-ils pas que de si belles mains
Vous aident à tenir les rênes de l'Empire ?
A quoi bon vous gêner ? Que Camille en soupire,
Que craignez-vous ?

GALERIUS.

Je crains que Camille en fureur,
Dans son juste parti ne jette l'Empereur.
Ma puissance aujourd'hui ne faisant que de naître,
(N'en doute point, Carus,) il est encore mon maître;
Et déja Gabinie a bien sçû le prévoir.
Elle m'a déclaré qu'un absolu pouvoir,
Un obstacle invincible à mes desirs s'oppose;
Et cet obstacle, hélas ! Carus, n'est autre chose.
(Car enfin mon amour n'a que trop éclaté ;)
Pourrai-je, soutenant mon infidélité,
De mon amour volage excuser le caprice,
Aux yeux de l'Empereur, & de l'Imperatrice ?

CARUS.

Mais, Seigneur, voulez-vous, quoi qu'on ait résolu,
Prendre sur l'Empereur un pouvoir absolu ?
Suivez sa passion, & secondez son zéle,
A détruire par-tout cette Secte nouvelle,
Dont on le voit peut-être un peu trop allarmé,
Et qui le tient sans cesse à sa perte animé.
Je sçai bien qu'ennemi de l'horreur des supplices,
Le sang des malheureux ne fait pas vos délices;
Et que même l'on dit, que ce grand Empereur
Traite des insensés avec trop de fureur :
Mais vous pourrez un jour modérer sa vengeance.
Ainsi de nos Autels embrassez la défense,
Et hâtez vous, Seigneur, pour servir son courroux,
De prêter le serment qu'on exige de vous.
D'abord vous le verrez, ravi d'un tel service,
Se déclarer pour vous contre l'Imperatrice,
Qui, fiere de son rang, ose avec liberté
Accuser l'Empereur de trop de cruauté;
Qui, sans considerer qu'il veut être inflexible,
Voudroit qu'à la pitié, comme elle, il fût sensible,
Et par des sentimens peu conformes aux siens,
L'importune sans cesse en faveur des Chrétiens,

La voici.

GALERIUS.

Dieux! rendez son pouvoir inutile:
Elle vient me parler sans doute pour Camille.
Evitons-la.

SCENE II.

SERENA, GALERIUS, CARUS.

SERENA.

CEsar, vous ne me fuiriez pas,
Si vous sçaviez pourquoi j'adresse ici mes pas.
(à part, tandis que César revient du fond du Théatre.)
Pour sauver les Chrétiens, Ciel! soutiens mon attente;
Contre ma propre sœur, tu vois ce que je tente.
Tout le monde aujourd'hui n'a des yeux que pour vous;
Vous voilà sur le Trône auprès de mon époux;
Et je prens part, Seigneur, à cet honneur insigne,
Que Rome vous défere, & dont vous êtes digne.

GALERIUS.

Ce que Rome, Madame, aujourd'hui fait pour moi,
N'égale pas l'honneur qu'à présent je reçoi.

SERENA.

Mais après tant d'honneurs que les Peuples vous rendent,
Vous sçavez bien, César, de vous ce qu'ils attendent:
L'Empereur que je viens d'informer de vos feux,
consent, & j'en fais le plus cher de mes vœux.

GALERIUS.

adame, permettez que j'ose vous le dire;
os premiers soins sont dûs au repos de l'Empire:
almons plûtôt les maux que les guerres ont faits.
uand Rome goûtera ce fruit de nos bienfaits,

J'y penserai, Madame ; & toute mon envie . . .

SERÉNA.

Et si je vous parlois, Seigneur, de Gabinie,
Me demanderiez-vous du tems pour y penser ?

GALERIUS.

Ah, Madame ! sur quoi vous-même me presser ?
Je vois qu'on vous a dit le feu qu'elle a fait naître ;
Je ne m'en défens point : je n'en suis plus le maître ;
Malgré ma résistance, elle a surpris mon cœur,
Et je cherche à le rendre encore à votre sœur.

SERENA.

Et moi, César, je veux qu'un sacré nœud vous lie,
Dès demain, s'il se peut, & vous, & Gabinie.

GALERIUS.

Madame . . . . vous voulez éprouver un Amant.

SERENA.

Non ; je ne sçus jamais trahir mon sentiment.
Je préfére à mon sang le bien de la patrie.
J'estime & je chéris Camille & Gabinie :
Mais pour exécuter les desseins que j'ai faits,
Gabinie est plus propre à remplir mes souhaits :
D'ailleurs, de trop d'amour votre ame est embrasée ;
Et j'aurois à rougir, si ma sœur méprisée,
S'exposoit quelque jour, offensant vos regards,
A l'affront du divorce ordinaire aux Césars.
L'Empereur y consent : je viens de vous l'apprendre ;
De Rome, du Sénat vous pouvez tout attendre ;
Du Peuple, des Soldats vous êtes adoré :
Et pour Gabinius ; il est trop honoré,
Que vous fassiez entrer aujourd'hui sa famille
Dans le rang des Césars, en épousant sa fille.

GALERIUS.

Ah ! que ne dois-je pas, Madame, à vos bontés !
Oüi, vous mettez le comble à mes félicités.
J'ai crû trouver en vous ma plus grande ennemie,
Et vos soins obligeans m'assurent Gabinie.
Mais, Madame, oserai-je ici vous informer
D'un scrupule importun qui me vient allarmer ?
Elle m'a déclaré, de mes feux étonnée,
Qu'elle ne me pouvoit jamais être donnée ;

ı'un obstacle invincible à recevoir ma foi,
: lui permettoit pas de s'unir avec moi;
cet obstacle, en vous j'ai crû le reconnoître.
isque ce ne l'est pas, que pourroit-ce donc être?

SERENA.

'qu'elle vous a dit ne doit pas vous troubler:
ɔntentez-vous, César, que je n'ai qu'à parler;
mes soins leveront l'obstacle qui vous gêne.
me charge de tout, cessez d'en être en peine;
binie est à vous, & même dès demain.
surez-vous du cœur, je répons de la main.

SCENE III.

AMILLE, SERENA, GALERIUS, CARUS, JULIE.

CAMILLE.

MAdame, sçavez-vous ce que je viens d'apprendre?
On fait courir des bruits, que j'ai peine à comprendre.
ı dit que César songe à faire un autre choix.
s bruits injurieux nous offensent tous trois.
pendant, bien qu'ils soient hors de toute apparence,
peuple les répand: imposez-lui silence,
gneur, & défendez qu'on parle ainsi de vous.

GALERIUS.

peuple aime à parler, Madame; & c'est à nous
népriser les bruits qu'il se plaît à répandre.
rang que nous tenons, loin de nous en défendre,
us livre à leurs discours.

CAMILLE.

Ah, Seigneur! quelquefois
:xacte vérité s'explique par leur voix;
souvent le Ciel même, à leur voix favorable,
t que ce qu'elle a dit se trouve véritable.

Je sçai bien que je crains avec peu de raison ;
Et de vous je ne puis avoir un tel soupçon ;
Je n'ose je penser : mais enfin je confesse
Qu'en secret dans ces bruits ma gloire s'interesse.

GALERIUS.

Madame, eh bien !

SERENA.

César, je sçai vos sentimens ;
Je dois vous épargner ces éclaircissemens :
Je sçai d'où vient le bruit qu'on répand dans la Ville,
Et tantôt en secret j'en instruirai Camille.

CAMILLE.

Mais cependant, Seigneur, pour le voir atrêté,
Informez le Sénat de votre volonté.
Rome sçait votre choix ; faites qu'on le publie :
Que je n'entende plus parler de Gabinie.

GALERIUS.

Madame.... nous devons mieux prendre notre tems :
Le Sénat occupé par des soins importans....

CAMILLE.

Je vous entens, Madame, hélas ! je suis trahie ;
Il est vrai, l'infidelle adore Gabinie.
Ses regards inquiets, son air embarrassé,
Son excuse frivole, & son discours glacé,
Enfin tout me le dit. A quoi bon nous contraindre ?
Oseriez vous penser que je daigne m'en plaindre ?
Ou que je puisse ici, ravalant ma fierté
Jusqu'à vous reprocher votre infidélité,
Oublier qui je suis, & manquer à ma gloire ?
Vous me connoissez mal, si vous le pouvez croire.

GALERIUS.

Eh bien, Madame, eh bien, une cruelle loi,
Puisqu'il faut l'avouer, m'entraîne malgré moi :
Ce qui redouble encore le remord qui me presse,
C'est de voir que votre ame exemte de foiblesse,
Et par les sentimens d'une haute vertu,
Soutient tranquillement.....

CAMILLE.

Perfide ! le crois-tu ?
Je ne puis plus long-tems me faire violence ;

Mais c'est à vous, Madame, à venger mon offense.

SERENA.

A cet indigne éclat abaisser votre cœur,
Camille! oubliez-vous que vous êtes ma sœur?
Je veux seule à César parler en confidence;
Mais ici l'Empereur donne son audience;
Seigneur, passons chez moi..... Ma sœur, dans un moment,
Vous pourrez me revoir dans mon appartement.

SCENE IV.

CAMILLE, JULIE.

CAMILLE.

IL me quitte, il me fuit. Ah! ma chere Julie,
Son cœur, son traître cœur est tout à Gabinie:
t moi je le cherchois: je venois près de lui,
le consoler des bruits qui causoient mon ennui;
t quand je m'attendois d'en être rassurée,
ar lui-même j'apprens que ma perte est jurée,
t dans un même jour, Ciel! qui me l'auroit dit?
on Amant m'abandonne, & ma sœur me trahit.
h bien! c'est donc à moi de venger mes offenses:
rfide, c'en est trop: redoute mes vengeances;
'Empereur, le Sénat, tes Gardes, tes Soldats,
: Trône des Césars ne t'en défendra pas.
'emble, ou si ma puissance à la tienne inégale,
empêche de trembler, tremble pour ma rivale.

JULIE.

ıdame, la voici: songez à l'éviter.

CAMILLE.

rtons, je ne pourrois m'empêcher d'éclater.

SCENE V.

GABINIE, PHENICE, CAMILLE, JULIE.

GABINIE *rencontrant Camille en fureur.*

MAdame, pardonnez ; je vois que ma présence
Vous fait ici peut-être un peu de violence ;
Je venois, en suivant des ordres absolus,
Attendre l'Empereur.

CAMILLE.

Dites Galerius.

GABINIE.

Avant la fin du jour, vous me rendrez justice ;
Je vais l'attendre ailleurs, & voir l'Imperatrice :
Adieu, Madame.

CAMILLE *en sortant.*

Allez : on y parle de vous.

GABINIE.

Je ne mérite pas cet injuste courroux.

SCENE VI.

GABINIE, PHENICE.

GABINIE *s'arrêtant à la porte de l'Imperatrice, & revenant.*

ON y parle de moi ! Demeurons ; j'appréhende,
Phenice, que César chez elle ne m'attende.
Je le dois éviter, & tu sçais bien pourquoi,
Puisque je n'eus jamais rien de secret pour toi.

PHENICE.

Ainsi, Madame, en vain l'Imperatrice espére
De donner aux Chrétiens un appui salutaire ;
En vain elle prétend établir cet appui,
Sur l'amour que César a pour vous aujourd'hui ;
Depuis qu'elle a trouvé Camille opiniâtre
A vouloir demeurer dans un culte idolâtre,
Après avoir sans fruit fait tenter tant de fois,
De lui faire embrasser la plus sainte des loix.
Pour moi, si j'ose ici dire ce que j'en pense,
Puisque vous m'honorez de votre confidence,
J'aurois crû que le Ciel, pour vous unir tous deux,
Vous ouvroit un chemin favorable à vos vœux ;
Car enfin si César....

GABINIE.

Ah ! ma chere Phenice,
Qu'oses-tu soupçonner ? rend-moi plus de justice.
Maîtresse de mon cœur, depuis qu'il est Chrétien,
Un autre amour m'enflâme & triomphe du sien.
Tu ne me verras pas un moment combattuë ;
Je ne crains plus César, mais je dois fuir sa vûë.

Je devois l'éviter, lorsque victorieux,
Au retour de l'Asie il parut à mes yeux.
Tu sçais qu'encore alors, loin de Rome exilées,
Nous étions toutes deux du faux culte aveuglées :
Narcez, Roi des Persans, assiégeoit nos remparts ;
Et déja sur les murs plantoit ses étendarts :
Tout trembloit ; quand de loin nous vîmes dans la plaine
Sur le camp de Narcez fondre l'Aigle Romaine :
C'étoit Galerius ; & tu vis quel revers
Mit en ce jour la Perse & son Roi dans nos fers.
Galerius me vit, Phenice ; il sçut me plaire :
Il fléchit l'Empereur en faveur de mon pere ;
Nous partîmes pour Rome, où quittant les faux Dieux,
Le sacré Marcellin nous dessilla les yeux.
Galerius encore ignore ma tendresse ;
Je n'ai pû m'en guérir, mais j'en suis la maîtresse ;
Et c'est ce même amour qui me fait refuser
Ce que l'Imperatrice ose me proposer.

Elle prétend en vain, qu'en secret, & comme elle,
Pour servir les Chrétiens j'épouse un Infidelle :
Mais aux maux qu'elle craint le Ciel sçaura pourvoir;
Je veux le laisser faire, & suivre mon devoir.
Oüi, fuyons l'Empereur, fuyons l'Imperatrice :
Plûtôt que de céder, tu me verras, Phenice,
Au Dieu que nous servons immoler en ce jour,
Avec un Trône offert, ma vie & mon amour.

Fin du premier Acte.

ACTE II.

SCENE PREMIERE.

DIOCLETIEN, GALERIUS, GABINIUS, MAXIME.

DIOCLETIEN *à Maxime.*

Viendra-t-elle ?

MAXIME.

Oüi, Seigneur, par moi-même avertie,
ja l'Imperatrice a mandé Gabinie;
e vient de passer dans son appartement;
doit se rendre ici, Seigneur, dans un moment.

DIOCLETIEN *à Galerius.*

ır votre auguste hymen je veux que tout s'apprête.
(*à Maxime.*)
ıs, allez pour demain en publier la fête.

SCENE II.

DIOCLETIEN, GALERIUS, GABINIUS.

DIOCLETIEN *à Gabinius.*

I j'ai fait un tel choix, c'est en votre faveur.

GABINIUS.

Je ne m'attendois pas à cet excès d'honneur.

DIOCLETIEN.

Votre fille est d'un sang que par-tout on révere ;
Sa beauté, ses vertus, les services du pere,
Et l'amour de César, enfin tout m'a porté
A tourner aujourd'hui mon choix de son côté.
Je l'attens sur le Trône où son Amant l'appelle :
Elle est digne de lui, comme il est digne d'elle :
Demain Rome verra couronner leur amour ;
Donnons à d'autres soins le reste de ce jour.

(*à Galerius.*)

Si j'ai ceint votre front du sacré Diadême ;
Si j'ai mis en vos mains la puissance suprême ;
Vous l'avez mérité, César, par vos hauts faits,
Et de tout l'Univers j'ai rempli les souhaits :
Il croit revoir sous vous Rome encor triomphante ;
C'est à vous maintenant à remplir son attente.
Le plus fier ennemi, mais le moins craint de tous,
Porte au cœur de l'Etat les plus dangereux coups.
Aux yeux de tout le monde il paroît méprisable ;
Mais pour moi, je le tiens d'autant plus redoutable,
Qu'attaquant nos Autels, je lui vois sourdement
De l'Empire & des Loix sapper le fondement.
Celui qui le premier se forma cette idée,
Séduisit un vil peuple au fond de la Judée :
Auguste le vit naître, & ne le craignit pas ;
Tibere vit sa mort : mais aprés son trépas,
Comme s'il étoit vrai de lui ce qu'on publie,
Qu'il eût dans son tombeau repris une autre vie,
Il eut des sectateurs ; & ces audacieux
Se vantent d'abolir nos Autels & nos Dieux.
Ils ont, pour s'en flater, dit-on, certains Oracles,
Et leurs enchantemens passent pour des miracles.
Un seul pourtant m'étonne : une invisible main
Semble les soutenir contre tout ordre humain.
Je ne vois point leurs bras s'armer pour leur défense :
Fidelles à l'Etat, soumis à ma puissance,
Pour l'honneur de leur Secte ils aiment à souffrir,
Et même, pour l'accroître, ils cherchent à mourir.

Je

Je les mépriserois ; mais ce qui m'épouvante,
C'est de voir le succès répondre à leur attente.
Oüi, César, plus la flamme, ou le fer en détruit,
Et plus certain Démon d'abord en reproduit.
J'en purge en vain les champs, les déserts & les villes ;
Leur sang versé par-tout, rend leurs cendres fertiles ;
Et mes propres bourreaux, employés vainement,
De leur secte à mes yeux jettent le fondement.
Leur puissance s'accroît, s'établit par la mienne,
Et par mes propres mains Rome se fait Chrétienne.
Mais j'en ai fait serment, & je le garderai ;
Je quitterai l'Empire, ou je les détruirai :
Quoi ! Rome n'aura donc, par les droits de la guerre,
Etendu son pouvoir jusqu'aux bouts de la terre,
Répandu tant de sang, employé tant de bras,
Détrôné tant de Rois, renversé tant d'Etats,
Bâti, de leurs débris, la grandeur qu'on admire,
Que pour voir aux Chrétiens transporter son Empire ?
Non, non, il faut, César, les détruire en tous lieux,
Et venger à la fois notre Empire & nos Dieux.

GALERIUS.

Ce que je dois, Seigneur, aux Dieux, à la Patrie,
Fera toujours le soin le plus cher de ma vie.

DIOCLETIEN.

Pour ne perdre jamais ce juste sentiment,
Rome exige de vous le secours du serment :
Le pouvoir souverain, qu'avec vous je partage,
En dépend ; en un mot, ce serment vous engage
A condamner par-tout, sans pitié de leur sort,
De quelque rang qu'ils soient, les Chrétiens à la mort.
'our les tenir en crainte, & contenter ma haine,
e tiens dans Rome exprès la Légion Thébaine,
t vous la trouverez, pour hâter leurs tourmens,
oujours prête à voler à vos commandemens.
n nous attend au Temple, où ce serment terrible
rendre à la pitié votre ame inaccessible ;
la face des Dieux il doit être prêté ;
otre auguste Sénat l'a lui-même dicté.

GALERIUS.

Trop honoré, Seigneur, de suivre votre exemple,
Mon cœur impatient brûle d'aller au Temple,
Résolu d'immoler, pour venger nos Autels,
Tous les Chrétiens ensemble à nos Dieux immortels.

SCENE III.

SERENA, GABINIE, PHENICE, DIOCLETIEN, GALERIUS, GABINIUS.

DIOCLETIEN *embrassant Galerius.*

Veuille le juste Ciel, secondant votre zèle,
Exterminer enfin cette Secte infidelle !
Et plus heureux que moi, quelque jour puissiez-vous
Voir le dernier Chrétien expirer sous vos coups!
(*à l'Imperatrice.*)
Pour prêter le serment que Rome veut prescrire
A tous ceux qu'à présent elle éléve à l'Empire,
Le Souverain Pontife attend Galerius ;
Vous cependant, Madame, avec Gabinius,
A l'hymen de César disposez Gabinie,
Ordonnez-en la pompe & la cérémonie:
Et que Rome, en faveur de ce jour trop heureux,
Recommence par-tout ses fêtes & ses jeux.
Allons, César.

SCENE IV.

SERENA, GABINIE, GABINIUS, PHENICE.

SERENA.

EH bien! vous venez de l'entendre :
C'en est fait, Gabinie, il est tems de vous rendre ;
L'orage qui grossit va bien-tôt éclater,
Par l'horrible serment que César va prêter.
Mon trop barbare Epoux, lorsque l'âge le glace,
Las de persécuter, lui fait prendre sa place.
Prenez la mienne. Hélas! autant que je l'ai pû,
J'ai contre ses fureurs sans cesse combattu :
Mais enfin sur son cœur je sens mon impuissance ;
Mon regne va finir, & le vôtre commence ;
Vous pourrez sur César, ce que j'ai pû sur lui ;
Quand je manque aux Chrétiens, prêtez-leur votre appui :
Surmontez les raisons dont votre ame s'étonne ;
Songez, en l'épousant, que le Ciel vous l'ordonne ;
Qu'il attend ce secours de vos naissans attraits.

GABINIE.

Moi, j'irois, au mépris des sermens que j'ai faits,
De fuir l'engagement d'un époux Infidelle,
Envers nos saintes Loix me rendre criminelle!
Dans l'espoir incertain d'empêcher de périr
Ceux que le Ciel, sans nous, sçaura bien secourir!

SERENA.

Oüi : mais il veut souvent que ses ennemis mêmes
Soient les exécuteurs de ses ordres suprêmes :
La foudre va partir, le danger est pressant :
Songez combien de peuple, en secret gémissant,
Tout prêt d'être égorgé, dans ses tristes allarmes,
Présente au Ciel ses vœux, ses soupirs, & ses larmes ;

Que de sang va couler, si par un prompt secours;
Des persécutions vous n'arrêtez le cours.

GAMINIE.

Vous ne me dites rien, mon Pere?

GABINIUS.

Hélas! que dire?
Vous perdez les Chrétiens en refusant l'Empire:
Et si vous consentez à ce glorieux choix,
Pour sauver les Chrétiens, vous violez leurs Loix.
J'ose dire encore plus; Galerius vous aime:
Mais tout César qu'il est, Galerius lui-même,
Quand de votre serment vous briserez les nœuds,
Et que vous répondrez au plus doux de ses vœux;
Lui-même, trop lié d'un serment exécrable,
Ne sçauroit aux Chrétiens se rendre favorable;
Il se perdroit sans doute, adoucissant leur sort.
Esclave du serment qui les livre à la mort,
Il se verra forcé, par un pouvoir suprême,
De tout sacrifier, vous, ma fille, & moi-même.

SERENA.

Non, vous connoissez peu le foible des Amans.
L'amour fait violer les plus sacrés sermens;
Et les Dieux que César va jurer dans leur Temple;
De sermens violés lui fourniront l'exemple.
Le sacré Marcellin *, l'Oracle des Chrétiens,
De votre engagement peut rompre les liens.
Voyez l'idolâtrie en tous lieux triomphante,
Et la vérité sainte à ses pieds gémissante,
Cachant au fond des bois, & dans l'obscurité,
De ses Mystéres saints l'auguste majesté;
Le Monarque des Cieux, sans Temples sur la terre;
Et les tristes Chrétiens, à qui tout fait la guerre,
Chassés de toutes parts, haïs, persécutés,
N'osant lever les yeux, en esclaves traités;
Sans qu'il leur soit permis, dans leur sombre misére,
D'adorer en plein jour l'Auteur de la lumiére;
Ah! lorsque vous pouvez seule les secourir,
Sans pitié, sans regret, les verrez-vous périr?

* Pape. Voyez la Préface.

GABINIE.

Moi, Madame! Mon Pere, hélas! que dois-je faire?

GABINIUS.

Ma fille, je me rends, lorsque je considére
Quel seroit le courroux d'un Amant Empereur;
Dont l'amour méprisé se changeant en fureur,
Verroit pour expier cette mortelle offense,
Tous les Chrétiens du Monde en proie à sa vengeance;
Et sa main, qui sur eux ne peut que se venger,
Peut-être en l'acceptant, voudra les protéger.
Quelle gloire pour vous, si vos soins secourables
Adoucissent les maux de tant de misérables,
Et que César, par vous au Seigneur amené,
Soit le premier Chrétien qu'il aura couronné!
Ses Oracles l'ont dit: Notre Rome Payenne,
Sous des Césars Chrétiens un jour sera Chrétienne;
Et toujours Souveraine, en changeant de splendeur,
Verra les Nations révérer sa grandeur.
C'est ce que nos malheurs doivent enfin produire;
Et ce jour, ce grand jour, ma fille, est prêt à luire:
Ne résistez donc plus à donner votre main:
Si Dieu l'a résolu, vous résistez en vain.

GABINIE.

Eh bien, vous le voulez; il faut que j'obéisse
Aux volontés d'un Pere & d'une Impératrice;
Pourvû que Marcellin, que j'irai consulter,
Me remette en état de les exécuter.

SERENA.

Attendez donc César: commencez un ouvrage,
Qui des maux que je crains dissipera l'orage;
J'en répons: Cependant, Seigneur, allons pourvoir
Aux apprêts d'un hymen qui fait tout notre espoir.

SCENE V.

GABINIE, PHENICE.

PHENICE.

L'Interêt des Chrétiens enfin vous a vaincuë,
Madame, à leurs raisons vous vous êtes renduë.

GABINIE.

Oüi, pourvû que César.... Je ne m'explique pas:
Tu trembleras pour moi, lorsque tu le sçauras.
Ne crois pas qu'avec lui, mon cœur d'intelligence,
Céde à l'appas flateur d'une douce espérance;
J'ai de plus grands desseins, Phenice; enfin je veux
Ou sauver les Chrétiens, ou périr avec eux.

PHENICE.

Juste Ciel!

GABINIE.

Si j'osois te dire ma pensée:
Je vais dans ton esprit passer pour insensée;
Mais enfin nous touchons à ce jour fortuné,
Que le Ciel nous promet un Chrétien couronné;
Et, mon Pere l'a dit, ce jour est prêt à luire:
Ah! par quel doux espoir me laissai je séduire!
Je crois presque, Phenice, en voyant ses vertus,
Que cet heureux Chrétien sera Galerius.
Je te laisse trop voir jusqu'où va ma foiblesse;
Ne crois pas que ce soit l'effet de ma tendresse;
Atteñs, pour en juger, qùe je quitte ces lieux;
Laisse venir César, tu me connoîtras mieux.

PHENICE.

Avant que de le voir, ouvrez plûtôt, Madame,
Au sage Marcellin les secrets de votre ame.
Tout le monde est au Temple, & vous pouvez sans bruit,

Pour l'aller consulter, profiter de la nuit.
Dans ce Palais désert que prétendez-vous faire?
Déja le jour qui fuit, à peine nous éclaire;
César viendra, suivi d'une nombreuse Cour;
Fatigué du tumulte & des soins de ce jour;
Peut-être n'est-il pas encore prêt de s'y rendre,
Et sans témoins ce soir, ne pourra vous entendre:
Madame, croyez-moi, différez à demain.

GABINIE.

Eh bien, commençons donc par revoir Marcellin;
Allons.

PHENICE.

Camille sort de chez l'Impératrice.

GABINIE.

La nuit nous favorise; évitons-la, Phenice.

SCENE VI.

CAMILLE, JULIE.

CAMILLE.

Julie, as-tu compris ses frivoles raisons?

JULIE.

Ce qu'elle vous a dit confirme mes soupçons.

CAMILLE.

Cruelle sœur, hélas! que viens-tu de me dire?
Quels malheurs prévois-tu? la perte de l'Empire?
Mais quoi de plus affreux à mes tristes regards,
Que ma Rivale assise au trône des Césars,
Et d'un ingrat que j'aime, à mes yeux adorée,
Tandis que je serois seule desesperée!
Quel charme l'a séduit? quel Démon en ce jour
Brise tous ses liens du sang & de l'amour?
Julie, c'en est fait, je ne veux plus l'entendre.

Mais, toi-même, dis-moi, que voulois-tu m'apprendre?

JULIE.

Madame, Gabinie en secret ce matin,
A consulté long-tems le Chrétien Marcellin.

CAMILLE.

Le Chrétien Marcellin, Ciel! consulté par elle!

JULIE.

Ceux mêmes qui l'ont vû, m'ont dit cette nouvelle.
C'est celui des Chrétiens, vous le pouvez sçavoir,
Dont la noire science a le plus de pouvoir.
On ne peut l'arrêter, quoique l'Empereur fasse;
Et je crois sûrement, voyant ce qui se passe,
Que pour rompre aujourd'hui les plus sacrés liens,
Gabinie a recours aux charmes des Chrétiens.
Oüi, ce prompt changement, s'il faut que je m'explique,
Ne peut être l'effet que d'un charme magique:
Les Chétiens l'ont donné: son funeste poison
A changé tous les cœurs, & troublé leur raison;
Rome voit tous les jours, qu'à la force terrible
De leurs enchantemens, il n'est rien d'impossible.
Tantôt, en un instant, nous leur voyons guérir
Ceux que tout l'art humain ne peut plus secourir;
Et tantôt, en des yeux fermés dès la naissance,
Des organes éteints réparer l'impuissance.
Des tems & des saisons ils renversent les loix;
La Nature tremblante obéit à leur voix;
Tout leur céde: la Mort, qui n'écoute personne,
Relâche de ses droits, quand un Chrétien l'ordonne.
Oüi, puisque Gabinie a pû les consulter....

CAMILLE.

Ah! Julie, il suffit: je n'en sçaurois douter.
Voilà donc ton pouvoir, odieuse Rivale!
Tu m'opposes en vain la puissance infernale.
Les témoins qui l'ont vû, ne pourront le céler:
Allons: je veux les voir, & les faire parler.
D'autres chez Marcellin auront vû Gabinie;
Si je puis l'en convaincre, il y va de sa vie.

Allons creuser à fonds un si noir attentat;
Je veux l'en accuser moi-même en plein Sénat;
Et si, pour la sauver, le traître qui m'offense,
Ose, malgré son crime, embrasser sa défense;
Aux charmes des Chrétiens, qui troublent sa raison,
J'opposerai le feu, le fer & le poison.

Fin du second Acte.

ACTE III.

SCENE PREMIERE.

GABINIUS, GABINIE, PHENICE.

GABINIUS.

Nous sommes découverts ; la superbe Camille
Souléve contre vous le Sénat & la Ville ;
Elle a certain secret, dit-elle, à révéler,
Et ce n'est qu'au Sénat qu'elle prétend parler.
Mais, ma fille, bien-tôt nous allons tout apprendre,
Puisque l'Impératrice en ce lieu doit se rendre ;
Et sans doute elle veut nous en entretenir,
Puisqu'ici l'un & l'autre elle nous fait venir.
Dans le tems que César vous appelle à l'Empire,
Contre vos jours, hélas ! peut-être l'on conspire,
Et je crains justement, qu'un funeste retour
Ne change en triste deuil la pompe de ce jour.

GABINIE.

Je quitterai sans peine & l'Empire & ma vie ;
C'est ce que de moins cher à Dieu je sacrifie ;
Il le sçait: à ses yeux on ne peut rien céler,
Et je suis préparée à lui tout immoler.
Qu'on me cite au Sénat, je suis prête à répondre ;
Camille n'aura pas de peine à me confondre,
Et je vous avoüerai, Seigneur, qu'avec regret
On me fait consentir de garder le secret.
Que craignons-nous ? parlons, confessons qui nous sommes.

Quand on sert le vrai Dieu, doit-on craindre les hommes ?
Le mensonge se doit couvrir d'obscurité ;
Mais on doit faire au jour briller la vérité.

PHENICE.

On vient.

SCENE II.

SERENA, GABINIUS, GABINIE, PHENICE.

GABINIE.

EH bien, Madame, il n'est plus tems de feindre ;
Nous sommes découverts.

SERENA.

J'avois lieu de le craindre ;
Et, prête à voir la foudre éclater à mes yeux,
J'allois me déclarer, & braver les faux Dieux ;
Mais j'ai tout sçû : Camille a rompu le silence :
On n'a de nos secrets aucune connoissance :
L'on dit que par un charme emprunté des Chrétiens,
Vous avez attiré César dans vos liens ;
Voilà ce qu'au Sénat ma sœur vouloit apprendre ;
Mais j'ai sçû qu'il avoit refusé de l'entendre,
Ainsi rien ne s'oppose à nos premiers desseins,
Et la cause du Ciel est encore en vos mains.
Vous allez voir César : il vous cherche, & j'espére
Qu'avec lui vous prendrez un conseil salutaire.

GABINIE.

J'aurois crû, qu'il seroit pour nous plus glorieux,
D'aller nous déclarer ennemis des faux Dieux ;
Cependant j'ai promis ; je ne puis m'en défendre,
Madame, à vos conseils je suis prête à me rendre.
Je ne vous tairai point que je prétends sçavoir,
Sur le cœur de César quel sera mon pouvoir ;

Car enfin il sçaura comme il faut qu'il m'obtienne:
Je porte un cœur Romain dans une ame Chrétienne:
Il ne me juge pas indigne de sa foi;
Et je sçaurai dans peu, s'il est digne de moi.

SERENA.

Cachez-lui nos secrets avec un soin extrême.

GABINIE.

Ce que je lui dirai, je l'ignore moi-même;
Et quand je le verrai, Madame, il ne sçaura
Que ce que le Ciel même alors m'inspirera.

SERENA.

C'est assez: moi je vais, sûre de votre zèle,
Annoncer aux Chrétiens cette heureuse nouvelle.
Sortons, Seigneur; César va se rendre en ce lieu,
Il n'est pas à propos qu'il nous y trouve. Adieu.

SCENE III.

GABINIE, PHENICE.

PHENICE.

Vous allez mal répondre à ce que l'on espére.

GABINIE.

Non: ce que j'ai promis, je suis prête à le faire,
Si César, dans l'espoir de s'unir avec moi,
Au prix que je t'ai dit, ose accepter ma foi.

PHENICE.

Vous m'avez confié ce secret de votre ame:
J'en ai frémi pour vous; pensez-y bien, Madame;
Il en est encor tems. Ciel, qu'allez vous tenter!
Loin de gagner César, vous allez l'irriter.
Ce dessein aux Chrétiens va devenir funeste:

GABINIE.

Dieu l'a mis dans mon sein; sa main fera le reste.

PHENICE.

Ah! vous allez périr.

GABINIE.

Qu'importe, si ma mort
Des Chrétiens opprimés change le triste sort?

SCENE IV.

GALERIUS, CARUS, GABINIE, PHENICE.

GALERIUS.

Je vous cherche, Madame : enfin tout m'est propice;
L'Empereur, le Sénat, Rome, l'Impératrice:
Tout conspire en ce jour à mes félicités;
Mais j'ignore, Madame, encor vos volontés.
Je vous ai déclaré le bonheur où j'aspire:
Bonheur que je préfére aux grandeurs de l'Empire;
Et je viens, en tremblant, apprendre à vos genoux,
Si le cœur de César est indigne de vous.

GABINIE.

Quoi, Seigneur! est-ce ainsi que votre cœur oublie
Que c'est un Empereur qui parle à Gabinie?
Vous suis-je bien connuë?

GALERIUS.

Ah! j'atteste les Dieux,
Que si j'ai souhaité ce titre glorieux;
Que si pour l'acquérir par le sort de la guerre,
J'ai porté mes exploits jusqu'aux bouts de la terre;
De mes jours prodigués, de tant d'illustres coups,
Le prix le plus charmant, c'est l'espoir d'être à vous.

GABINIE.

Je me connois, Seigneur; & votre amour m'étonne;
Cependant sçavez-vous à quel prix je me donne?

GALERIUS.

Ah! parlez, commandez : pour un bien si charmant,
Je vous accorde tout, demandez seulement.

GABINIE.

Puisque vous le voulez, faites qu'on se retire.

GALERIUS.

Eloignez-vous.

GABINIE *à part.*

Faisons ce que le Ciel m'inspire.

SCENE V.

GABINIE, GALERIUS.

GABINIE.

Puisqu'avec vous, Seigneur, je dois unir mon sort,
Du plus grand des Romains j'attens un grand effort.
Mais connoissez mon cœur : sans la grace où j'aspire,
Non, ma bouche jamais n'auroit osé le dire :
Je vous aime, César.

GALERIUS.

Ah! Madame!...

GABINIE.

Arrêtez :
Peut-être que mes vœux vont être rebutés :
Peut-être cet amour, qui pour vous a des charmes,
Vous causera bien-tôt de cruelles allarmes :
De quelque amour, César, que vous soyez épris,
Vous allez acheter ma main à trop haut prix.

GALERIUS.

Madame, commandez, je vous le dis encore ;
Osez tout espérer d'un cœur qui vous adore.
Quel que soit cet effort, je le trouverai doux ;
Il n'est rien que ce cœur n'entreprenne pour vous ;
Je n'en excepte rien : parlez ; daignez le dire ;

Je mets tout à vos pieds, l'Empereur & l'Empire.

GABINIE.

Eh bien, si vous m'aimez, pour répondre à vos vœux,
Et pouvoir être à vous, voici ce que je veux.
Je ne puis plus, César, vous cacher que mon Pere
A des amis sans nombre accablés de misere.
Ses amis sont les miens: je demande avec lui,
Que de ces malheureux vous vous rendiez l'appui;
Que vous les chérissiez, & que pour leur défense,
Vous armiez, s'il le faut, toute votre puissance.

GALERIUS.

Quoi, Madame, voilà cet effort, ce haut prix,
Dont un cœur tout à vous devoit être surpris!
Je sçai que l'Empereur jaloux de sa puissance,
Contre tous vos parens exerça sa vengeance;
Je sçai que loin de Rome, eux & tous vos amis,
Avec trop de fureur par lui furent bannis;
Et que jusqu'à ce jour, excepté votre Pere,
Tous gémissent encor dans leur longue misere;
Mais enfin, quels que soient vos amis & les siens,
Madame, ils me seront bien plus chers que les miens.
Oüi, je vous le promets; oüi, si pour leur défense,
Ils ont jamais besoin de toute ma puissance;
Contre tout l'Univers, prompt à les secourir,
Je périrai plûtôt, que de les voir périr.
C'est peu faire pour vous; demandez davantage.

GABINIE.

Pourquoi m'en donnez-vous vous-même le courage?
Puisque vous promettez de servir mes amis,
Promettez-moi de perdre aussi mes ennemis;
Que vous les détruirez, Seigneur, dans tout l'Empire:
Voilà, pour être à vous, tout ce que je desire.

GALERIUS.

Vos ennemis! l'objet de mon juste courroux!
Oüi, je vous le promets, je les détruirai tous.

GABINIE.

Eh bien, à ce prix-là, je consens qu'on m'obtienne;
Mais apprens qui je suis, César: je suis Chrétienne.
Va servir les Chrétiens, ce sont là mes amis:

Va détruire tes Dieux, ce sont mes ennemis!
Tu te tais à présent, & t'étonnes peut-être,
Amant audacieux, qui croyois me connoître:
Je te l'avois bien dit, que ton amour surpris,
Trouveroit que ma main seroit à trop haut prix.
Tu l'as promis pourtant; hier tu promis encore,
De livrer à la mort ceux pour qui je t'implore:
C'est à toi de choisir: tu vois; César, tu vois
Sans doute à quoi t'engage ou l'un ou l'autre choix.
Si tu fais le premier, il faut que tu m'immoles:
Si le dernier te plaît, va briser tes Idoles:
L'un me promet le Trône, & l'autre le tombeau;
L'un te rend mon époux, & l'autre mon bourreau;
Choisis, César, choisis; tu me vois toute prête
A te donner d'abord ou ma main, ou ma tête.
Mon choix dépend de toi: songe à faire le tien;
Je te laisse y penser, & ne te dis plus rien.
Je vais t'attendre, adieu: pése bien toutes choses;
Après, tu peux venir m'épouser, si tu l'oses.

SCENE VI.

GALERIUS.

QUel coup de foudre! ô Ciel! mon cœur en a tremblé.
Grands Dieux! qui, comme moi, n'en seroit accablé?
Gabinie est Chrétienne! elle fuit, la cruelle.
Mais quoi! mon lâche cœur vole encore après elle?
Traître! va donc briser les Autels de tes Dieux:
Parjure! va trahir & la Terre & les Cieux,
Et par ces attentats, commence ton Empire,
Lâche Empereur..... Non, non, mon cœur en vain soupire;
Immolons à ma gloire un amour insensé:
Arrachons de ce cœur le trait qui l'a percé;

Portons le coup mortel à cette Secte impie;
Périssent les Chrétiens, périsse Gabinie.
Gabinie! Ah grands Dieux! au-devant de mes coups,
Quelle chere victime, hélas, présentez-vous!
Gabinie! ah! souffrez que je lui fasse grace.
Mais elle ne veut pas, grands Dieux! qu'on vous en fasse.
Inhumaine! à vos loix, eh bien, je me rendrai;
Exceptez-en les Dieux, je vous obéirai.
Dieux cruels! je tiendrai le serment qui me lie;
Je vais vous obéir, exceptez Gabinie.
Que résoudre? que faire? à quel choix m'en tenir?
Malheureux! je ne puis pardonner, ni punir.
Cruels engagemens! auquel des deux se rendre?
Dieux! Gabinie! amour! devoir! Quel parti prendre?
Mais qui vois-je? Fuyons.

SCENE VII.

CAMILLE, JULIE, GALERIUS.

CAMILLE.

Fui; mais ne pense pas,
Traître, que pour te voir j'adresse ici mes pas;
Je ne te cherche point. Va, sors, cours, fui, perfide;
Ma Rivale t'attend; & l'Enfer, qui te guide,
Du charme empoisonné qu'il a pour toi produit,
T'invite ce jour même à recueillir le fruit.
Fui donc. Qui te retient? à quoi bon te contraindre?

GALERIUS.

Ah, Madame! quel tems prenez-vous pour vous plaindre!

CAMILLE.

Eh quoi! le digne objet qui vient de te charmer,

Ne calme pas les ſoins qui viennent t'allarmer ?
Mais on ſçaura bien-tôt diſſiper ta triſteſſe ;
Déja pout ton hymen tout le monde s'empreſſe :
D'ici même j'entens les cris, qui juſqu'aux Cieux
Elévent Gabinie, & le vengeur des Dieux ;
Tandis qu'impunément je ſuis ſeule outragée.

GALERIUS.

Ah ! vous n'êtes, hélas ! déja que trop vengée.
Du ſort le plus cruel j'éprouve le courroux,
Et je ſuis mille fois plus à plaindre que vous.

SCENE VIII.

CAMILLE, JULIE.

CAMILLE.

Plus à plaindre que moi ! que ſeroit-ce, Julie ?
Plus à plaindre, dis-tu ? Tout flate ton envie :
D'où peut naître en un cœur où regne tant d'eſpoir,
L'affreux accablement où je viens de le voir ?
Ce prodige retient ma haine ſuſpenduë ;
Et ſurpriſe du coup dont je ſuis confonduë,
Du plus juſte courroux, je paſſe à la terreur,
Et mon étonnement égale ma fureur.
Ma Rivale ſortoit agitée.

JULIE.

Oüi, Madame.
J'augure bien pour vous, du trouble de leur ame :
J'ignore leurs ſecrets ; mais je me trompe fort,
Ou quelque grand malheur vient de troubler leur ſort.

CAMILLE.

Ah ! ſi dans ces ſecrets, hors de ma connoiſſance,
Je trouvois de quoi faire éclater ma vengeance !

JULIE.

Peut être que Maxime a ſçû les découvrir ;
Il vous doit ſa fortune, il cherche à vous ſervir :
Je l'apperçois qui vient, & j'attends de ſon zèle,
Madame, qu'il vous porte une heureuſe nouvelle.

SCENE IX.

MAXIME, CAMILLE, JULIE.

CAMILLE.

EH bien!

MAXIME.

J'ai tout appris, Madame; & plus discret,
A tout autre qu'à vous je tairois ce secret.
Cette nuit, qui l'eût crû? Gabinie est allée
Où souvent des Chrétiens on surprend l'assemblée;
u fond d'un antre obscur, au pied de l'Aventin,
ù déja l'attendoit le fameux Marcellin.
à ne soupçonnant pas que l'on pût les entendre,
: ont parlé tout haut: je viens de tout apprendre
'un esclave affidé, qui feint d'être Chrétien,
ché, pour écouter leur secret entretien.
is je crains que quelqu'un....

CAMILLE.

Parles avant qu'on vienne.

MAXIME.

r tout dire en un mot, Gabinie est Chrétienne.

CAMILLE.

ıx!

JULIE.

O Ciel!

MAXIME.

Et César, qui sortoit de ces lieux;
doute a pénétré ce secret odieux;
frémit.

CAMILLE.

Voilà l'ennui qui le dévore:
épris de nos Dieux, le perfide l'adore.
Julie, à quel point elle a sçû le charmer;
: qu'elle est Chrétienne, & peut encor l'aimer
ereur le sçait-il?

MAXIME.

Non, Madame, il l'ignore;
Et hors nous, à la Cour nul ne le ſçait encore.
Il doit aller au Temple, & croit voir achever
Un hymen que les Dieux ne ſçauroient approuver.
Voilà ce que j'ai ſçû; j'ai couru vous l'apprendre.
Mais encor ce ſecret ne doit pas ſe répandre.

CAMILLE.

Je tairai ce qu'il faut, Maxime, & c'eſt aſſez.
Enfin, Julie, enfin mes vœux ſont exaucés.
Allons la dénoncer, & perdons qui m'offenſe;
Lorſque tout me trahit, le Ciel prend ma défenſe;
Et j'ai, contre tous ceux qui m'oſoient outrager,
Et la cauſe des Dieux, & la mienne à venger.

Fin du troiſiéme Acte.

ACTE IV.

SCENE PREMIERE.

CAMILLE, JULIE.

CAMILLE.

VIens, suis-moi ; c'est ici que je le veux attendre.
Ma sœur lui fait en vain refuser de m'entendre ;
'est ici son passage ; ici je le verrai ;
n'ira point au Temple, ou je lui parlerai.

JULIE.

ıdame, il vient à nous.

SCENE II.

OCLETLEN, CARUS, MAXIME, CAMILLE, JULIE, Gardes.

IOCLETIEN *dans le fond du Théatre, sans voir Camille.*

ENfin cette journée
briller les feux d'un heureux hymenée ;
spére, Carus, que ce jour attendu
ndra le repos que mon ame a perdu.

CAMILLE.

Seigneur, de l'hymen qui fait votre espérance ;
e est indigne, & le Ciel s'en offense.

DIOCLETIEN.

(*à Camille.*) (*à Carus.*)

Le tems nous presse... Au Temple allez tout préparer,
Carus ; on ne sçauroit plus long-tems différer,
Et sans doute César est dans l'impatience,
Que l'on tarde à remplir sa plus douce espérance.
Allez, Carus.

CAMILLE.

Arrête : il n'est pas encor tems.

DIOCLETIEN.

Qu'osez vous entreprendre ? & qu'est-ce que j'entens ?
(*à Carus qui hésite à sortir.*)
Allez, vous dis-je ; allez, que rien ne vous retienne.

CAMILLE *à Carus qui s'en alloit, & qui s'arrête.*

Eh bien, va dans le Temple attendre une Chrétienne :
Va présenter ce monstre à nos Dieux immortels,
D'un hymen sacrilége effrayer leurs Autels ;
Va....

DIOCLETIEN.

Ce qu'elle nous dit ; ô Ciel ! est-il croyable ?

CAMILLE.

D'un mensonge, Seigneur, me croyez-vous capable ?
Gabinie est Chrétienne, elle l'a declaré ;
César en est instruit, le crime est avéré ;
Et de la part des Dieux je demande sa vie.

DIOCLETIEN.

Que l'on cherche César : amenez Gabinie.
Ah ! je ne doute plus de son égarement :
Je ne le vois que trop à votre étonnement.
Vous le sçaviez, Carus : vous le sçaviez, Maxime :
Pourquoi me cachiez-vous, l'un & l'autre, son crime ?

MAXIME.

On attendoit, Seigneur, qu'un heureux repentir,
De ce funeste état pourroit la garantir.

CARUS.

Seigneur, n'en doutez point ; l'éclatant hymenée ;
Qui doit avec César unir sa destinée,
La gloire, les plaisirs, sa prochaine grandeur,
Sont de puissans motifs pour ramener un cœur.

CAMILLE.

Non, non; c'est se flater, Seigneur, que de le croire:
Il n'est grandeurs, plaisirs, tourmens, mépris, ni gloire,
(Et vous-même, Seigneur, vous le sçavez trop bien,)
Qui dans Rome ait jamais pû changer un Chrétien.
Ils triomphent de tout.

DIOCLETIEN.

Oüi, malgré ma puissance,
J'en ai fait mille fois la triste expérience.
Qu'allois-je faire? ô Ciel! quel Démon aujourd'hui,
) Secte des Chrétiens! te prête son appui?
'allois en ce moment, sans l'avis de Camille,
)ans le lit de César te donner un azile!
'ans le lit de celui, que ma juste fureur
pris soin de choisir pour ton persécuteur!
'est ainsi que toujours, & de la même sorte,
ı tournes contre moi les coups que je te porte,
ıe tout ce que je fais pour triompher de toi,
le sçais employer, pour triompher de moi.
Aussi, qui le croiroit? dans la publique joie,
de noires frayeurs je suis le seul en proie:
ıt tremble en ma présence; & moi-même à mon tour,
ıe sçai quoi m'allarme au milieu de ma Cour.
pour me délivrer de ces frayeurs secrétes,
sulté de nos Dieux les sacrés Interprétes;
olé les Chrétiens en mille lieux divers,
e leur sang impie inondé l'Univers;
comme si les Dieux rejettoient ces victimes,
tout ce que je fais fussent autant de crimes,
ïte de l'Empire, & malgré mes efforts,
zéle envers les Dieux semble aigrir mes remors.
s. que j'attendrai César & Gabinie,
ez les apprêts de la cérémonie:
e peuple en foule au Temple s'est rendu:
lire, Carus, que tout est suspendu.
z-vous, Camille; à l'aveu de son crime,
veux pour témoins que César & Maxime.

SCENE III.

GALERIUS, DIOCLETIEN, MAXIME.

DIOCLETIEN.

VEnez, on vous attend: le trouble où je vous voi,
Ne m'annonce que trop que vous sçavez pourquoi.
Celle donc que mon choix élevoit à l'Empire,
Celle pour qui César peut-être encor soupire,
Se déclare Chrétienne, & vient d'abandonner
Ces Dieux, ces mêmes Dieux, qui l'alloient couronner!

GALERIUS.

Ah! Seigneur, qui l'eût crû?

DIOCLETIEN.

Quoi! vous l'aimez encore?

GALERIUS.

Je voudrois la haïr, Seigneur; & je l'adore.
Mon cœur irrésolu, surpris, desespéré,
Et d'horreur & d'amour tour à tour déchiré,
Dans un objet si cher rencontrant une impie,
Suit tantôt son devoir, & tantôt Gabinie;
Et souffre en cet état de plus cruels tourmens;
Que tous ceux qu'aux Chrétiens ont voués mes sermens.

DIOCLETIEN.

Vous regrettez des Dieux la mortelle ennemie!

GALERIUS.

Je voudrois à nos Dieux ramener Gabinie.

DIOCLETIEN.

Non, non, pour les Chrétiens il n'est plus de retour.

GALERIUS.

Vous avez tout tenté, Seigneur, tentez l'amour.
D'ailleurs vous le sçavez, & j'oserai le dire,

Les

Les flots de tant de sang affoiblissent l'Empire;
Et, si l'on pousse à bout ce qu'on veut achever,
On va perdre l'Etat, en voulant le sauver.
Au culte de nos Dieux les Chrétiens sont rébelles;
Cependant avons-nous des Sujets plus fidelles?
De leurs folles erreurs nos Dieux sont offensés;
Mais quel tort à l'Etat ont fait ces insensés?
Que nous font les Chrétiens? que nous fait leur croyance?
Rien peut-il de leurs mœurs altérer l'innocence?
‹e les voyons-nous pas, malheureux, & soumis,
ıénir qui les outrage, aimer leurs ennemis;
ı parmi les tourmens, dont l'horreur nous étonne,
ɛspecter en mourant la main qui les ordonne?
h! peut-être, Seigneur, voulant les tourmenter,
ı enflâme leur zele, au lieu de l'arrêter.
ut-être, relâchant de ces rigueurs extrêmes,
leur illusions ils reviendroient d'eux-mêmes;
ıt-être Gabinie est prête à revenir:
elle commençons à ne les plus punir:
moins je crois pouvoir demander qu'on lui donnè
tems de revenir aux Dieux qu'elle abandonne.
s un cœur que l'on a nouvellement séduit,
reur qui vient de naître, aisément se détruit;
e trop de vertus le Ciel l'a partagée,
la laisser long-tems dans le crime engagée.
leurs je l'aime encore, & j'attens que mon choix
nde, en sa faveur, la rigueur de nos Loix.

DIOCLETIEN.

ɜn, vous le voulez? essayons l'indulgence.
la rendre à nos Dieux, je me fais violence.
après cet essai, songez, à votre tour,
nonter vous-même un malheureux amour;
: à soutenir votre gloire & la mienne.
ɪle vient.

SCENE IV.

GABINIE, DIOCLETIEN, GALERIUS, MAXIME, Gardes.

DIOCLETIEN.

APproche, infidelle Chrétienne.

GABINIE.

De ces crimes ; Seigneur, que l'on veut m'imputer,
Le dernier fait ma gloire, & j'ose m'en vanter.

DIOCLETIEN.

Epargne-moi du moins un discours qui m'offense.

GABINIE.

Je ne puis plus garder un criminel silence.

DIOCLETIEN.

Tu veux donc renoncer à ton sort éclatant ?
Je te plaints : César t'aime, & le Trône t'attend.
Veux-tu, pour te plonger dans d'horribles mysteres,
Abandonner les Dieux de Rome & de tes Peres,
Ces grands Dieux, de tout tems révérés parmi nous,
Pour adorer un Dieu, l'objet de mon courroux ?

GABINIE.

S'il vous étoit connu, vous trembleriez.

DIOCLETIEN.

Perfide !
Suis, puisque tu le veux, la fureur qui te guide ;
A la pitié pour toi je panchois vainement.
Maxime, amenez-nous son pere, & promptement.

SCENE V.

GABINIE, GALERIUS, DIOCLETIEN, Gardes.

DIOCLETIEN.

QU'on l'arrête.

GALERIUS.

Attendez, souffrez que je rappelle
te tendre pitié que vous aviez pour elle.

DIOCLETIEN.

, non, Gardes....

GALERIUS.

Seigneur, suspendez ce courroux;
à moi de punir les Chrétiens, comme à vous.
le premier transport du zèle qui l'anime;
ut se ralentir. Rome ignore son crime.
uoi le divulguer par un funeste éclat?

DIOCLETIEN.

en, César....

SCENE VI.

IME, GABINIE, GALERIUS, DIOCLETIEN, Gardes.

MAXIME.

SEigneur, le Peuple, le Sénat,
es en fureur contre la Secte impie,
nt à grands cris qu'on juge Gabinie:
tout.

DIOCLETIEN.

Il suffit. Vous venez de le voir,
César ; j'allois peut être oublier mon devoir ;
Les Dieux à mon secours ont ramené Maxime :
C'en est fait. Vous sçavez la peine de son crime ;
Commencez à tenir vos sermens & les miens,
Et par un grand exemple effrayez les Chrétiens :
Triomphez d'un amour, qui lui sert de refuge ;
Vous êtes son Amant : je vous nomme son Juge.

GALERIUS.

Moi!

DIOCLETIEN.

Vous. Perdez l'objet dont vous êtes épris.
Vous nous l'avez juré : l'Empire est à ce prix.

SCENE VII.

GABINIE, GALERIUS.

GABINIE.

On veut que mon Arrêt sorte de votre bouche :
Je ne puis le cacher, votre douleur me touche :
Vous m'aimez : je vous plains : & vous plaignez mon sort.

GALERIUS.

Ah! Madame...

GABINIE.

César, je n'attens que la mort.

GALERIUS.

Cruelle! eh! vous m'aimez?

GABINIE.

Je vous l'ai dit moi-même.
Pardonne, juste Ciel! à mon erreur extrême,
D'avoir crû follement, que mes foibles attraits,
En l'attirant à toi, combleroient mes souhaits.
César, voilà l'hymen que Rome nous prépare.

GALERIUS.

Quoi ! vous me croyez donc, Madame, assez barbare...
Moi ! je ferois répandre, & répandre à mes yeux,
Par une main infame un sang si précieux ?
Ah ! ne perdrez-vous point cette funeste envie ?

GABINIE.

Ne pouvant être à vous, à quoi me sert la vie ?
Vous me rendrez heureuse, en me privant du jour.
Eteignez dans mon sang un malheureux amour ;
Il empoisonneroit & ma vie & la vôtre ;
Nous serons, par ma mort, en repos l'un & l'autre.

GALERIUS.

Quel repos ! ah ! Madame, en cette extrémité,
Concevez-vous du sort toute la cruauté ?
Pour des biens incertains, où votre espoir se fonde,
Vous voulez renoncer à l'Empire du Monde !
Je n'oserois ici parler de mon amour ;
Mais, Madame, voyez la pompe de ce jour,
Ces Spectacles, ces Jeux, cette superbe fête ;
Rome, tout l'Univers, devient votre conquête ;
Et mille Nations, pour tomber à vos pieds,
Attendent seulement que vous y consentiez :
Vous allez tout quitter ?

GABINIE.

Les honneurs de l'Empire
Ne sont que le néant des grandeurs où j'aspire.

GALERIUS.

Je n'en obtiendrai rien !

GABINIE.

Je n'ai rien obtenu !

GALERIUS.

Juste Ciel ! votre état vous est il bien connu ?
Dans la fleur de vos ans, de mille attraits pourvuë,
Adorée en tous lieux, sur le Trône attenduë,
Romaine ! mépriser les grandeurs de la Cour !
Sensible ! triompher des charmes de l'amour !
Préférer le supplice à l'Empire du Monde !....

GABINIE.

Voyez, César, sur quels biens il faut que je me fonde.

Ah ! que n'avez-vous fait vous-même un si beau choix !
Hélas ! c'est souhaiter trop de biens à la fois.
Que je souffre de voir l'état où je vous laisse !
Hâtez-vous : par ma mort, secourez ma foiblesse.

GALERIUS.

Justes Dieux ! pourriez-vous voir périr tant d'appas ?

GABINIE.

Vos Dieux, César, vos Dieux ne vous entendent pas.

GALERIUS.

Souffrez que contre tous du moins je vous défende.

GABINIE.

Songez à prononcer l'Arrêt qu'on vous demande.

GALERIUS.

Ah ! plûtôt le Sénat & Rome, & l'Empereur,
Les Dieux mêmes verront éclater ma fureur.

GABINIE.

L'Empereur va bien-tôt répondre à mon attente :
Par vous, César, par vous, je mourrois plus contente.
Ne me refusez point le seul bien que j'attens.
Ne me le faites pas attendre encor long-tems.
César, Rome le veut ; c'est à vous d'y souscrire.

GALERIUS.

Rome, reprens tes droits ; je renonce à l'Empire,
Puisque ton dur serment m'impose cette loi.

SCENE VIII.

GABINIUS, GALERIUS, GABINIE, Gardes.

GALERIUS. *Il continuë allant au-devant de Gabinius.*

AH ! Seigneur, hâtez-vous : venez vous joindre à moi ;
Venez, Seigneur, venez secourir votre fille ;
Purgez d'un crime affreux votre illustre famille,

GABINIUS.

Son crime m'eſt connu : je viens la ſecourir.
Oüi, ma fille, je viens, pour t'apprendre à mourir.
Dans la loi des Chrétiens, c'eſt moi qui t'ai conduite ;
Je te dois mon exemple, après t'avoir inſtruite.

GALERIUS.

Son pere !

GABINIUS.

A l'Empereur je me ſuis déclaré.
Il attend notre Arrêt, & tout eſt préparé.

GALERIUS.

Ah Dieux !

GABINIE.

J'entens d'ici la foule impatiente,
Qui ſe plaint, par ſes cris, d'une trop longue attente.
Si vous ne vous hâtez, vous verrez l'Empereur,
Céſar, dans un moment revenir en fureur.

GALERIUS.

Non : vous ne mourrez point, & déja je m'accuſe....

SCENE IX.

DIOCLETIEN, GABINIE, GABINIUS, GALERIUS, Gardes.

GABINIE *allant au-devant de Dioclétien.*

VEnez nous accorder la mort qu'on nous refuſe,
Venez, Seigneur, Céſar a beſoin de ſecours.

GALERIUS.

igneur ! au nom des Dieux prenons ſoin de ſes jours.
urriez-vous voir tomber cette tête adorable,
us le barbare fer d'un bras impitoyable ?
rons plûtôt, Seigneur, & ſans grace, & ſans choix,
rons tous les Chrétiens à la rigueur des Loix :
ıos ſermens cruels c'eſt aſſez ſatisfaire ;

Epargnons seulement Gabinie & son Pere;
Un généreux pardon dessillera leurs yeux.

GABINIE.

Tandis que nous vivrons, craignez pour vos faux Dieux.

DIOCLETIEN.

Ciel! qui ne frémiroit de voir ce qui se passe!
Il semble que César ait ici pris leur place:
J'y vois, venant presser l'ordre que j'ai donné,
Les criminels contens, & le Juge étonné;
Ils demandent, ô Dieux! quelle étrange manie!
Les criminels la mort, & le Juge la vie.
Monstres, que je ne puis ni vaincre, ni chasser,
Ne puis-je vous punir, sans vous recompenser?
Ne puis-je vous livrer aux plus cruels supplices,
Sans me rendre l'auteur de vos cheres délices?
Et ne puis-je une fois, pour servir mon courroux,
Inventer une peine & des tourmens pour vous?
Mais, au lieu de César, je vous rendrai justice:
Gardes, conduisez-les l'un & l'autre au supplice.

GALERIUS.

Arrêtez. En faveur, Seigneur, de mon amour,
Accordons-leur au moins le reste de ce jour.
Pour de tels criminels la faveur n'est pas grande:
J'ai droit de l'accorder, & je vous la demande.
Dans ce délai, peut-être, où nous ne risquons rien,
Les Dieux pourront changer ou leur cœur, ou le mien.

SCENE X.

CARUS, DIOCLETIEN, GALERIUS,
GABINIE, GABINIUS,
Gardes.

CARUS.

Seigneur, on vient d'apprendre une étrange nouvelle.
Au pied de l'Aventin un grand peuple rébelle,
Dans le profond réduit d'un antre ténébreux,

Célébre des Chrétiens les Mystéres affreux.

DIOCLETIEN.

Vous le voyez, César ! allez, qu'on les surprenne ;
Carus, faites marcher la Légion Thébaine ;
Et là, sans respecter âge, sexe, ni rang,
Que tous ces malheureux soient noyés dans leur sang.

SCENE XI.

DIOCLETIEN, GALERIUS, GABINIE, GABINIUS, Gardes.

DIOCLETIEN *continuë*.

POur eux encore ici, César me sollicite.
Otez-les de mes yeux, leur présence m'irrite.

GABINIUS.

llons, ma fille.

GABINIE.

Allons. Seigneur, faites sur nous,
ans consulter César, éclater ce courroux :
: vois que j'en serai l'innocente victime.
euille le Dieu vengeur vous pardonner ce crime.

DIOCLETIEN.

u'on redouble leur garde, & que séparément,
n les tienne enfermés dans cet appartement.

GALERIUS.

urquoi les enfermer & redoubler leur garde?
gneur, je réponds d'eux, & ce soin me regarde.

DIOCLETIEN.

ulez-vous les livrer au Peuple furieux ?
n'en répondrois plus, s'ils sortoient de ces lieux.
is le voulez ? leur mort que nous avons jurée,
qu'à la fin du jour sera donc différée:
ez-en profiter ; mais consultez-vous bien ;
, après ce délai, Rome n'attend plus rien.

GALERIUS.

Gabinie en mourroit? Ah! Rome peut s'attendre
Que contre ses fureurs, je sçaurai la défendre.
Oüi, dût tomber sur moi la colere des Dieux,
Allons la secourir, ou mourir à ses yeux.

Fin du quatriéme Acte.

ACTE V.

SCENE PREMIERE.

DIOCLETIEN, MAXIME.

MAXIME.

QUoi, Seigneur! Gabinie, à vos desirs renduë,
A nos sacrés Autels est enfin revenuë?
Ce bruit semé par-tout, est venu jusqu'à moi,
Et déja les Chrétiens en pâlissent d'effroi;
Déja Rome triomphe, & le Ciel favorable....

DIOCLETIEN.

Hélas! Que son retour me seroit agréable,
Maxime! Mais bien-tôt vous en serez instruit;
C'est par mon ordre exprès qu'on a semé ce bruit.
e l'amour de César j'ai craint la violence.
émoin de ses transports, ma juste défiance
feint, pour amuser les fureurs d'un Amant,
ie l'objet de ses feux changeoit de sentiment.
r cet espoir flateur sa douleur abusée
retient, & me livre une vengeance aisée;
libre en ce moment, il m'est enfin permis,
is attendre le tems que je leur ai promis,
nmoler à la fois, dans ma juste colere,
nos Dieux offensés & la fille & le pere.
aille, que l'amour lie à mes interêts,
donné ces conseils, qu'on doit tenir secrets;
voulu sans témoins ici vous en instruire;
là, je mets César hors d'état de me nuire;
: préviens. Peut-être, épris d'un fol amour,
r sauver Gabinie, avant la fin du jour,
errois-je, aveuglé d'une molle clémence,
perfides Chrétiens embrasser la défense:

Leur nombre, qui s'accroît de moment en moment,
Me fait craindre à la fin quelque soulévement;
La Légion Thébaine, à leur perte attachée,
De sa premiere ardeur me paroît relâchée;
Le zéle des Chrétiens, à ses yeux expirans,
Leur constance à souffrir, les discours des mourans
Séduisent les Soldats; les Chefs s'en attendrissent,
Et depuis quelques jours à regret m'obéissent.
Cependant le faux bruit, qui par-tout a volé,
Jusqu'à Gabinius, par mon ordre, est allé.

MAXIME.

Il demande à vous voir, Seigneur, & l'on soupçonne
Que lassé de sa Secte, enfin il l'abandonne.
Peut être, puisqu'il veut lui-même vous parler,
Ce qu'on dit de sa fille aura pû l'ébranler;
Et cette heureuse feinte, à tous deux salutaire,
Pourra faire changer la fille, après le pere.

DIOCLETIEN.

Je l'ai fait enlever de cet appartement,
Pour en pouvoir ailleurs disposer sûrement.
C'est dans ce Palais même, & sous les sombres voûtes
De ce Temple caché dont vous sçavez les routes.
Là, sans que mon dessein puisse être soupçonné,
Camille doit porter l'ordre que j'ai donné.
César, qui ne put voir un si grand sacrifice,
Venoit de la quitter, pour voir l'Impératrice;
Et tandis qu'il perdoit le tems en vains regrets,
Mes Gardes s'acquittoient de mes ordres secrets.

SCENE II.

JULIE, DIOCLETIEN, MAXIME.

JULIE.

Seigneur, je ne sçai point ce que César médite;
Il a de ses amis fait assembler l'élite;
Et suivi d'un renfort de Chefs & de Soldats,

Au Temple de Vesta précipite ses pas.

DIOCLETIEN *à Maxime.*

Il a crû qu'en ces lieux mes Gardes l'ont conduite,
C'est encore un faux bruit pour tromper sa poursuite.
(*à Julie.*) Et Camille ?

JULIE.

César à peine a disparu,
Qu'au fond de ce Palais elle a d'abord couru.
Là, parmi les détours d'une route inconnuë,
Elle s'est quelque tems dérobée à ma vûë;
Puis revenant à moi tremblante, & sans couleur,
Ses yeux baignés de pleurs exprimant sa douleur,
Elle tient des discours & sans ordre & sans suite,
Y mêle les Chrétiens ; puis troublée, interdite,
Elle sort du Palais seule, & ne daigne pas
Me dire où, dans la nuit, elle adresse ses pas.

DIOCLETIEN.

Retirez-vous.

SCENE III.

DIOCLETIEN, MAXIME.

MAXIME.

Seigneur, son trouble m'épouvante.

DIOCLETIEN.

e m'embarrasse peu des troubles d'une Amante.

MAXIME.

ais ne craignez-vous point, que César irrité,
e se porte, Seigneur, à quelque extrémité ?
a fait éclater les soins qui le dévorent;
est aimé du Peuple, & les Soldats l'adorent.

DIOCLETIEN.

: serment qu'il a fait limite son pouvoir.
: voici. Vous, allez.... *Il lui parle à l'oreille.*

MAXIME.

Je ferai mon devoir.

SCENE IV.

GALERIUS, DIOCLETIEN.

GALERIUS:

SEigneur, prétendez-vous qu'avec indifférence,
Je souffre le mépris qu'on fait de ma puissance?
Doit-on rien ordonner sans mon consentement,
Et ne suis-je Empereur que de nom seulement?
Les bruits qu'on fait courir me font même comprendre
Qu'on ose m'imposer, & qu'on veut me surprendre.
Je cherche Gabinie; elle étoit en ces lieux:
Croit-on impunément la cacher à mes yeux?
Ne suis-je pas son Juge? & soumise, ou rébelle,
N'est-ce pas moi, Seigneur, qui dois disposer d'elle?
Vous craignez, me dit-on, mes transports amoureux;
Je crains qu'on ne vous donne un conseil dangéreux:
J'en aurois du regret; mais enfin, je vous prie
Que je n'ignore plus le sort de Gabinie:
Je dois en être instruit, & je me suis flaté....

DIOCLETIEN.

César, nous en sçaurons dans peu la vérité.
A peine sortiez-vous, que sans éclat, sans suite,
Dans un Temple écarté mes Gardes l'ont conduite.
Sans doute, loin du bruit, elle va dans ces lieux,
A l'insçû des Chrétiens, rendre hommage à nos Dieux;
Appaiser leur courroux, qu'ont excité ses crimes,
Et pour les expier, leur offrir des victimes.

GALERIUS.

Et ne lirois-je pas, au gré de mes souhaits,
Un triomphe si beau dans vos yeux satisfaits?
Je sçai que son retour vous combleroit de joie.
De vos sombres regards que faut-il que je croie?
Même de vos discours?... Elle va, dites-vous,
De nos Dieux offensés appaiser le courroux?
Que deviendrois-je, ô Ciel! si pour laver le crime
Que l'on veut expier, elle étoit la victime?
Si Camille en fureur, qui court de tous côtés...

Mais je vois qu'avec peine ici vous m'écoutez:
Vous me trompez, Seigneur : ce bruit n'est pas croyable,
Vous seriez plus content, s'il étoit véritable.
Enfin, quoi qu'il en soit, je demande à la voir :
Je sens que mon respect céde à mon desespoir.
Ne me direz-vous point ce qu'elle est devenuë?
Craignez de la cacher plus long-tems à ma vûë.

DIOCLETIEN.

Oubliez-vous ainsi ce que vous me devez,
Ingrat? & qu'aujourd'hui celui que vous bravez,
Vous a mis sur le Trône?

GALERIUS.

Oüi; mais il faut tout dire:
Il est vrai, si je suis monté jusqu'à l'Empire,
C'est à Rome, au Sénat, à vous que je le doi;
Mais sçachez qu'après tout je ne le dois qu'à moi,
Qu'à mon sang tant de fois versé pour la patrie.
Mais enfin il s'agit ici de Gabinie.
Vous m'avez fait son Juge; & vous y penserez :
Vous me l'avez promis, & vous m'en répondrez.

DIOCLETIEN.

Moi! téméraire?

GALERIUS.

Oüi, vous. Songez à me la rendre:
eul vous sçavez son sort : à qui puis-je m'en prendre?

SCENE V.

GABINIUS, GALERIUS, DIOCLETIEN, Gardes.

GABINIUS *se jettant aux pieds de Diocletien.*

'E ne viens point, Seigneur, embrasser vos genoux,
Pour vous demander grace, ou me plaindre de vous;
ıis, avant que mon sang coule dans les supplices,
ur derniere faveur, pour prix de mes services,

J'ose vous supplier, Seigneur, de m'accorder
Ce qu'un malheureux pere a droit de demander,
Lorsqu'il perd, sans retour l'espoir de sa famille;
Souffrez qu'un seul moment, je puisse voir ma fille.

DIOCLETIEN

Je t'entens: tu voudrois encor la replonger
Dans l'erreur dont le Ciel s'en va la dégager.
Je vois trop ton dessein; mais cesse d'y prétendre:
Sçache qu'elle n'est plus en état de t'entendre;
Qu'elle est à nos Autels, pour fuir tes entretiens,
Et qu'elle va quitter la Secte des Chrétiens.
Tu peux pourtant la voir, si dans ce même Temple
Tu peux bien te résoudre à suivre son exemple.
Parle. Es-tu résolu de marcher sur ses pas?

GABINIUS *en se relevant.*

Quoi, ma fille... mais, non... Non, je ne le crois pas.
Je suis sûr de son zèle, & je lui rends justice,
Je reconnois enfin votre lâche artifice.

DIOCLETIEN.

Quoi! tu m'oses braver? Ah! bien-tôt sous mes coups...

GABINIUS.

Je crains votre pitié, plus que votre courroux.

GALERIUS *à Gabinius.*

Seigneur, je vais pour elle employer ma puissance.

GABINIUS.

Un plus puissant que vous veille pour sa défense.

DIOCLETIEN.

Ta Secte va tomber; n'attens pas son secours.

GABINIUS.

Persécute, Tyran: tu la verras toujours,
Malgré tes vains efforts, & contre ton attente,
Par-tout persécutée, & par-tout triomphante.

GALERIUS.

Puisqu'on ne daigne ici répondre à mes souhaits,
Je cours...

SCENE VI.

MAXIME, GABINIUS,
DIOCLETIEN, GALERIUS,
Gardes.

MAXIME *à Galerius qu'il rencontre.*

ON ne sçauroit sortir de ce Palais.
(à Diocletien.)
On s'attroupe, Seigneur, dans la place prochaine;
On entend mille cris. La Légion Thébaine,
Le blasphême à la bouche, & le feu dans les yeux,
Vient de se soulever.

DIOCLETIEN.

Qu'entens-je, justes Dieux!

MAXIME.

In grand peuple les suit, vos Gardes sont aux portes:
Mais pour les repousser, on n'a que trois Cohortes;
eigneur, le danger presse: on dit confusément,
Que les Chrétiens ont part à ce soulévement.

GALERIUS.

abinie avec eux est donc d'intelligence?

MAXIME *à Galerius.*

arus, qui les suivoit, sçaura.... mais il s'avance

SCENE VII.

ARUS, MAXIME, GALERIUS,
DIOCLETIEN, GABINIUS,
Gardes.

CARUS.

H! Seigneur, sans frémir, je ne puis concevoir,
Ni même croire encor ce que je viens de voir.

J'ai couru, par votre ordre, aux lieux où l'assemblée
Des rebelles Chrétiens devoit être accablée :
La Légion Thébaine a marché sur mes pas,
Et Maurice, leur Chef, conduisoit les Soldats ;
Tous, le fer à la main, s'excitoient au carnage ;
D'une voûte profonde on trouve le passage ;
On entre, à la lueur des flambeaux allumés,
Jusqu'au lieu qui cachoit les Chrétiens enfermés.
Là, parmi des rochers, dans une grotte affreuse,
Quelque lampe éclairant une troupe nombreuse,
D'abord ces malheureux confusément épars,
Attentifs à leur culte arrêtent nos regards ;
Le fer brille aux flambeaux, & leurs lampes pâlissent ;
De nos cris menaçans les voûtes retentissent ;
Les Chrétiens sans effroi, tranquilles, à genoux,
Ne daignent seulement jetter les yeux sur nous ;
Aucun d'eux de l'Autel ne détourne la vûë :
La fureur des soldats demeure suspenduë :
Leurs Mystéres par nous, malgré nous respectés,
Soit horreur, soit respect, nous tiennent arrêtés :
Immobiles, comme eux, nous gardons le silence.
On finit. Marcellin le Pontife s'avance,
Nous présente la gorge ; & dans le même instant,
Hommes, femmes, enfans, chacun en fait autant :
On n'entend nul regret, nul soupir, nulle plainte.
Maurice, à cet aspect, troublé, saisi de crainte,
Sentant que le fer même échape de sa main,
Tombe, au lieu de frapper, aux pieds de Marcellin.
Ses soldats consternés imitent son exemple :
Le Pontife surpris, quelque tems les contemple ;
Puis élevant au Ciel sa voix, ses mains, ses yeux,
Les exhorte à quitter le culte de nos Dieux.
Enfin, Seigneur, j'ai vû, non sans horreur extrême,
J'ai vû Chefs & soldats demander le Baptême ;
Et de la même grotte où Maurice & les siens
Alloient venger nos Dieux, ils sont sortis Chrétiens.

DIOCLETIEN.

Ciel !

GALERIUS.

N'apprendrai-je rien ?

GABINIUS.

O Dieu ! c'est votre ouvrage.

CARUS.

Moi-même, ne pouvant résister davantage,
Je sentois en secret un charme dangéreux,
Et si je n'avois fui, j'allois faire comme eux.
Ils viennent, & dans Rome ils jettent l'épouvante ;
Ils marchent au Palais, & leur nombre s'augmente ;
Pour trouver du secours, j'ai cherché vainement.
Le peuple fuit, & craint ce prompt soulevement.
Vos Gardes, qu'on avoit postés aux avenuës,
Seigneur, on arrêté des femmes inconnuës,
Qui sortoient de la grotte avec ces furieux ;
Leurs voiles & la nuit les cachoient à nos yeux.
On les amene. On vient. Vous apprendrez par elles
Quel dessein au Palais attire ces rebelles,
Pourvû que vous daigniez employer la douceur.

DIOCLETIEN.

Qu'on les fasse approcher.

SCENE DERNIERE.

ERENA, CAMILLE, CARUS, DIOCLETIEN, GABINIUS, GALERIUS, MAXIME, Gardes.

DIOCLETIEN.

C'Est ma femme ! & sa sœur !

SERENA.

i, c'est ma sœur, c'est moi, que tes Gardes t'amenent.

DIOCLETIEN.

s-je assez confondu ?

GALERIUS.

Quels égards me retiennent ?

(Il veut sortir.)

Ces mutins m'apprendront.....

SERENA.

Ne craignez rien, César ;
Avec eux l'Empereur ne court point de hazard,

(à l'Empereur.)

Vous n'aurez de leur part aucun lieu de vous plaindre,
Seigneur, ils sont Chrétiens ; vous n'avez rien à craindre.

GALERIUS.

Et Gabinie ?

SERENA.

Elle est en pleine liberté,
Et joüit à présent d'une tranquillité,
Qui de ses ennemis ne craint plus la colere.

GALERIUS.

Ah Ciel !

DIOCLETIEN.

Et ces mutins que prétendent-ils faire ?

SERENA.

Aux portes du Palais ils ont la force en main ;
Mais sçais tu bien, cruel, sçais-tu bien leur dessein ?
Ils viennent assouvir ta barbare injustice,
Et sçachant tes Edits, & le lieu du supplice,
Dans la place prochaine ils accourent exprès,
Pour subir la rigueur de tes cruels Arrêts.
En doutes-tu ? vas-y : ce sont pour toi des fêtes ;
Va voir couler leur sang, va voir voler leurs têtes ;
Leurs corps de toutes parts entassés par monceaux,
Dont la foule empressée a lassé tes bourreaux :
Vien, je suivrai tes pas ; & pour combler tes crimes,
Prens-nous, ma sœur & moi, pour dernieres victimes.

DIOCLETIEN.

Ah Dieux !

SERENA.

Je suis Chrétienne ; il est tems de parler,
Ma sœur l'est. Je l'étois : c'est trop te le céler.
Elle favorisoit ta lâche perfidie ;
Voilà ce qu'a produit la mort de Gabinie.

GALERIUS.

De Gabinie!

GABINIUS.

Hélas!

SERENA.

Voilà sa liberte,
ésar, voilà son sort, & sa tranquillité.

GALERIUS.

h Cruel!

CAMILLE.

C'est à moi, César, qu'il s'en faut prendre.
ii demandé son sang, & je l'ai fait répandre.
(*à Diocletien.*)
A peine ai-je donné vos ordres inhumains,
l'elle, à genoux, joignant ses innocentes mains,
Ciel, dont on alloit lui ravir la lumiere,
ır moi, pour les bourreaux adresse sa priere.
Déja prêt à frapper, on voit le fer brillant;
e anime le bras qui le leve en tremblant.
vois partir le coup, & j'attache ma vûë
sa tête sanglante à mes pieds abbatuë.
cet instant fatal, je sens changer mon cœur;
sens évanoüir ma haine, ma fureur;
ens avec plaisir, dans mon ame attendrie,
j'envie en secret le sort de Gabinie.
ı ce que des Chrétiens autrefois on m'apprit,
résente aussi-tôt en foule à mon esprit;
e me connois plus, & leur zèle m'enflâme;
Dieu qu'elle adoroit s'empare de mon ame,
'anime, m'entraîne, & dessillant mes yeux,
rache pour toujours au culte des faux Dieux.
vous en dire assez, Seigneur, je suis Chrétienne:
demandé sa mort, je demande la mienne.

GALERIUS.

est fait. Sans mourir, Ciel! y puis-je penser?
barbare, quel sang avez-vous fait verser?
nul égard pour moi, ni sans pitié pour elle,
n'avez consulté qu'une haine cruelle.
l'affreux désespoir qui regne dans mon cœur,
consulterai que ma seule fureur.

DIOCLETIEN.

Prenez donc la vengeance où votre cœur aſpire.
Regnez, Galerius; j'abandonne l'Empire.
Oüi, regnez, regnez ſeul, & vengez-vous de moi.
Chaſſé par les Chrétiens, enfin je m'aperçoi
Qu'il eſt temps que je céde aux horreurs qui m'étonnent.
Oüi, je voi que les Dieux eux-mêmes m'abandonnent;
Et que las de regner ſur les foibles mortels,
Au Démon des Chrétiens ils cédent leurs Autels.
Je dois céder comme eux. Dans une paix profonde
Je laiſſe déſormais tous les Chrétiens du Monde.
Je leur ai fait la guerre autant que l'ai pû.
Oüi, Démon des Chrétiens, enfin tu m'a vaincu;
Tu veux regner dans Rome; eh bien, je me retire;
Je ne t'empêche plus d'y fonder ton Empire;
Je pars, je l'ai juré, je fui, c'eſt trop ſouffrir.
Salone m'a vû naître, & me verra mourir.

Il ſort.

GALERIUS.

Que n'a-tu fui plûtôt? pourrai-je te ſurvivre,
Gabinie? Ah! courons la venger, ou la ſuivre.

SERENA.

Et nous, en lui rendant les honneurs du tombeau,
Allons loüer le Ciel d'un triomphe ſi beau.

FIN.

ASBA,
TRAGÉDIE.

AVER-

AVERTISSEMENT de l'Auteur.

J'Ai eu dessein de représenter dans ce Poëme la juste punition d'un fameux Scélérat, qui après avoir commis mille crimes, & une infinité d'assassinats, porta enfin le poignard dans le sein de son fils unique, sans le connoître ; & s'abandonnant ensuite au desespoir, se livra lui-même à la Justice.

J'ai tiré ce sujet d'une Histoire véritable, dont une Pyramide que l'on voit encore dans la Ville de Poitiers, consacre la mémoire : mais pour le rendre plus propre au Théatre, & conserver à la Tragédie la noblesse & la dignité qui lui conviennent, j'ai feint que ce qui s'est passé réellement dans une Ville de ce Royaume, entre des personnes de condition privée, se passe en Tartarie, entre des Rois & des Princes : ainsi les noms des Personnages sont de mon invention : l'amour d'Ondate, de Thalmis & de Palmire, le siége de la Ville d'Azac, & la bataille qui se donne sous ses murs, sont pareillement des fictions & des Episodes que j'ai liées & interessées au sujet principal.

Horace dit lui-même qu'on peut introduire sur la Scene des Personnages nouveaux & inconnus. De Art Poet.

Si quid inexpertum scenæ committis, & audes
Personam formare novam, servetur ad imum
Qualis ab incœpto processerit, & sibi constet.

Et j'ai crû, sur la parole d'un si grand Maître, pouvoir hazarder les licences que je me suis données, en gardant exactement les préceptes qu'il donne, lorsqu'on traite un sujet inconnu; considérant d'ailleurs que la principale action Théatrale que je représente est tirée d'une Histoire véritable.

REMARQUES HISTORIQUES.

M. Brueys composa cette Tragédie à Montpellier, où il avoit fixé son séjour depuis l'année 1700. En l'année 1722. son âge ne lui permettant pas d'entreprendre le voyage de Languedoc à Paris, il envoya cette Tragédie à un de ses amis, pour la présenter aux Comédiens, qui la reçurent à condition de faire quelque changement dans la conduite, & de retoucher la versification. La Piéce fut renvoyée à M. Brueys, qui sentit la justesse des observations que l'on avoit faites, & la nécessité des corrections qu'il convenoit de faire. Il y travailla aussitôt; l'âge n'avoit point réfroidi son génie; il connoissoit le Théatre, & son goût naturel le portoit par préférence, & pour ainsi dire, malgré lui, à ce genre de travail; ainsi il n'eut pas de peine à corriger les défauts qu'il reconnut lui-même dans le Plan, & il l'a mis dans l'état où l'on la voit aujourd'hui. Il se préparoit à jetter plus de noblesse dans la versification, lorsque la mort l'enleva, & l'empêcha de donner la derniere main à cet Ouvrage. L'estime que la famille de M. Brueys a pour sa mémoire, lui a fait desirer que cette Piéce fût représentée, & les Comédiens l'ont jugée capable de plaire au Public. On se flatte qu'il y trouvera une Action soutenuë, des incidens naissans naturellement du sujet, l'interêt suspendu jusqu'à la fin, & un dénouëment, qui sans être précipité, surprend & satisfait le Spectateur par la mort de celui qui jusqu'à ce moment a été l'objet de son attention & de sa haine.

A l'égard de la versification, on pourroit la justifier par l'exemple de plusieurs Ouvrages, qui dans le cas où elle est, n'ont pas laissé de plaire au Public; mais on sçait que ces exemples ne sont point des régles pour lui. Ainsi on se contentera de lui représenter & de le prier de se souvenir qu'Asba est de l'Auteur de *Gabinie*, du *Grondeur*, du *Muët*, de l'*Important* & de l'*Avocat Patelin*; & que si cet Auteur étoit vivant, ces raisons ne suffiroient pas pour obtenir de lui ce que sa mémoire peut exiger aujourd'hui de son indulgence.

ACTEURS.

ASBA,	Frere de l'Empereur de Tartarie.
ONDATE,	Fils d'Asba.
THALMIS,	Prince de Circassie.
PALMIRE,	Fille unique du Roi de Circassie.
OSMAR,	Capitaine des Gardes d'Asba.
IDAL,	Confident d'Ondate.
BARSINE,	Confidente de Palmire.
ARGAN,	Confident de Thalmis.
GARDES.	

La Scene est dans le Palais d'Asba à Azac, dans la petite Tartarie.

ASBA, TRAGÉDIE.

ACTE PREMIER.

SCENE PREMIERE.

ASBA, OSMAR.

ASBA.

APRE'S mille travaux, cher Osmar, je respire ;
Enfin la paix est faite, & j'oserai te dire,
Quoique j'ignore encor le destin qui m'attend,
Que tu n'as jamais vû ton Maître plus content ;
J'ai retrouvé mon fils !

OSMAR.

Ah ! Seigneur, quelle joie !
Quel bonheur ! votre fils ? souffrez que je le voie.

ASBA.

Tu le verras bien-tôt ; je vais en faire un Roi,
Et n'en veux confier le secret qu'à ta foi ;
Dès mes plus jeunes ans j'ai reconnu ton zéle ;

Tu sçais tous mes malheurs, & tu me fus fidéle,
Lorsque me soulevant contre un pere irrité,
Je vins dans ces déserts chercher ma sûreté :
J'y suis depuis trente ans, & j'y mene une vie,
Non d'un fils d'Empereur, qui, dans la Tartarie,
Devrois être élevé dans un rang glorieux ;
Mais d'un fameux brigand à moi-même odieux ;
Mon jeune frere regne ! & dans ces lieux sauvages,
Moi, nourri dans le sang, vivant de brigandages ;
Eloigné des honneurs, qui m'étoient destinés,
Je traîne, cher ami, des jours infortunés :
Tu sçais de mes fureurs la cause véritable,
Et je pourrois m'en prendre au Ciel inexorable,
A ce fier ascendant, dont l'inflexible loi,
Aux plus grands attentats me porte, malgré moi.

OSMAR.

Oüi, je sçai que ce fils, votre unique espérance,
Par un parti Tartare enlevé dès l'enfance,
Sans qu'on pût découvrir son lâche ravisseur,
Contre tous vos voisins arma votre fureur ;
Je sçai que pour venger un si cruel outrage,
Jusques en Circassie on vit fondre l'orage.
Tout fléchit sous vos loix, & depuis ce jour-là
Les Peuples d'alentour tremblent au nom d'Asba.
Mais tandis qu'à vos loix soumettant des perfides,
Je brûlois les hameaux des Palus Méotides;
Par quel bonheur ce fils, qui vous fut enlevé,
Perdu depuis trente ans, est il donc retrouvé ?

ASBA.

Apprens, mon cher Osmar, que pendant ton absence,
Sur les Circassiens j'exerçai ma vengeance,
Et que par un avis qui parvint jusqu'à moi,
J'enlevai près d'ici la fille de leur Roi;
Au Chef de son armée elle étoit accordée ;
Pour prix de ses travaux il l'avoit demandée,
C'est le fameux Ondate; il a, par cent combats,
Du Roi de Circassie affermi les Etats.
Juge de ses transports, quand on courut lui dire
Que j'avois enlevé la Princesse Palmire :

Par son ordre aussi-tôt je vis de toutes parts,
Les troupes de son Roi fondre sur mes remparts :
Sous Thalmis, jeune Prince, il commande l'armée ;
Et même, s'il en faut croire la renommée,
Tous les Circassiens après la mort du Roi,
De ce Chef redouté veulent suivre la loi.
C'est lui, qui pour ravoir cette jeune Princesse,
Capable d'inspirer la plus vive tendresse,
M'assiégea dans Azac ; (tu verras de tes yeux
Dans quel affreux état il a réduit ces lieux.)
Nous étions sur la brêche, où Thalmis me fait dire,
Qu'il me rendra mon fils, si je lui rends Palmire :
Juge si j'acceptai cette offre avidement :
Mais Dieux ! quel fut l'excès de mon ravissement !
Quand j'appris que ce fils qu'il offroit de me rendre,
Etoit Ondate même, & qu'on me fit entendre
Que sur la fin du siége Idal avoit appris
D'un Tartare mourant, qu'Ondate étoit mon fils ;
Que ce Tartare étoit de ceux qui l'enlevérent,
Que de concert jamais ils ne le révélérent,
Craignant d'être punis, & de se voir privés
Des immenses trésors qu'ils avoient enlevés ;
Enfin je sçus qu'Idal, ayant eu connoissance
De tout ce qui pouvoit confirmer sa naissance ;
Le voyant contre moi combattre avec regret,
Avoit dans tout le camp divulgué ce secret.
Ainsi la paix fut faite, & je me vis tranquille ;
Thalmis avec Ondate entrérent dans la Ville :
J'ai revû ce cher fils, qui couvert de lauriers,
S'est rendu si fameux par cent exploits guerriers.
Thalmis loge au Palais, cette cour nous sépare ;
Il a sa garde, & moi j'ai ma garde Tartare ;
Palmire dans ce fond a son appartement,
Leurs troupes sous nos murs ont pris leur logement ;
Mais, dans un jour ou deux, & Thalmis & Palmire,
Et mon fils, & l'armée, enfin tout se retire.
Quoique Thalmis commande, il est aisé de voir
Qu'Ondate a sur l'armée un absolu pouvoir ;
Même, je te l'ai dit, ici chacun publie

Qu'il sera proclamé Roi de la Circassie ;
Par l'hymen de Palmire il en acquiert les droits ;
L'armée en sa faveur fera parler les Loix,
Et Thalmis, quoiqu'issu des derniers de leurs Princes,
Verra regner mon fils sur ces riches Provinces.
Pour un dessein si grand tout doit m'être permis ;
Le seul obstacle à craindre est le Prince Thalmis,
Et j'ose t'avouer qu'une juste tendresse,
Dans le fond de mon cœur incessamment me presse
De délivrer mon fils d'un pareil concurrent,
Pour n'avoir rien à craindre en un projet si grand.

OSMAR.

Ah ! Seigneur, pouvez-vous avoir cette pensée ?
Votre gloire en seroit à jamais effacée.
La paix a mis ce Prince au rang de nos amis ;
Contentez-vous d'avoir retrouvé votre fils,
Pour qui depuis long-tems témoin de vos allarmes,
J'avois vû mille fois vos yeux baignés de larmes ;
Respectez un accord par vous-même juré,
Et ne violez point le droit le plus sacré.

ASBA.

Qu'importe, si mon fils regne un jour en sa place ?
J'ai voulu t'informer de tout ce qui se passe.
Sur ce que je souhaite, & sur ce que je crains,
Tu recevras bien-tôt mes ordres souverains ;
Mais je vois que déja dans ces vastes campagnes
Le soleil a doré le sommet des montagnes ;
Allons trouver mon fils, entrons.

OSMAR.

Allons, Seigneur ;
Mais quittez un dessein, dont je frémis d'horreur.

ASBA.

C'est assez, laisse-moi. Je vois venir Ondate,
Songe à bien seconder l'espoir dont je me flatte.

SCENE II.

ONDATE, ASBA.

ASBA.

APproches-toi, mon fils, viens encor m'embrasser ;
De te voir, de t'oüir, je ne puis me lasser.
On ignoroit, mon fils, que je fusse ton pere :
C'est ce qui t'a sauvé des fureurs de mon frere ;
J'en ai tremblé pour toi ; mais j'espére qu'un jour,
Nous le ferons trembler au moins à notre tour ;
Tes exploits sont connus, & par la renommée,
Jusques dans ces déserts, la gloire en est semée ;
De respect, à ton nom, je me sentois épris,
Sans sçavoir que ce nom fût celui de mon fils,
Que de mon propre sang tant d'honneur fût l'ouvrage ;
Mais enfin de plus près contemplant ton courage,
Je l'ai vû de ses mains étonnant ma valeur,
Dans Azac foudroyé devenir mon vainqueur ;
Mais Ondate, à ce prix, content de ma défaite,
Je ne regrette plus la perte que j'ai faite ;
J'en rends graces au Ciel, puisque par-là je voi
Ce qu'Asba quelque jour doit attendre de toi.
Porte plus loin l'éclat d'une haine endurcie ;
Epouse ta Princesse, & regne en Circassie ;
N'épargne point le sang, & traite en ennemis,
Tous ceux qui s'oseront déclarer pour Thalmis.
Lorsque de ses Etats tu te verras le maître,
Et que tu seras craint, comme un Roi le doit être,
Nous nous joindrons, Ondate, & la flâme à la main,
Nous irons nous venger de ce frere inhumain,
Et punir le tyran, dont la perfide adresse,
D'un pere chargé d'ans surprenant la tendresse,
Sans égard pour mes droits, régla la volonté,
Et me ravit un Trône où tu serois monté.

ONDATE.

Depuis deux jours, Seigneur, j'ai sçû ses injustices ;

Idal m'a raconté ses lâches artifices;
Et je rougis d'avoir si long-tems ignoré
Les malheurs que sur vous il versoit à son gré.
Tant que j'aurai de force & du sang à répandre,
Je sçai quelle vengeance il est juste d'en prendre;
J'ose vous la promettre, & dussai-je périr,
Bien-tôt le tems viendra qu'on m'y verra courir.
L'honneur, vos interêts, les miens m'en sollicitent;
Mais, je ne suis pas libre, & d'autres soins m'agitent:
Palmire.... par respect, je me tairai, Seigneur;
Le seul Idal connoît le secret de mon cœur;
Je l'attens, je voulois consulter sa prudence,
Et de tous mes ennuis lui faire confidence;
Si selon mes souhaits, j'en puis rompre le cours,
Comme mon Roi, Seigneur, disposez de mes jours;
Touché de vos malheurs, sensible à votre offense,
Vous me verrez servir votre juste vengeance;
Et dût la Tartarie armer cent mille bras,
Contre elle mon secours ne vous manquera pas.
Trop heureux si je puis....

ASBA.

C'est assez, je te laisse;
Je vois venir Idal. Du trouble qui te presse
Avec lui librement tu peux ici parler
D'un secret que tes yeux ont sçû me révéler;
Je conçois ton amour, tu me l'as fait connoître,
Et plus zèlé qu'Idal, Asba sçaura peut-être,
(Si celui qu'il soupçonne a causé ton ennui)
Quand il en sera tems, te servir mieux que lui.

SCENE III.

IDAL, ONDATE.

ONDATE.

IDal, il est trop vrai, Thalmis aime Palmire;
Il s'oppose en secret au bonheur où j'aspire;
Jamais de plus de feux on ne fut enflammé,

Et plus heureux que moi, peut-être est il aimé:
Car enfin mille fois je t'adressai mes plaintes,
Jamais, pour dissiper mes frayeurs & mes craintes,
Elle n'a d'un seul mot, d'un regard seulement,
Daigné finir ma peine, ou calmer mon tourment.
Non jamais, cher Idal, depuis que je l'adore,
Jamais dans ses beaux yeux je n'ai pû lire encore,
Qu'à mes tendres soupirs, sensible quelque jour,
Elle pourra répondre à mon ardent amour.
Enfin dans ses discours, même dans son silence,
Je ne vois que froideur, dédain, indifférence,
Qu'un esprit inquiet qui me glace d'effroi;
Contente avec Thalmis, & triste auprès de moi,
Je n'apperçois que trop, que contrainte & gênée,
Elle obéit à ceux qui me l'ont destinée;
Mais que si de son cœur elle suivoit les loix,
Ce ne seroit pas moi dont elle feroit choix.

IDAL.

Seigneur, je connois peu de la belle Palmire
Les secrets sentimens; mais j'oserai vous dire,
Que d'un ardent amour c'est l'ordinaire effet,
De s'allarmer de tout, & souvent sans sujet;
Il se peut que Thalmis ébloüi de ses charmes,
Ait poussé des soupirs qui causent vos allarmes;
Mais qu'à vous la ravir il veuille s'empresser,
C'est ce que je ne puis ni croire ni penser;
Lui-même consentit qu'elle vous fût promise;
Et toute la Cour sçait qu'à son devoir soumise,
Sa timide pudeur déja regarde en vous
Celui qui doit bien-tôt devenir son époux;
Ainsi, quand près de vous elle paroît contrainte,
C'est dans son jeune cœur un effet de la crainte,
Et de cette premiere & douce émotion,
Que lui causa l'aveu de votre passion.
Thalmis s'oseroit-il flatter de l'espérance,
De pouvoir obtenir sur vous la préférence?
Le Roi vous la promit pour prix de ces travaux,
Qui de la Circassie assurent le repos.
Depuis le Tanaïs jusques à la mer noire,
Tout retentit au loin du bruit de votre gloire:

Dissipez vos soupçons, & songez seulement,
Qu'il faut de ce séjour vous bannir promptement.
Vous sçavez que le Roi qui regne en Circassie,
Traîne depuis six mois une mourante vie ;
Et que de sa langueur rien n'arrêtant le cours,
Avec raison, Seigneur, nous tremblons pour ses jours.
Profitez des momens qu'encor le Ciel lui laisse :
Il le veut, hâtez-vous d'épouser la Princesse ;
Et par l'illustre hymen, que lui-même il poursuit,
Assurez-vous du Trône, où sa main vous conduit.

ONDATE.

Je ne puis qu'approuver ta juste prévoyance ;
Je dois auprès du Roi me rendre en diligence,
Mon bonheur en dépend ; mais, cher Idal, je voi
Que le Prince Thalmis n'est pas connu de toi.
A l'hymen que j'attens sa parole l'engage ;
Ce n'est point par foiblesse, ou faute de courage,
Qu'il me céde aujourd'hui la Princesse & ses droits ;
Contre nos ennemis je l'ai vû mille fois
Dans l'horreur des combats excité par la gloire,
Etonner la Fortune & fixer la victoire ;
Aux périls les plus grands s'exposer des premiers,
Et de son propre sang arroser nos lauriers ;
Dans Azac cependant c'est lui qui nous arrête ;
Hier je crus partir, & Palmire étoit prête ;
Lui seul, pour éloigner le bonheur que j'attens,
Sur des prétextes vains en recule le tems.
Peut-être espére-t-il, sçachant ce qui se passe,
Que par la mort du Roi tout changera de face ;
Peut-être....

IDAL.

Il vient à nous.

SCENE IV.

THALMIS, ONDATE, IDAL.

THALMIS.

Azac de ses remparts,
Prince, doit voir demain partir vos étendarts;
Votre pere y consent, c'étoit pour lui complaire
Qu'ici votre séjour m'a paru nécessaire;
Mais c'est assez jouir de ses embrassemens,
Il est tems de répondre à vos empressemens;
Vous soupirez sans cesse après votre hymenée;
Partons, je veux moi-même en hâter la journée;
Palmire méritoit un Prince tel que vous,
Il me tarde déja de vous voir son époux,
Et sans examiner si la main de Palmire
Vous place sur un Trône où ma naissance aspire,
Je verrai sans regret, témoin de vos exploits,
De son pere expirant tomber sur vous le choix.

ONDATE.

C'est à vous à regner, Seigneur, en Circassie;
Pour moi, le sang m'appelle au Trône en Tartarie;
J'en ai du moins les droits; pour prix de mes combats,
Je demande Palmire, & je n'aspire pas,
Par le don de sa main, à l'auguste héritage,
Qui doit dans quelque tems vous tomber en partage.
Mon cœur dans sa recherche, exempt d'ambition,
Se sent pour elle épris d'une autre passion;
Je l'adore; & pourtant certain bruit me révéle
Que quelqu'autre en secret soupire ici pour elle;
Toutefois je veux bien encore l'ignorer,
Et puisqu'il faut partir, je vais m'y préparer.

SCENE V.

THALMIS.

OH, Ciel! j'ai de mes feux dévoilé le mystére;
Tout parle quand on aime, en vain j'ai crû me taire;
Je n'ai pû dans mon cœur renfermer tant d'amour.

SCENE VI.

ARGAN, THALMIS.

ARGAN.

SEigneur, par un courier arrivé de la Cour
Palmire apprend qu'enfin du Roi de Circassie
Le Ciel depuis six jours a terminé la vie;
Que la douleur qu'il eut de son enlevement,
Avança de sa mort le funeste moment;
Qu'on ignore au Conseil encor ce qui se passe
Pour le choix de celui qui doit remplir sa place;
Qu'on doit dans ce dessein assembler les Etats,
Que le Roi sur ce choix, le jour de son trépas,
N'avoit point déclaré sa volonté derniére;
Mais qu'à l'instant fatal qu'il perdit la lumiére,
Il ordonna lui-même, en présence de tous,
Que de Palmire enfin Ondate fût l'époux.

THALMIS.

Eh! n'est-ce pas choisir celui que l'on desire?
Qui pourroit disputer la Couronne à Palmire?
Pour moi, quoi qu'il en soit, je te l'ai dit cent fois,
Je serai toujours prêt à lui céder mes droits;
Ne t'en étonne point, Argan; pour ce qu'on aime
On renonce sans peine à la grandeur suprême.
Hélas! à son hymen on me fit consentir;
Il est vrai que bien-tôt tu m'en vis repentir:

Eloigné de la Cour, occupé par les armes,
Je n'avois pas alors bien connu tous ses charmes;
Je la vis au retour des Moldaves défaits;
Qui ne se fût rendu, grands Dieux, à tant d'attraits!
Je l'aimai, je ne pus éviter de me rendre;
J'eus beau me rappeller, pour pouvoir m'en défendre,
La parole du Roi sur cet engagement,
Et mon devoir fondé sur mon consentement:
Devoir, parole, trône, & ma propre défense,
J'immole tout, Argan, même sans espérance;
Et de ce même amour en secret dévoré,
Des traits les plus cruels mon cœur est déchiré.

ARGAN. *Pendant ce récit Thalmis rêve, & n'écoute point Argan.*

Je vous plaints; mais, Seigneur, du moins laissez moi croire
Que vous ferez céder votre amour à la gloire.
Eh! quels biens ne sont point, Seigneur, à dédaigner,
Quand pour eux on renonce à l'espoir de regner?

THALMIS.

Crois-tu que si j'osois déclarer ma tendresse,
Argan, j'offenserois cette belle Princesse?

ARGAN.

Songez, Seigneur, songez qu'un Trône vous attend;
Daignez vous occuper d'un soin plus important.

THALMIS.

Le Roi son pere est mort, elle vient de l'apprendre;
Que de pleurs, cher Argan, ses beaux yeux vont répandre!
Que je crains sa douleur! O Ciel! allons la voir.
Je veux, en m'acquittant de ce triste devoir,
Tâcher de découvrir si par cette nouvelle
Il n'est point arrivé de changement en elle,
Lui faire différer son départ de ces lieux,
Et reculer du moins un hymen odieux.

Fin du premier Acte.

ACTE II.

SCENE PREMIERE.

PALMIRE, BARSINE.

PALMIRE.

D'Un pere qui m'aimoit le destin implacable
Vient de joindre à mes maux la perte irréparable;
C'en est fait, & je puis, contemplant mon malheur,
Me livrer toute entiére à ma juste douleur.

BARSINE.

Madame, à cette mort si justement pleurée,
Son âge, sa langueur, vous avoient préparée:
Un malheur est moins grand, lorsqu'il est attendu.

PALMIRE.

Tu ne sçais pas encor tout ce que j'ai perdu.

BARSINE.

Votre malheur est grand; mais le Roi votre pere,
Madame, a fait pour vous tout ce qu'il a dû faire;
Puisqu'en mourant il a daigné songer à vous,
Et vous donne lui-même Ondate pour époux:
Sa volonté, dit-on, sera bien-tôt suivie.

PALMIRE. *Ces deux vers bas & à part.*

Ah! que n'ai-je avec lui plûtôt perdu la vie!
Où me vont exposer ses ordres souverains?
Barsine! cet hymen est tout ce que je crains.

BARSINE.

Ciel! que m'apprenez-vous?

PALMIRE.

Il n'est plus tems de feindre,
Jusqu'à ce triste jour si je sçus me contraindre,
C'est que je me flattois que pour me détacher,
Un pere qui m'aimoit, se laisseroit toucher;

Je croyois que Thalmis, nourri dans l'espérance
D'un Trône où l'appelloit le droit de sa naissance,
Ne souffriroit jamais que le don de ma main,
De ses propres Etats lui fermât le chemin;
Mais puisqu'enfin mon pere a perdu la lumiére,
Qu'il me fait annoncer sa volonté derniére,
Et que Thalmis se taît, j'ai perdu tout espoir;
J'en mourrai; mais enfin je suivrai mon devoir.

BARSINE.

Mais, Madame, pourquoi ces mortelles allarmes
Pour un hymen qu'on croit pour vous si plein de charmes?
Ondate est le héros de notre Nation,
Vous connoissez mon zèle & ma discrétion,
Daignez vous expliquer. . . .

PALMIRE.

(*bas & à part.*) Barsine en vain se flate:
Asba, ce fier tyran, est le pere d'Ondate,
Asba, le plus cruel de tous nos ennemis.

BARSINE.

Ah! Madame, avouëz que le Prince Thalmis,
Malgré vous. . . . pardonnez si ma langue indiscréte,
Ose de votre cœur se rendre l'interpréte,
Et tâche de surprendre ou de vous arracher
Le secret qu'à ma foi vous prétendez cacher.

PALMIRE

Eh! quel service encore espéres-tu me rendre?
Quand j'aimerois Thalmis, Barsine, dois-je attendre,
Qu'en ma faveur le sort puisse si-tôt changer,
Et d'une foi promise aille me dégager?
Ce n'est pas que je cherche à t'en faire un mystére;
Puisque tu l'as connu, je ne sçaurois le taire.
Oüi, le jour qu'à mes yeux en triomphe il parut,
Un trouble tout nouveau, Barsine, & qui s'accrut
Par des cris redoublés excités à sa vûë,
S'éleva tout d'un coup dans mon ame éperduë;
Il étoit entouré d'armes & d'étendarts;
Il me vit, je ne pus soutenir ses regards;
Il avoit de son sang scellé notre victoire,
Le Palais de mon pere étoit plein de sa gloire,

Tout parloit en faveur de ce jeune héros;
Enfin tout conspiroit à troubler mon repos.
J'ignore toutefois dans mon ame interdite,
Quel nom on doit donner au trouble qui m'agite.
Je ne sçai si l'amour se fait sentir ainsi,
Et si j'aime en effet, je ne sçai même aussi,
Barsine, si Thalmis, qui de mon hymenée,
S'empresse à retarder la fatale journée,
Et qui paroît plongé dans un secret ennui,
Ne ressent point pour moi ce que je sens pour lui;
Sa bouche encor du moins n'a pas osé le dire,
Mais je sçai que jamais on ne verra Palmire,
(Quoiqu'en veuille la gloire ordonner autrement,)
En faveur de Thalmis balancer un moment.

SCENE II.

THALMIS, PALMIRE, BARSINE.

THALMIS.

MAdame, j'ose entrer, malgré votre défense;
Mais vous pardonnerez ma désobéissance;
Je m'en flatte du moins, quand vous sçaurez qu'en moi,
Nos Etats assemblés ont reconnu leur Roi;
Par un Ambassadeur on vient de me l'apprendre.

PALMIRE.

A ce Trône, Seigneur, vous deviez vous attendre,
Nos Etats ont suivi la Coutume & les Loix;
Ils ne pouvoient jamais faire un plus digne choix.

THALMIS.

Sur ce Trône avec moi, souffrez que je le dise,
Avec quel doux transport je vous verrois assise!
Pour y monter, Madame, on vient me demander;
Et je sçaurai de vous si je dois l'accorder.
On prétend, pour payer les services d'Ondate,
Lui céder les pays arrosés par l'Euphrate,
Dont il puisse, à son gré, composer des Etats,
Pourvû qu'à votre main il ne prétende pas:

Sur le ſeul fondement qu'alors de ſa naiſſance
Le Roi n'avoit lui-même aucune connoiſſance.
Sans ſçavoir que ſur lui lorſque ſon choix tomba,
Il alloit vous donner, Madame, au fils d'Asba,
Fleau de ſes Sujets, qui dans la Circaſſie
Mille fois de leur ſang a vû ſa main rougie.
C'eſt ce qu'en ce moment Ondate va ſçavoir
Par mon Ambaſſadeur qui pour moi doit le voir.
Si pourtant vous voulez, Madame, qu'on défere
A ce qu'en expirant ordonna votre pere,
Si malgré les raiſons qu'on va lui déclarer,
Du don de votre main vous voulez l'honorer;
En un mot, ſi pour lui votre cœur s'intereſſe,
Il faut vous obéir. Oüi, charmante Princeſſe,
S'il eſt aſſez heureux pour être aimé de vous,
Je le ſers contre moi, je le ſers contre tous,
Je lui céde le Trône, & veux bien le lui rendre;
Pour vous y voir monter, je ſuis prêt d'en deſcendre:
Le pouvoir ſouverain, que j'offre de quitter,
N'eſt pas ce que mon cœur va le plus regretter!

PALMIRE.

Demeurez ſur le Trône, il eſt votre partage;
Seigneur, de vos ayeuls c'eſt l'auguſte héritage,
Vous devez en joüir, & j'atteſte les Dieux
Que tout autre que vous y bleſſeroit mes yeux.
Je veux bien ajouter qu'à ce triſte hymenée,
Où, ſans me conſulter, on m'avoit deſtinée,
Mon cœur n'avoit jamais conſenti qu'à regret:
Je n'oſe en découvrir encor tout le ſecret;
J'avouerai cependant que ma joie eſt extrême,
De pouvoir, à mon gré, diſpoſer de moi-même.
Ondate eſt fils d'Asba, l'objet de tant d'effroi;
Et puiſqu'enfin l'on vient de dégager ma foi,
(Je veux bien juſques-là vous ouvrir ma penſée)
De l'offre de ma main je me crois diſpenſée.

THALMIS.

Madame, je puis donc enfin vous révéler
Un amour, dont jamais je n'euſſe oſé parler;
Je brûlois en ſecret de la plus pure flâme,

Que l'amour ait jamais allumé dans une ame ;
Et contraint à vos yeux de cacher mon ardeur...,

SCENE III.

ARGAN, THALMIS, PALMIRE, BARSINE.

ARGAN.

Seigneur, sans nul égard pour votre Ambassadeur,
On vient de l'arrêter, & chacun court aux armes;
Tout frémit au Palais ; la Ville est en allarmes ;
Ondate a joint l'armée, & l'on voit des remparts
Vos drapeaux déployés flotter de toutes parts ;
L'on ignore pour qui les troupes se déclarent ;
Mais le désordre y regne, & leurs corps se séparent,
Seigneur, & sans sçavoir d'où ce bruit est parti,
Les Tartares, dit-on, embrassent son parti.
Paroissez, il est tems

THALMIS.

Oüi, ce soin me regarde ;
De la Princesse, Argan, va redoubler la garde ;
Et tandis que j'irai me montrer aux soldats,
Observe Asba de près, & ne le quitte pas.

SCENE IV.

THALMIS, PALMIRE, BARSINE.

PALMIRE.

Quel attentat, Seigneur! presque en votre présence...

THALMIS.

Le traître! il me fera raison de cette offense;
Et puisque vous daignez m'en donner le pouvoir,
Je rangerai, Madame, Ondate à son devoir.

PALMIRE.

Ah ! Seigneur, vous allez exposer votre vie ;
De Tartares cruels votre armée est remplie,
Et fier de leur secours, Ondate vous attend ;
Gardez de négliger cet avis important.

THALMIS.

Madame, encouragé par l'ardeur la plus belle,
Je vais chercher Ondate, & punir ce rébelle.
Défiez-vous d'Asba ; c'est lui seul que je crains ;
Mais je viendrai bien-tôt vous tirer de ses mains.

SCENE V.

PALMIRE, BARSINE.

PALMIRE.

Que de troubles divers je sens mon ame atteinte !
Quel mélange confus & d'espoir & de crainte !
Barsine, quand Thalmis vient de se déclarer,
Et qu'à ce tendre Amant je comptois aspirer,
Quand d'un fatal hymen je me vois dégagée,
Faut-il que tout-à-coup ma fortune changée,
Vienne en mon triste cœur d'abord troubler la paix,
Et me réduire à craindre encor plus que jamais ?
Thalmis perdra le jour, je connois les Tartares ;
Le fils du fier Asba, chéri de ces Barbares,
Et Tartare comme eux, nourri dans leurs forêts,
Les a vûs contre nous prendre ses interêts ;
Contre Thalmis, Barsine, ils ont tourné leurs armes ;
Hélas ! pour lui, pour moi, que de sujets d'allarmes !
Car tu sçais à présent, dans mon cruel ennui,
Tu sçais combien mon cœur s'interesse pour lui,
Et tout ce que je crains, si le sort m'est contraire,
De l'amour de ce fils, & des fureurs du pere.

BARSINE.

A de plus grands périls le Ciel vous déroba ;
Mais quelqu'un vient, Madame ; on ouvre, c'est Asba.

SCENE VI.

ASBA, PALMIRE, BARSINE.

ASBA.

De votre Ambassadeur j'ai puni l'insolence ;
Mais ne regardez pas comme une violence,
Madame, un châtiment que sa témérité,
Que son esprit hautain n'a que trop mérité ;
Il faut qu'à votre main, dit-il, mon fils renonce ;
Je l'ai fait arrêter, & c'est là ma réponse.

PALMIRE.

Sur un Ambassadeur oser porter les mains,
Seigneur, c'est violer le droit des Souverains.

ASBA.

Mais c'est le violer autant qu'il le peut être,
Que de rendre si mal les ordres de son Maître ;
Et vous-même, suivant les maximes d'Etat,
Etes interessée en un tel attentat.

PALMIRE.

On vous l'a dit, Seigneur, ce n'est plus un mistere ;
Ondate est votre fils, jamais le Roi mon pere
Ne l'auroit accepté pour être mon époux,
S'il avoit sçû qu'Ondate étoit sorti de vous ;
De vous, son ennemi, l'effroi de ma patrie.

ASBA.

Il est vrai ; j'ai porté la guerre en Circassie ;
Mais sans doute, Madame, on vous a raconté
Par quel indigne affront je m'y vis excité :
Des malheurs qu'elle entraîne on m'a rendu coupable ;
Madame, jugez-en d'un œil plus équitable ;
Ne vous prévenez point, & des maux que j'ai faits,
Rapprochez de mon fils les éclatans bienfaits,
D'un Prince, qui par-tout suivi de la victoire,
A couvert vos Etats d'une immortelle gloire.

PALMIRE.

Ondate n'a pas seul vaincu nos ennemis,

Et l'on sçait quelle part y doit avoir Thalmis.

ASBA.

Je vous entends, Madame, & vois ce qui vous flate,
Thalmis à vos refus a plus de part qu'Ondate :
Je vous dirai pourtant, puisque vous m'y forcez,
Que vous n'en êtes pas encore où vous pensez ;
Que mon fils est parti, prêt à tout entreprendre ;
Que vous me répondrez du sang qu'on va répandre ;
Et le plus cher pour vous peut-être va couler.

SCENE VII.

UN GARDE, ASBA, PALMIRE, BARSINE.

UN GARDE.

Seigneur.... mais oserai-je ?....

ASBA.

Ose, tu peux parler.

LE GARDE *présente une lettre à Asba.*

ASBA *lit.*

Tout répond à mes vœux, je n'ai fait que paraître,
Aussi-tôt & Chefs & Soldats
Se sont portés en foule au-devant de mes pas,
Et tous ont reconnu leur Maître :
Les seuls Circassiens contre moi déclarés
Se sont de mon parti lâchement séparés ;
Mais je les ai tous mis en fuite,
Idal achève leur poursuite ;
Et tandis qu'il défait ce reste d'ennemis,
Faites tout, pour garder la Princesse, & Thalmis.

PALMIRE (*à part.*)

Juste Ciel !

ASBA (*à part.*)

Et Thalmis.... (*haut à Palmire.*)

Oüi, le Ciel favorise,
Vous le voyez, Madame, une juste entreprise ;
Mais vous ne devez pas redouter un vainqueur,

Qui près de vous soumis n'en veut qu'à votre cœur.
A mon fils triomphant il faut que je me montre ;
Sui-moi, viens, il est tems, allons à sa rencontre.
Pour le revoir, Madame, ici d'un œil plus doux,
Daignez considérer qu'il combattoit pour vous.

SCENE VIII.

PALMIRE, BARSINE.

PALMIRE.

POur moi, cruel, pour moi Thalmis peut-être expire!
Que vas-tu devenir, malheureuse Palmire?
Voilà donc le succès de tes justes desseins,
Cher Prince, & c'est ainsi que les droits les plus saints.....

BARSINE.

Il n'est pas tems encor de répandre des larmes,
Madame, on peut douter du succès de leurs armes.
Thalmis n'avoit pû joindre encore ses soldats,
Et n'a pû se trouver dans ces premiers combats.
Peut-être apprendrons-nous que le Ciel favorable.....

PALMIRE.

Conçois-tu bien l'état de mon sort déplorable?
Ah! tout ce que je vois dans ce triste séjour,
Me prédit que Thalmis y va perdre le jour :
Tout m'allarme pour lui ; Princesse infortunée,
Dans quel affreux climat les Dieux m'ont amenée!
En arrivant ici, tu l'as vû comme moi,
L'air, la terre, la mer, tout inspiroit l'effroi ;
L'horreur regne par-tout, les forêts & les plaines,
De passants égorgés, de cadavres sont pleines ;
On n'entend dans les bois que des gémissemens ;
L'herbe y croît à regret parmi les ossemens,
Et tout ce que l'on voit dans ce désert sauvage,
Est du cruel Asba le détestable ouvrage.
Mais Argan vient.

SCENE IX.

ARGAN, PALMIRE, BARSINE.

PALMIRE.

Eh bien! confirme-t-on ce bruit,
Que nos gens sont défaits, & qu'Idal les poursuit?

ARGAN.

Le seul Osmar, Madame, est venu de l'armée;
A la nouvelle ici que ses soins ont semée,
Je ne vois succéder que des bruits peu certains;
Du moins j'ose assurer qu'on est encore aux mains.
Déja près de Thalmis j'aurois couru me rendre,
Sans l'ordre qui m'arrête ici pour vous défendre.

PALMIRE.

L'on est encore aux mains? ah! courez à Thalmis,
Soutenez ses efforts par vos vaillans amis;
Ne craignez rien pour moi, courez en diligence;
Mes Gardes suffiront ici pour ma défense.

ARGAN.

Moi vous laisser, Madame, au moment que le Roi
De vos jours précieux se repose sur moi!

PALMIRE.

Je me charge de tout, que rien ne vous étonne;
Allez joindre Thalmis, c'est moi qui vous l'ordonne.

ARGAN.

Sans m'éloigner de vous, je vais m'en informer.

PALMIRE.

Tant de retardement a droit de m'allarmer.

(*Il sort.*)

Partez: jour plein d'horreur! ô jour pour moi funeste!
Allons, Barsine, allons en attendre le reste.
Mais si j'apprends sa mort dans ce cruel moment,
C'en est fait, je suivrai mon pere & mon amant.

Fin du second Acte.

ACTE III.

SCENE PREMIERE.

ONDATE.

LA Fortune pour moi s'est enfin déclarée.
Des troupes de Thalmis la perte est assurée;
Mais, Dieux! à quoi me sert sa défaite en ce jour,
S'il triomphe de moi du côté de l'amour?
Si ma triste victoire & mes cruelles armes,
Aux yeux de la Princesse ont arraché des larmes;
Et si mon cœur, qui vient de braver les hazards,
Ne sçauroit, sans trembler, soutenir ses regards?
Tout vainqueur que je suis, je crains d'avoir encore
Excité le courroux de celle que j'adore;
Peut-être qu'elle-même en cet instant fatal
Honore de ses pleurs mon trop heureux Rival,
Et peut-être avec lui médite sa retraite.
Mais sçachons de quel œil elle a vû sa défaite,
Et, tandis que mon pere observe des remparts
Les bataillons rompus fuyans de toutes parts,
Pour apprendre mon sort, allons voir la Princesse.

SCENE II.

BARSINE, ONDATE.

BARSINE.

AH, Seigneur! demeurez; vous sçavez que sans cesse
Pour la mort de son pere on voit couler ses pleurs;
Votre vûë à présent aigriroit ses malheurs;
Dans son appartement elle s'est renfermée.

ONDATE.

Sa haine pour moi seul est assez confirmée ;
Cet ordre, ses mépris, me font appercevoir
Que ce n'est que moi seul qu'elle ne veut point voir,
Jusques-là ses rigueurs retombent sur Ondate.
Barsine ! eh bien je veux sans égard pour l'ingrate,
Et malgré tout l'amour, dont je me sens épris,
Me montrer à ses yeux, & braver ses mépris ;
Je veux même, je veux, pour punir la cruelle,
Me servir du pouvoir qu'on m'a donné sur elle ;
Et puisqu'elle s'obstine à me vouloir trahir,
A son pere, à son Roi la forcer d'obéir ;
Et ne consultant plus que ma jalouse rage,
Immoler à ses yeux le Rival qui m'outrage ;
C'est ce que de ce pas je vais lui déclarer.

BARSINE.

Ah, Seigneur ! arrêtez, je vais l'y préparer ;
Ou du moins, pour la voir, attendez qu'elle sorte.

SCENE III.

ASBA, ONDATE.

ASBA.

Ainsi donc de Palmire, on t'interdit la porte,
Elle ne veut point voir mon fils & son amant.

ONDATE.

Seigneur, j'allois entrer dans son appartement,
Malgré le trouble affreux, dont son ame est émuë ;
Je vous ai vû paroître, & votre chere vûë
Arrête ici mes pas....

ASBA.

L'ingrate ! de quel front
Ose-t-elle te faire un si mortel affront ?
Plus de ménagemens, il y va de ta gloire ;
Ses mépris impunis souilleroient ta victoire ;
Quoi ? pense-t-elle encore à d'autres interêts ?
J'ai vû fuir ses soldats au fond de nos forêts.

Je les ai vûs tremblans jusques dans leur retraite,
Tu devois achever toi-même leur défaite;
Sur-tout pour l'immoler, cherchant par-tout Thalmis,
Te défaire en lui seul de tous tes ennemis.

ONDATE.

Je l'avouerai, Seigneur, il convenoit sans doute
De pousser l'ennemi jusques dans sa deroute,
Et sans m'en reposer sur la valeur d'Idal,
Aller chercher par-tout ce dangereux Rival;
Mais séduit par l'amour, j'oserai vous le dire,
J'ai crû trouver ici Thalmis avec Palmire,
Et la crainte de perdre un bien si précieux,
M'a, pour le conserver, fait voler en ces lieux.
Cependant la nouvelle en est ici semée,
Vous l'avez sçû, Seigneur; quand j'ai quitté l'armée,
Pour chercher mon Rival, le Tartare vainqueur,
Avoit déja par-tout répandu la terreur.
Les ennemis en fuite assuroient la victoire,
Et ne laissoient plus rien à faire pour ma gloire.

ASBA.

Eh bien je t'en croirai; mais afin que Thalmis
Ne te conteste plus ce que l'on t'a promis,
Afin que désormais l'injuste Circassie
Ne puisse mettre obstacle au bonheur de ta vie,
Et que Palmire enfin, pour te manquer de foi,
Ne te reproche plus un pere tel que moi,
Epouse-la, mon fils, & dès cette journée,
Acheve dans Azac cet auguste hymenée.
Profite du combat, que tu viens de gagner,
Et songe que sa main te doit faire regner:
En vain en violant la foi d'une promesse,
Ton Rival orgueilleux aspire à la Princesse;
En vain il s'applaudit du vain titre de Roi.
Epouse-la, te dis-je, & le Trône est à toi;
Je veux à cet hymen la disposer moi-même.
Je la vois; pour Thalmis sa frayeur est extrême.
Et c'est ce qui vers moi la fait ici venir.
Laisse-moi; sans témoins je veux l'entretenir.

SCENE IV.

PALMIRE, BARSINE, ASBA.

PALMIRE.

NOn, il n'eſt rien d'égal à mon inquiétude;
Viens, il peut me tirer de mon incertitude.
Il eſt donc vrai, Seigneur, qu'Ondate eſt de retour?

ASBA.

Oüi, Madame, & pour vous toujours brûlant d'amour,
Heureux, ſi vous daignez, approuvant ſa victoire,
Permettre qu'à vos pieds il dépoſe ſa gloire.

PALMIRE.

Eh! le puis-je, Seigneur, lorſqu'elle vient m'offrir
Nos peuples expirans, leur Roi prêt à périr?
Mais dans cette ſanglante & funeſte journée,
A-t-on ſçû de Thalmis quelle eſt la deſtinée?
Et le Ciel à ſes droits ôte-t-il tout appui?

ASBA.

Pourquoi, Madame, encor s'intereſſer pour lui?
Car enfin, il eſt tems d'avoir d'autres penſées;
Il eſt tems de répondre aux ardeurs empreſſées
D'un Prince, qui charmé de ſe voir votre époux,
Pour prix de ſes travaux n'a demandé que vous,
A qui la Circaſſie, à qui la foi jurée,
Et d'un pere mourant la volonté ſacrée,
Ont uni votre ſort, & dont enfin le cœur
Ne va vous être offert que des mains du vainqueur.

PALMIRE.

A quel deſſein, Seigneur, vous le faire redire?
Vous ne ſçavez que trop que je n'y puis ſouſcrire.
Mais quand je ſerois libre, & que, malgré nos loix,
Je voudrois l'accepter, puis-je faire aucun choix,
Tandis que dans le deuil, qui me remplit d'allarmes,
Je ne dois m'occuper qu'à répandre des larmes?

ASBA.

Quoi, Madame, eſt-ce ainſi qu'au mépris de ſes feux,

Parce qu'il est mon fils, vous rejettez ses vœux?
Est-ce ainsi qu'oubliant l'éclat de ses services,
De vos peuples ingrats vous suivez les caprices?
Ils refusent mon fils! & pour vous dégager,
C'est moi que l'on insulte & qu'on ose outrager!
Eh bien! c'est donc à moi, que ce refus offense,
A prévenir l'affront qu'on fait à sa naissance.
C'est à moi, que l'on haït, de vous faire obeir
Aux ordres souverains que vous osez trahir.
Votre pere à mon fils vous avoit destinée;
Vous tiendrez, malgré vous, la parole donnée;
Et puisqu'en expirant, ce sage & juste Roi
Vous a fait ordonner de dégager sa foi,
Je veux que sans délai, malgré votre caprice,
Avec lui dans Azac votre hymen s'accomplisse.
Je vous laisse y penser aujourd'hui; mais demain,
Madame, attendez-vous à lui donner la main.

PALMIRE.

O Ciel! toute justice est-elle ici bannie,
Et peut-on aussi loin pousser la tyrannie?
Eh dans quel tems encor! lorsque de justes pleurs
Devroient faire du moins respecter mes malheurs,
On ose, sans égard pour ce que je suis née,
Dans ce lugubre état me parler d'hymenée;
Que dis-je? L'on en veut allumer le flambeau,
Quand mon pere descend dans la nuit du tombeau.
Après l'événement que l'on vient de t'apprendre,
Tu crois, Tyran, tu crois pouvoir tout entreprendre;
Mais sçache que je suis maîtresse de mon sort;
Que plûtôt que ton fils je choisirai la mort:
Tes fureurs m'ont appris à mépriser la vie;
Je suivrai, malgré toi, les loix de ma patrie;
Nos Etats assemblés ont dégagé ma foi,
Et je ne crains plus rien de ton fils ni de toi.

ASBA.

Si je n'avois égard à l'indigne foiblesse,
Que mon fils a pour vous, orgueilleuse Princesse,
Vous sçauriez tout à l'heure, & sans sortir d'ici,
Ce qu'on risque avec moi, d'oser parler ainsi.
Cependant je vois bien ce qu'il faut que je pense

D'un refus qui vous porte à tant de violence ;
Vos injures, vos cris, & votre desespoir,
Vos mépris outrageans me le font assez voir ;
Vous m'alléguez vos loix, le deüil de votre pere :
Vains prétextes ! Thalmis, perfide, a sçû vous plaire ;
Mais vous pourriez pousser des soupirs superflus,
Peut-être risquez-vous de ne le revoir plus,
Et j'attens que bien-tôt par un conseil plus sage,
Vous ne nous tiendrez plus ce superbe langage.
Mais je revois Idal.

SCENE V.

ASBA, PALMIRE, BARSINE, IDAL.

IDAL.

Seigneur, songez à vous.

ASBA.

Eh quoi ? déja le sort....

IDAL.

Tout fuyoit devant nous,
Et les Circassiens, sans presque se défendre,
Aux Tartares vainqueurs étoient prêts de se rendre.
Dans ce fatal instant Thalmis est survenu,
Ses troupes qui fuyoient, à peine l'ont connu,
Que prenant à sa vûë une nouvelle audace,
Presque dans un moment tout a changé de face ;
Les soldats dispersés, ralliés par Thalmis,
Bannissant toute crainte, en bon ordre remis,
Et faisant des efforts qu'on auroit peine à croire,
Sont venus de nos mains arracher la victoire ;
Leurs bataillons serrés attaquent par les flancs
Ceux, qui pour les poursuivre avoient rompu leurs rangs :
De leurs foudres d'airain les vallons retentissent ;
Tout s'épouvante, on fuit ; les plus hardis pâlissent ;

Le Ciel est enflammé d'un million d'éclairs ;
Une grêle de plomb vole & perce les airs ;
Le sang coule à grands flots ; nos troupes enfoncées,
Sur le champ de bataille à mes yeux terrassées,
Laissent aux ennemis après de vains efforts,
Notre camp tout couvert de mourans & de morts.

ASBA.

Et mon fils ?

IDAL.

Vainement il a mis en usage,
Seigneur, tout ce que peut tenter un grand courage ;
Lorsqu'il nous a rejoint, les Tartares épars
Avoient abandonné déja leurs étendarts.
En vain pour conjurer cette horrible tempête,
Voulant vaincre, ou périr, il s'est mis à leur tête.
En vain il a chargé l'ennemi par trois fois,
Thalmis victorieux l'a poussé hors des bois :
Il a voulu, Seigneur, par d'autres avenuës
Ramener au combat ses troupes éperduës ;
Mais voyant le carnage & l'effroi des soldats,
Du coté de la Ville il a tourné ses pas.

ASBA.

Ne desespérons point encore, Idal ; sans doute
Mon fils s'est vû forcé de prendre une autre route.

IDAL.

J'ignore son destin ; de mille coups percé,
Mon cheval dans la foule en tombant m'a laissé ;
Je le suivois des yeux ; mais l'épaisse poussiére,
Du jour prêt à finir me cachant la lumiére,
M'a dérobé ses pas ; en vain l'ayant cherché,
De nos remparts, Seigneur, je me suis rapproché.
Cependant le vainqueur avance vers nos portes ;
On entend de nos murs les cris de ses Cohortes ;
Le fer étincellant frappe déja nos yeux,
Et la nuit & l'horreur vont s'emparer des Cieux.

ASBA.

O malheur !

PALMIRE.

C'est ainsi que le Ciel équitable
Protége l'innocent & punit le coupable ;

Mais je connois Thalmis ; malgré ce grand succès,
Sa clémence vers lui vous ouvre tout accès.

(elle sort.)

ASBA.

Vous triomphez, cruelle, & le malheur d'Ondate
Vous redonne un espoir, dont votre cœur se flate ;
Votre vainqueur approche, & pense m'accabler ;
Mais je sçais le moyen de le faire trembler.
Oüi ; je sçaurai peut-être, au milieu de sa gloire,
Lui faire détester son injuste victoire ;
Et l'on verra dans peu que, malgré mes malheurs,
Je ne serai pas seul à répandre des pleurs.

SCENE VI.

ASBA, IDAL.

ASBA.

AH Dieux ! ainsi toujours votre haine implacable,
Poursuit donc sans relâche un Prince misérable.
Qu'est devenu mon fils ? ô pere infortuné !
Ce fils me fut ravi dans l'instant qu'il fut né ;
Parmi mes ennemis il a passé sa vie ;
Et quand on me le rend, la Fortune ennemie,
Pour le perdre à mes yeux aussi-tôt le poursuit,
Et fait tomber sur lui le malheur qui me suit :
Destin cruel !

IDAL.

Seigneur, Thalmis vient, le tems presse ;
Ne vaudroit-il pas mieux lui rendre la Princesse,
Pour s'opposer aux coups qu'il est prêt à porter ?
Azac, la triste Azac ne peut lui résister.
Nos remparts sont rasés : il n'est plus d'espérance ;
Suite d'un siége affreux, la Ville est sans défense,
Il est vainqueur ; s'il entre, il ne sera plus tems,
Tout fléchira sous lui.

ASBA.

Qu'il entre, je l'attens.

Il ne sçait pas encor tout ce qu'Asba peut faire,
Il a vaincu le fils, il connoîtra le pere :
Vous voulez m'exciter à de nouveaux forfaits,
Eh bien ! injustes Dieux, vous serez satisfaits.
Et toi, qui te promets de voir d'un œil tranquille
Ce vainqueur orgueilleux, maître de cette Ville,
Malgré moi, de mes mains te venir arracher,
En vain à ma fureur tu prétens te cacher.
Oüi, c'en est fait, je veux me saisir de Palmire ;
Au-devant de Thalmis, toi, cours, & va lui dire
Que pour rompre le cours de ses vastes projets,
Asba, le fier Asba l'attend dans son Palais.
Puisqu'on poursuit mon fils, qu'il songe à la conduite
De ceux qui sont chargés du soin de sa poursuite ;
Que si de ce péril je ne le vois sortir,
En mes mains j'ai de quoi le faire repentir ;
Enfin que le salut d'Ondate l'interesse,
Et qu'il doit aujourd'hui trembler pour la Princesse.

Fin du troisiéme Acte.

ACTE IV.

SCENE PREMIERE.

ASBA, OSMAR.

ASBA.

QUoi, dans ta course, Osmar, tu n'as donc rien
appris,
Et je ne puis sçavoir le destin de mon fils?

OSMAR.

Je n'ai trouvé par-tout que des objets funestes,
Des Tartares défaits les pitoyables restes,
Ou blessés, ou mourans; les uns m'ont assuré,
Que dans le fond des bois il s'étoit retiré;
D'autres (mais la nouvelle est encore incertaine)
M'ont dit qu'enveloppé du côté de la plaine,
Après un rude choc, abandonné des siens,
Il avoit été pris par les Circassiens.

ASBA.

Les traîtres! jusques-là pousser leurs perfidies,
Le poursuivre, & sur lui porter leurs mains hardies;
Sur lui, qui tant de fois, pour sauver leurs Etats,
A prodigué pour eux son sang dans les combats!

OSMAR.

C'est un bruit que répand, Seigneur, la Renommée,
Mais dont la vérité n'est pas bien confirmée.

ASBA.

Elle est certaine, Osmar, Ondate m'est connu;
Il est ou pris, ou mort, puisqu'il n'est pas venu;
Je ne me flatte point d'une vaine espérance,
Et je dois seulement songer à sa vengeance.

SCENE II.

UN GARDE, ASBA, OSMAR.

LE GARDE.

SEigneur, Argan qui vient du camp des ennemis,
Demande à vous parler de la part de Thalmis.

ASBA.

Qu'il entre.

SCENE III.

ARGAN, ASBA, OSMAR.

ASBA.

QUe veut-on?

ARGAN.

Seigneur, le Roi mon maître
Qui vient de vaincre Ondate, & qui pourroit peut-être
Dans ce Palais ouvert entrer victorieux,
A voulu toutefois épargner à vos yeux
Dans l'horreur de la nuit le trouble & les allarmes;
Que causeroit ici la terreur de ses armes;
Et je viens de sa part, Seigneur, vous avertir,
Que du pied de vos murs il est prêt de partir;
Qu'il sort de vos Etats, sans entrer dans la Ville,
Où, sans y rien prétendre, il vous laisse tranquille,
Pourvû que du bienfait mesurant la grandeur,
Vous lui rendiez Palmire & son Ambassadeur.

ASBA.

Va-t-en dire à ton Roi, que, malgré la victoire,
Dont au destin aveugle il doit toute la gloire,
Je ne puis, ni ne veux répondre à ses souhaits,
Dis-lui que je suis maître encor de ce Palais;

Que ceux qu'il me demande y sont en ma puissance;
Que pour les enlever de force, s'il avance....
Tu m'entens, quel que soit l'état où je me voi,
Il a peut-être encore à craindre plus que moi.

ARGAN.

Il sçait votre pouvoir, mais, Seigneur, il se flate....

ASBA.

Va, je n'écoute rien, si je ne vois Ondate.

ARGAN.

Dans votre camp, Seigneur, le bruit est répandu
Qu'on devoit l'amener, & qu'il s'étoit rendu.

ASBA.

Eh bien, va retrouver Thalmis; tu peux lui dire
Qu'il me rende mon fils, s'il veut revoir Palmire.

ARGAN.

Je tremble des périls, où je vous vois courir.

ASBA.

Va, dis-je, je sçaurai me venger, ou périr;
Retire-toi.

SCENE IV.

ASBA, OSMAR.

ASBA.

Tu vois le péril qui s'apprête,
Et quel orage, Osmar, va fondre sur ma tête;
Jusques dans ce Palais fais marcher sur tes pas,
Ce que tes soins pourront rassembler de soldats.
Rends-toi sans différer maître des avenuës;
J'ai dans Azac encor des troupes répanduës;
Qu'elles viennent ici planter leurs étendarts;
Fais-leur abandonner les murs & les remparts.
A l'insolent vainqueur laissons la Ville en proie;
Qu'au gré de ses desirs sa fureur s'y déploie;
Que tout périsse ailleurs, pourvû qu'en sûreté
Je puisse exécuter ce que j'ai projeté.

Va, sans perdre un moment, cours, Osmar, le tems
presse;
Moi, je vais m'assurer ici de la Princesse;
C'est un coup, cher Osmar, où moi seul je suffis;
Elle me répondra du destin de mon fils,
Si le retour d'Idal, dans mes craintes mortelles,
Ne m'apporte de lui de meilleures nouvelles.
Mais je le vois.

SCENE V.

IDAL, ASBA.

IDAL.

Seigneur, tout est perdu.
Au camp des ennemis, Ondate est attendu,
Il est pris; à sa perte on est prêt à souscrire,
Dans les mains de Thalmis, ou remettez Palmire,
Ou pour les jours d'un fils tout est à redouter.

ASBA.

Enfin Ondate est pris, je n'en puis plus douter;
Ne verrai-je jamais ta fureur assouvie,
Et seras-tu toujours acharné sur ma vie,
Destin cruel? mon fils éprouvant ton courroux,
C'est moi que tu poursuis, je reconnois tes coups.
Oüi, oüi, fils malheureux d'un plus malheureux pere,
N'accuse que moi seul si le Ciel t'est contraire.
Loin de mes tristes yeux, & loin de mes Etats,
La victoire toujours avoit suivi tes pas;
L'instant où je te vois, l'instant où je t'embrasse,
Est pour nous un signal d'horreur & de disgrace;
Mais, Idal, chez Palmire il nous faut pénétrer;
Par des chemins secrets nous y pourrons entrer.
Allons nous saisir d'elle.

IDAL.

Une troupe s'avance,
Et vient à la faveur de l'ombre & du silence.

C'eſt le Prince Thalmis, Seigneur, je l'apperçoi;
Il s'approche de nous. Où courez-vous?

ASBA.

Suis-moi.

SCENE VI.

THALMIS, ARGAN, GARDES *avec des flambeaux.*

THALMIS.

QUe ma garde s'avance, & m'attende à la porte.
Vous, Argan, demeurez, attendez que je ſorte,
Afin que, s'il le faut, par ceux que j'ai poſtés
Mes ordres dans le camp auſſi-tôt ſoient portés.
Ondate n'eſt pas loin, je ſçai qu'on me l'amene;
Je viens d'en recevoir la nouvelle certaine;
Peut-être en le voyant ſon pere ſe rendra;
Qu'on le conduiſe ici d'abord qu'il paroîtra.
O Ciel! guide mes pas: tu ſçais à quoi j'aſpire;
Il faut périr, Argan, ou délivrer Palmire;
Tandis que mes ſoldats forcent l'autre côté,
On peut par cette cour entrer en ſûreté.

SCENE VII.

ASBA, IDAL, PALMIRE, THALMIS, GARDES.

ASBA.

ARrête ici, Thalmis, & retiens tes cohortes;
On dit que tes ſoldats veulent forcer les portes;
Mais avant qu'on ait pû percer juſqu'en ces lieux,
Regarde quel objet je préſente à tes yeux,
Si tu veux la ſauver, commande qu'on s'arrête;

Ou je vais à tes pieds faire voler sa tête.
Commande, ou sur le champ.....

THALMIS.

Ah! Seigneur, arrêtez.

ASBA.

Ordonne, ou tu vas voir ces lieux ensanglantés;
Profite du moment que ma bonté te laisse.

SCENE VIII.

ONDATE, GARDES, ASBA, PALMIRE, THALMIS, ARGAN, IDAL.

THALMIS.

TOn fils me répondra des jours de la Princesse,
Il est en mon pouvoir.

ASBA.

Ciel! qu'est-ce que je voi?

THALMIS.

Sa vie est en mes mains, elle dépend de toi.

ARGAN.

Princes, que faites-vous, & quel sort est le vôtre?
De vos cruels desseins revenez l'un & l'autre;
Faites finir l'horreur qui regne en ce Palais;
Prenez trois jours de tréve en attendant la paix;
Que sans rien entreprendre au camp, ni dans la ville,
De l'une & l'autre part tout demeure tranquille.

ONDATE.

N'acceptez point la paix que l'on veut vous offrir,
Seigneur, gardez Palmire, & laissez-moi périr;
Tout est perdu pour moi, si je perds ce que j'aime.

ASBA (*à Ondate.*)

Non, je veux te sauver, mon fils, malgré toi-même,
(*à Thalmis.*)
Je consens à la tréve, & Palmire est à vous.

THALMIS (*à Ondate.*)

Vous ne pouviez, Seigneur, me rendre un bien plus doux.....

(*Argan fait signe aux Gardes de se retirer.*)

Prince, quelque plaisir que donne une victoire,
Ce n'est point sans regret, & vous m'en pouvez croire,
Que contre vous aux mains pour la premiere fois,
Je me suis vû forcé de défendre mes droits.
Sans doute la Fortune a servi mon audace;
Autant qu'il est en moi je plains votre disgrace.
D'un reproche secret mon cœur est combattu,
Seigneur, & contre moi souleve ma vertu.
Je ne puis oublier qu'au sortir de l'enfance,
De la guerre sous vous j'ai fait l'expérience;
Je ne puis oublier que dans les champs de Mars,
Vous m'apprîtes à vaincre, à braver les hazards,
A marcher sur les pas des héros de ma race,
Enfin à mériter d'en occuper la place.
Je sçai que vous avez étendu mes Etats,
Et que toute leur gloire est dûë à vos bras.
Prince trop généreux, reprenez, je vous prie,
Ce fer à qui je dois tout l'éclat de ma vie,
Par qui tant de pouvoir en mes mains fut remis;
Et, s'il se peut encor, Seigneur, soyons amis.

ASBA (*à Ondate & à Thalmis.*)

Que vos derniers malheurs, s'il se peut, nous unissent!
Qu'avec plaisir je vois que vos haines finissent!
Que Palmire aujourd'hui calme vos différends!
Au gré de vos souhaits, Seigneur, je vous la rends;
Daignez me pardonner ce que, pour me défendre,
Un affreux désespoir me faisoit entreprendre:
Je viens de commander, comme on l'a souhaité,
Que votre Ambassadeur soit mis en liberté:
Pour me parler peut-être avec trop de licence,
Il s'étoit attiré lui-même cette offense.

(*à Palmire.*)

Oubliez mes fureurs, Madame, & désormais
Scellez une union qui ne cesse jamais.

PALMIRE.

Je ne me souviens plus que l'on m'ait outragée;

Par votre repentir je suis assez vengée ;
Mais si la paix, Seigneur, vous plaît autant qu'à nous,
Ecoutez des conseils plus justes & plus doux,
Souffrez sans passion ce que les loix demandent ;
Voyez ce que de vous tous vos peuples attendent,
Et pour les contenter, faites un noble effort ;
C'est à l'équité seule à régler cet accord.

THALMIS.

Prince, ne craignez point que, fier de l'avantage
D'avoir entre mes mains un si précieux gage,
De ce que l'on vous doit osant la détourner,
Sur le choix d'un époux je veuille la gêner :
Oüi, de quelque côté que panche sa tendresse,
Il faut que de son sort elle soit la maîtresse,
Qu'elle régle le nôtre ; & l'honneur de son choix
Doit devenir pour nous la plus sainte des loix :
Mais aussi consentez (on le doit quand on aime)
Qu'elle puisse, à son gré, disposer d'elle-même,
Et sans vous prévaloir de ses engagemens,
Prés d'elle n'employez que vos empressemens ;
Afin que sans éclat notre union s'achève.
Va faire publier, Argan, trois jours de tréve ;
Ensuite, pour régler ce que nous résoudrons,
Prince, quand vous voudrez, nous nous assemblerons.

SCENE IX.

ASBA, ONDATE.

ONDATE.

SEigneur, puisque Thalmis, sans tirer avantage
Du succès du combat, & du sort qui m'outrage,
Laisse libres ma flamme & mes vœux les plus doux,
Et semble jusques-là de sa gloire jaloux ;
Vous le voyez du moins, c'est avec apparence
Que nous pouvons encore former quelque espérance,
Lui-même à cet égard vous l'avez entendu....

ASBA.

Crédule! tu crois donc, que je me sois rendu?
Apprens que je feignois, que je veux encore feindre,
L'engager plus avant, & lui paroître craindre,
Le laisser s'applaudir de ce qu'il te promet,
Et rendre grace aux Dieux des droits qu'il me remet:
Car enfin, ne crois point (quoi qu'il vienne de dire)
Qu'il puisse se résoudre à te céder Palmire,
A ranger cet objet lui-même sous ta loi,
Encore moins le trône: il est Amant & Roi;
Mais il faut que l'effet passe encore sa promesse,
Qu'il remette en tes mains le sceptre & la Princesse.
A ces conditions s'il n'accepte la paix,
Tu peux m'en croire, Ondate, il ne l'aura jamais.

ONDATE.

Mais si nous refusons, Seigneur, la paix offerte,
Sommes-nous en état d'agir à force ouverte?
Dans les assauts du siége, ou bien dans nos combats,
Thalmis a vû périr presque tous nos soldats,
Et l'on voit de leur sang la terre encor trempée:
Que lui peut-il rester à craindre?

ASBA.

Mon épée.
Moi-même dans son sein je prétens la plonger.

ONDATE.

Dieux!

ASBA.

Quoi que la vertu te fasse envisager,
Songe pour détourner l'état le plus funeste,
Que de tous les moyens c'est le seul qui nous reste:
As-tu quelque pitié d'un rival odieux?
Attens-tu de le voir triompher à tes yeux?
Ou crois-tu que je tente un dessein inutile?
Lui mort, tout fléchira, tout nous devient facile;
Et tu verras les Dieux, sans penser si j'ai tort,
Prendre sans balancer le parti le plus fort.
Enfin, quand je devrois en être la victime,
Heureux ou malheureux, je prens sur moi le crime.

ONDATE.

Vous la victime, ô Ciel!

ASBA.

J'y ſuis tout préparé.

ONDATE.

Seigneur, rien n'eſt encor pour moi deſeſpéré :
Attendons à demain ; & ſi la Circaſſie,
Oubliant des travaux qui l'ont ſi bien ſervie,
Oſe me refuſer ce que l'on m'a promis,
J'entre dans vos projets, & malheur à Thalmis.

ASBA.

Tu le veux, attendons ; mais à ne te rien feindre,
Au parti que tu prens je vois beaucoup à craindre :
J'y conſens à regret ; & ſans plus différer,
Pour s'aſſembler demain, je vais tout préparer.

SCENE X.

ONDATE.

O Trop heureux Thalmis ! ta victoire eſt parfaite.
Je m'oppoſe à ta mort, qu'en ſecret je ſouhaite.
Un reſte de vertu combat encor pour toi :
Mais je ſens qu'à ta perte excité, malgré moi,
Si demain je n'obtiens enfin ce que j'eſpere,
Je vais m'abandonner aux fureurs de mon pere.

SCENE XI.

IDAL, ONDATE.

IDAL.

L'On vient de m'avertir, Seigneur, que cette nuit
Palmire du Palais ſe dérobe ſans bruit ;
Thalmis craint en ces lieux de la voir expoſée
Aux lenteurs de la paix que l'on a propoſée.

ONDATE.

Ciel ! Qu'entens-je ? eſt-ce ainſi qu'au mépris de ſa foi

Le perfide Thalmis ose s'en prendre à moi?

IDAL.

Sans scrupule un rival cherche son avantage,
Quoiqu'avec vous, Seigneur, sa parole l'engage.

ONDATE.

Opposons-nous, Idal, à cet enlevement :
Mais il faut nous conduire avec ménagement.
Thalmis prétend sans bruit, comme on vient de te dire,
Cette nuit du Palais sortir avec Palmire :
Et moi sans bruit aussi, les observant de près,
Je veux faire garder les portes du Palais ;
En secret, sans éclat, veiller sur leur conduite,
Et ne rien négliger pour empêcher leur fuite :
Mais si, malgré mes soins, je ne puis l'éviter,
Et que dans leur dessein ils veuillent persister,
Alors m'abandonnant aux fureurs qu'on m'inspire,
J'immolerai Thalmis, & .... peut-être Palmire !
De soldats affidés appuyant mes projets,
Toi fais garder sur tout les portes du Palais :
Qu'elle ne puisse au moins, sans en être apperçuë,
Pour sortir de ces lieux trouver aucune issuë.
Va, pour combler mes vœux, préparer ce qu'il faut,
Et tu viendras ici me rejoindre au plutôt.

Fin du quatriéme Acte.

ACTE V.

SCENE PREMIERE.

PALMIRE, BARSINE.

PALMIRE.

Oui, du cruel Asba, Barsine, on nous sépare,
Pour ne m'exposer plus aux fureurs d'un barbare;
Et pour mieux éluder ce qu'il peut en ces lieux,
On cherche à dérober mon départ à ses yeux,
Craignant, si le cruel en avoit connoissance,
Qu'il n'abusât encor d'une injuste puissance.
Bien-tôt nous allons voir mon sort plus éclairci;
Thalmis doit me rejoindre, & je l'attens ici.

BARSINE.

Le Ciel, n'en doutez point, soutient votre entreprise;
De ses voiles obscurs la nuit vous favorise:
Quand le Roi reviendra, sans crainte on peut sortir,
Et dans l'obscurité secrétement partir.

PALMIRE.

Mon cœur devroit se plaire à goûter par avance
D'un départ imprévû la flateuse espérance.
Tout me rit, il est vrai: cependant, malgré moi,
Je ne suis point tranquille, & je ne sçai pourquoi.
Au milieu du bonheur que le Ciel nous envoie,
Ce cœur, ce triste cœur se refuse à la joie,
Et quoiqu'Asba tantôt nous ait ici promis,
Je ne puis m'empêcher de trembler pour Thalmis.
Tu sçais que dès l'instant qu'il nous aura conduites,
Il revient, & qui peut me répondre des suites?

BARSINE.

Madame, Asba lui-même, au gré de vos souhaits,
Vient d'assurer Thalmis qu'il consent à la paix,

Et sans déguisement il vous l'a fait connoître.

PALMIRE.

Barsine, ah! se peut-on reposer sur un traître?
Elevé dans le crime, & de sang altéré,
Craint-il de violer le droit le plus sacré?
Que sçai-je? En ce moment sa noire perfidie
Aux derniers attentats s'est peut-être enhardie;
Peut-être affecte-t-il d'amuser son vainqueur,
Pour trouver le moment de lui percer le cœur;
Et sans doute c'est là ce qui l'oblige à feindre.
Je voulois que Thalmis, pour n'avoir rien à craindre,
De ces tristes déserts s'éloignant pour toujours,
Auprès de ce Tyran n'exposât plus ses jours:
Mais, malgré mes frayeurs, telle est sa destinée,
Il y doit revenir, sa parole est donnée.

BARSINE.

Asba n'est plus à craindre, & lui-même est réduit....
Mais, Madame, l'on vient; rentrons, j'entens du bruit.

SCENE II.

ONDATE, PALMIRE, BARSINE.

ONDATE.

Vous me fuyez, Madame: eh quoi! mon infortune
Vous rend-elle en ces lieux ma présence importune?
Le caprice du sort, qui pour moi se dément,
Est-il à votre fuite un juste fondement?

PALMIRE.

Ce n'est point vous, Seigneur, que je fuis; mais si j'ose
De mes justes frayeurs vous apprendre la cause,
Je croyois fuir d'Asba les regards dangereux,
Et je sçai respecter d'illustres malheureux.

ONDATE.

Je parois devant vous vaincu; mais j'ose croire
Qu'un seul jour de malheur n'a point terni ma gloire.

Et vous n'ignorez pas que, malgré cet affront,
Assez d'autres lauriers ceignent encor mon front.

PALMIRE.

Je sçai, Prince, je sçai l'éclat de votre vie,
Et que votre valeur sauva la Circassie;
Elle vous doit sa gloire, on ne peut l'oublier;
Et ma bouche cent fois a sçû le publier.
Par vos travaux, Seigneur, on va jusqu'à l'Euphrate.....

ONDATE.

Madame, est-ce de vous tout ce qu'attend Ondate?
Vous le sçavez assez, mon espoir le plus doux
N'étoit que de me rendre un jour digne de vous:
Le Ciel avoit enfin rempli mon espérance,
Vos injustes Etats m'opposent ma naissance:
Vos peuples contre Asba soulevés aujourd'hui,
Me reprochent le sang que j'ai reçu de lui.
Ah! n'ont-ils pas cent fois vû sortir de mes veines
Ce sang infortuné, triste objet de leurs haines?
Et combattant pour eux, n'ont-ils pas apperçu
Que j'en ai plus versé, que je n'en ai reçu?

PALMIRE

Seigneur, ce sang allarme encor la Circassie;
Vous sçavez qu'à ses loix je suis assujettie;
Que je ne puis trahir ma naissance & mon rang,
Et que je dois, comme elle, aussi craindre ce sang.

ONDATE.

Et toutefois ce sang, j'oserai vous le dire,
Peut un jour élever mes destins à l'Empire,
Et par lui je puis voir, en rentrant dans mes droits,
La vaste Tartarie obéir à mes loix.
Mais que me sont sans vous tous les trônes du monde?

PALMIRE.

Que voulez-vous, Seigneur, que mon cœur vous réponde?
Vous sçavez que je suis esclave de mon sort.
Vous sçavez.....

ONDATE.

Oüi, je sçai que vous voulez ma mort;
Je sçai trop contre moi ce qu'on ose entreprendre,
Et que c'est à Thalmis à qui je dois m'en prendre;
Mais quoique son orgueil lui fasse concevoir,

Il doit du moins, il doit craindre mon desespoir :
Votre pere, l'amour, le Ciel, tout m'autorise
A me faire garder la foi qu'on m'a promise.
Quel interêt plus fort doit régler mon destin ?
La vertu trop poussée est foiblesse à la fin ;
Et puisque de rigueurs vous payez ma constance....

PALMIRE.

Asba paroît, je dois éviter sa présence ;
Demain vous parlerez de paix avec Thalmis ;
Il vous tiendra, Seigneur, tout ce qu'il a promis.

SCENE III.

ASBA, OSMAR, ONDATE.

ASBA (*bas à Osmar.*)

OSmar à mon dessein tu sçais comme il s'oppose,
Feignons & cachons-lui ce que je me propose.
(*haut à Ondate.*)
Sur ce qu'elle t'a dit, Ondate, en te quittant,
Et d'elle & de Thalmis, tu dois être content ;
Il vient de consentir que demain on s'assemble,
De tes prétentions nous parlerons ensemble ;
Voi son Ambassadeur, & tâche à le porter
Sur des prétextes vains à ne plus contester,
Pour garantir Azac cette nuit de désordres.
Osmar se rend ici, pour recevoir mes ordres.
Va, laisse-nous, & songe à ne pas oublier
Que des Circassiens tu dois te défier ;
Hier sur ton hymen tu sçais ce qu'ils nous dirent,
Et même sur tes jours on prétend qu'ils conspirent.
Pour rompre le dessein qui peut être arrêté,
Dans ton appartement demeure en sûreté.
Je le veux.

ONDATE.

J'obéis.

(*Il sort.*)

SCENE IV.

ASBA, OSMAR.

ASBA.

Thalmis va donc se rendre,
Dans ce passage obscur où je le veux attendre.
Il mourra de ma main : le dessein en est pris ;
Cependant j'ai voulu le cacher à mon fils.
Je te l'ai déja dit, sa vertu trop austére,
Hésite à consentir au coup que je vais faire,
Et tout prêt à frapper m'arrêteroit le bras :
Mais as-tu fait sans bruit assembler mes soldats,
Mes Gardes & tous ceux, qui prompts à me défendre,
Au signal convenu, doivent ici se rendre ?

OSMAR.

Oüi, Seigneur ; mais si j'ose encor vous en parler,
S'il faut ouvrir mon cœur, je ne puis sans trembler
Voir l'affreux attentat que vous allez commettre ;
D'ailleurs, de ce dessein que peut-on se promettre ?
D'un monde d'ennemis ces murs sont entourés ;
Contemplez les périls, Seigneur, où vous courez :
Evitez les malheurs qu'attire la vengeance :
Peut-être votre sang lavera cette offense ;
Songez que vous allez, par ce meurtre odieux,
Allumer contre vous la colere des Dieux ;
Ils vengent tôt ou tard....

ASBA.

Que veux-tu que je fasse ?
Ces Dieux m'ont envoyé disgrace sur disgrace ;
Et s'attachant sans cesse à me persécuter,
Ils semblent aux forfaits eux-mêmes m'exciter.
Dès mes plus jeunes ans, leur injuste colere
Me chasse indignement de la Cour de mon pere ;
Un fils m'en consoloit, & ce fils m'est ravi ;
On me le rend ; ces Dieux aussi-tôt l'ont trahi :

Il est prêt à regner, époux d'une Princesse;
Un rival lui ravit le Trône & sa Maîtresse;
Et si-tôt que de moi l'on apprend qu'il est né,
De ses plus chers amis il est abandonné.
Ainsi, sans t'allarmer pour ce qui me regarde,
Ni, sans être surpris de ce que je hazarde,
Du dessein que j'ai pris cesse d'être étonné,
Et suis exactement l'ordre que j'ai donné.
Le moment est venu, qu'il faut que j'accomplisse
Le projet que tu sçais, ou bien que je périsse:
Un secret mouvement voudroit m'en détourner;
Mais quel affront, Osmar, de vivre sans regner!

SCENE V.

IDAL, OSMAR.

IDAL.

LA Garde est disposée, & si je ne me flate,
J'aurai bien-tôt ici des nouvelles d'Ondate;
Mais..... j'entrevois quelqu'un..... Seroit-ce vous, Osmar?

OSMAR.

Oüi, c'est moi.

IDAL.

Dans ces lieux qui vous conduit si tard?

OSMAR.

J'attens Asba..... pourquoi vous-même vous y rendre?

IDAL.

C'est par son ordre; mais quel bruit viens-je d'entendre?

SCENE VI.

ASBA, IDAL, OSMAR.

ASBA.

OSmar.

OSMAR.

Seigneur.

ASBA.

Sortons ; c'en est fait : mais, dis-moi,
Quelqu'un te parle ici, quelqu'un est avec toi.

OSMAR.

Oüi, Seigneur, c'est Idal.

ASBA.

Idal, Thalmis expire ;
Il est mort ; à mon fils va promptement le dire ;
Et que sur toutes choses il ne différe pas
A briguer la faveur des Chefs & des Soldats.

IDAL.

J'y cours, Seigneur.

SCENE VII.

ASBA, OSMAR.

ASBA.

OSmar, suis je maître des portes ?

OSMAR.

Oüi, Seigneur, au Palais j'ai conduit trois Cohortes ;
Vos Gardes, vos Soldats par mes soins redoublés,
Résolus de périr sont ici rassemblés ;
C'est là tout le secours que vous pouviez attendre ;
Ainsi dans ce Palais nous pourrons nous défendre ;
D'ailleurs, Ondate instruit de la mort de Thalmis,

Viendra bien-tôt à nous ſuivi de ſes amis.

ASBA.

Demeurons donc, Oſmar, & ne courons aux armes,
Que quand nous entendrons les premiéres allarmes,
Et pour lors je dirai, que regrettant ſon ſort,
J'aſſemble mes ſoldats pour venger cette mort:
A la force tu ſçais qu'il faut joindre l'adreſſe:
Cependant il te faut avouer ma foibleſſe;
Moi, qui depuis trente ans dans ces déſerts affreux
Fais couler ſans pitié le ſang des malheureux;
Moi, qui par mon deſtin endurci dans les crimes,
Ai d'un bras aſſuré frappé tant de victimes;
Aujourd'hui quand Thalmis s'eſt approché de moi,
J'ai frémi; tout mon ſang s'eſt retiré d'effroi:
Mais banniſſant d'abord ma ridicule crainte,
Il a d'un premier coup ſi bien reçu l'atteinte,
Que ſans y revenir par un ſecond effort,
J'ai ſenti qu'à mes pieds il étoit tombé mort.
La nouvelle, ſans doute, en ſera bien-tôt ſçûë;
Car ceux qui l'attendoient après notre entrevûë,
Dans le tems que je ſuis ſorti de ce côté,
Sont entrés ſur ſes pas, & l'auront emporté.

SCENE VIII.

PALMIRE, BARSINE, ASBA, OSMAR, GARDES.

PALMIRE.

QU'ai-je entendu, Seigneur? Partout Idal publié
Qu'on vient d'aſſaſſiner le Roi de Circaſſie!
Moi-même dans ces lieux où je viens de paſſer,
J'ai vû les flots du ſang que l'on vient de verſer;
Autour de ce Palais, j'entens des cris funébres,
Qui mêlant leurs horreurs à l'horreur des ténébres,
Laiſſent mon ame en proie au plus barbare ſort.
Vous vous taiſez, Seigneur: ô Ciel! Thalmis eſt mort.

ASBA.

Madame, il n'est plus tems d'en faire un vain mystére,
A regret je le dis; mais je ne puis le taire.
Oüi, Thalmis ne vit plus; dans ces sombres détours,
Quelque ennemi secret vient de trancher ses jours.

PALMIRE.

Quelque ennemi secret?

ASBA.

On l'assure de même.

PALMIRE.

Hélas! il n'eut jamais d'ennemi que toi-même.

ASBA.

Moi, d'un semblable coup je serois soupçonné!

PALMIRE.

Oüi, monstre, s'il est mort, tu l'as assassiné.

ASBA.

Madame, jusques-là me croiriez-vous perfide?

PALMIRE.

Oüi, barbare, c'est toi, qui de son sang avide,
Et ne pouvant souffrir que mon cœur aujourd'hui,
Au mépris de ton fils, se déclarât pour lui,
Sur ce jeune héros viens d'assouvir ta rage:
Mais ne te flate pas d'en tirer avantage:
Quoique d'un sang si cher ton cœur se soit promis,
Cruel, tout mort qu'il est, j'adore encore Thalmis.
Gardes, qu'on cherche Argan; qu'il fasse entrer l'armée;
Qu'à venger cette mort justement animée,
Elle n'écoute plus de tréve ni de paix:
Qu'elle vienne réduire en cendres ce Palais.
Je commande à présent, allez, qu'on m'obéïsse.
Mais, que dis-je? Tyran, s'il faut un sacrifice,
S'il faut donner du sang aux manes de Thalmis;
Ne crains pas pour le tien, mais tremble pour ton fils.

❀

SCENE IX.

THALMIS, PALMIRE, BARSINE, ASBA, OSMAR, GARDES.

ASBA.

Ciel ! que vois-je ! Et comment peut-il ici se rendre ?

THALMIS.

Ah ! Madame, est-ce vous ? Quels cris viens-je d'entendre !
Quel trouble vous agite, & d'où vient cet effroi ?
Vous pleurez.

PALMIRE.

Ah ! Thalmis, est-ce vous que je voi ?
Vous, qu'Asba m'assuroit avoir perdu la vie.
Votre mort de la mienne auroit été suivie ;
Mais plein d'un noir projet, sur tout autre que vous
Le destin a voulu qu'il ait porté ses coups.

SCENE X.

IDAL, THALMIS, ASBA, PALMIRE, BARSINE. OSMAR, GARDES.

IDAL.

Ah Seigneur ! quel spectacle ! ô perte irréparable !
O nuit pleine d'horreur ! ô pere misérable !

ASBA.

Ah ! de ce que j'entends, Ciel ! que dois-je penser ?
Parle, retiens tes pleurs, que viens-tu m'annoncer ?

Tu vois que sur ce Prince un avis infidelle,
M'a donné de sa mort une fausse nouvelle :
L'as-tu dit à mon fils ? la sçait-il ?

IDAL.

Eh comment ?
Peut-être expire-t-il, Seigneur, en ce moment.

ASBA.

O Ciel ? mon fils expire !

IDAL.

Armez-vous de constance :
Vous ne pourrez, Seigneur, soutenir sa présence.
Il va bien-tôt ici paroître devant vous,
Porté par des soldats, & tout perce de coups.

ASBA.

Est-il mort ?

IDAL.

Non, Seigneur, mais à peine il respire.

ASBA.

Qui sont ses assassins ?

IDAL.

Il n'a pû nous le dire.
Mais ce crime pourroit avoir été commis
Par les Circassiens tes mortels ennemis.

SCENE XI.

ONDATE, ASBA, THALMIS, PALMIRE, OSMAR, BARSINE, IDAL, GARDES.

ONDATE.

Ah Seigneur !

ASBA.

Ah mon fils ! te pourrai-je survivre !
Quand je t'aurai vengé, je suis prêt à te suivre :

Mais ſur qui te venger, parle? de quelle main
Vient de partir hélas! ce coup trop inhumain?

ONDATE.

Je l'ignore, Seigneur: dans cet état funeſte
Laiſſez-moi profiter.... du moment qui me reſte;
Puiſqu'encor le Ciel offre à mes regards mourans
Ce que j'ai de plus cher aux lieux où je me rends;
J'ai joui peu de jours, Seigneur, je le confeſſe,
Et de votre préſence, & de votre tendreſſe,
Je n'ai qu'un ſeul regret; vous êtes outragé
Par un frere, & je meurs ſans vous avoir vengé.
Ah! divine Princeſſe, hélas! ce cœur encore
Mourant... percé de coups, ſoupire, vous adore:
Je devois être heureux! mais je meurs.... & je voi
Que la mort qui s'approche eſt un bonheur pour moi:
Tant que j'aurois vécu, j'aurois troublé le vôtre:
Je ne vous verrai point entre les bras d'un autre.
Je voulois m'oppoſer à votre enlevement,
Et me tenant caché dans votre appartement,
J'attendois.... mon malheur, dans ce ſombre paſſage,
M'a ſous un fer cruel.

ASBA.

N'en dis pas davantage....
Mon fils, ne cherche point ailleurs ton aſſaſſin,
J'ai moi-même enfoncé ce poignard dans ton ſein;
J'en voulois à ce Prince, à préſent je l'avouë:
Ainſi de nos projets la Fortune ſe jouë.
Les Dieux ne pourroient voir ce parricide affreux;
Ma déteſtable main l'a fait, en dépit d'eux.
Contre un crime pareil, Ciel, ſoutiens ta juſtice:
Prens garde, en l'épargnant, de t'en rendre complice;
Et pour venger mon fils, dans cet effort nouveau,
Rends-moi comme le ſien moi-même mon bourreau.

(*Il ſe tuë.*)

OSMAR.

Seigneur.

ASBA.

Puiſqu'à mon fils la lumiere eſt ravie,
Hâte plûtôt ma mort, c'eſt toute mon envie.

OSMAR.

Ils expirent.

THALMIS.

Sauvons ce ſpectacle à nos yeux,
Venez, Madame, allons, abandonnons ces lieux.

Fin du cinquiéme & dernier Acte.

LISIMACUS,

TRAGÉDIE.

PREFACE
de l'Auteur.

LE sujet de cette Tragédie est tiré de Justin, liv. XV. de Pline & de Seneque. On y expose la constance de Lisimacus, qui, malgré les promesses & les menaces d'Alexandre le Grand, refuse de lui rendre les honneurs divins, & surmonte tous les périls où l'on l'expose; ce qui oblige Alexandre de revenir de son entêtement, & l'engage à combler Lisimacus de ses bienfaits.

Arsinoé, femme de Lisimacus, lui est ici donnée pour maîtresse : Ptolomée frere de cette Princesse, & ami de Lisimacus, s'interesse pour eux; & Cleon l'un des flateurs de la Cour d'Alexandre, & à qui il avoit conseillé de se faire adorer, veut perdre Lisimacus, afin de se défaire d'un concurrent en faveur.

Ainsi la constance de Lisimacus, l'entêtement d'Alexandre, l'impiété & la fureur de Cleon, l'amitié de Ptolomée, l'amour & les allarmes d'Arsinoé, produisent les passions qui animent l'action Théatrale.

On a mis la Scene au pied de ce rocher affreux qui, selon Quintecurse, arrêta pendant treize jours l'armée d'Alexandre, lorsqu'il voulut entrer dans les Indes, & cela pour deux raiſons; la premiere, parce que ce fut préciſément là qu'il voulut paſſer pour fils de Jupiter; & ſe faire adorer; la ſeconde, parce que ce lieu, & l'action qui s'y paſſe fourniſſent des incidens intereſſés au ſujet principal, & des Epiſodes propres au Poëme dramatique.

Le principal ſujet qu'on y traite eſt très-convenable au tems & au goût d'aujourd'hui: on y voit un Héros, qui, tout Payen qu'il eſt, ne laiſſe pas de fournir un bel exemple de vertu & de piété, & de donner de ſecrettes leçons aux libertins & aux ſimples.

Il y aura peut-être des gens qui s'imagineront d'abord qu'on ne peut pas traiter ce ſujet ſans tomber dans un défaut inévitable, en rendant néceſſairement Liſimacus plus vertueux qu'Alexandre; & ils prétendront qu'il ne peut jamais être permis de mettre Alexandre ſur la Scene, ſans lui donner le premier rang en vertu.

Mais on leur répondra que le premier rang qu'on ne peut ſe diſpenſer de donner à Alexandre, eſt ſeulement pour la valeur, & non pas pour les autres vertus. On leur avouera que ce ſeroit une faute inexcuſable de vouloir égaler quelqu'un à Alexandre de ce côté là; qu'à cet égard il doit toujours tenir le premier rang; & que c'eſt pour cela que l'on a eu quelque peine à ſouffrir que M. Racine ait peut-être donné dans ſa Tragédie une idée auſſi haute de Porus, que d'Alexandre.

On leur avoue encore que de quelque maniére qu'on repréſente Alexandre, on doit, non-seulement lui laisser le premier rang pour la valeur, mais encore lui donner un caractére qui remplisse la haute idée que tout le monde a conçuë de lui; & qu'un Auteur qui manqueroit à l'une ou à l'autre de ces deux choses, ne seroit pas excusable.

Mais on leur soutient hardiment que c'est une erreur de s'imaginer que sur le Théatre on ne puisse donner à d'autres Héros des vertus qu'Alexandre n'avoit pas, & leur ôter aussi les vices qu'il avoit, en lui laissant toujours son premier rang pour la valeur, & un caractére qui réponde à l'idée qu'on a de lui.

C'est ce que dit très-judicieusement M. de Saint Evremont en parlant du Théatre & d'Alexandre. *Si nous voulons*, dit-il, *donner avantage sur lui à d'autres Héros, ôtons-leur les vices qu'il avoit, & donnons-leur les vertus qu'il n'avoit pas.*

Voilà ce qu'on a observé dans cette Tragédie; Alexandre y tient le premier rang pour la valeur. Il le garde jusqu'à la fin par ses actions & par ses sentimens; & on s'est si fort attaché à conserver l'idée qu'on a de lui à cet égard, que s'il paroît avec l'entêtement de vouloir être adoré, on voit d'abord qu'il n'y est tombé, que par un excès d'élévatiou où sa valeur l'a porté.

Les Dieux l'ont fait trop grand, & son superbe cœur
Ne peut plus soutenir le poids de sa Grandeur;
Pour ses vastes projets la terre est trop petite, &c.

Ainsi, si dans cette Tragédie Lisimacus surpasse Alexandre en vertu, c'est seulement en piété envers les Dieux ; & cela ne choque nullement l'idée qu'on a d'Alexandre, parce que ce sont deux choses très-differentes, & qu'il y a des Héros de plus d'un caractére.

Pour ménager même la gloire d'Alexandre, on donne à la foiblesse qu'il a euë de vouloir être adoré, des raisons tirées de l'Histoire. Les flateurs de sa Cour le lui ont inspiré ; sa mere Olimpie avoit dit en accouchant de lui, qu'il étoit fils de Jupiter ; & l'Oracle de Jupiter Ammon l'a déclaré. Il n'a pourtant pas la foiblesse de le croire ; mais à l'imitation de tous les vainqueurs d'Orient, il veut se prévaloir de ce bruit pour régir en paix l'Univers qu'il a presque vaincu. Il ne prétend pas même s'exempter par-là des travaux & des périls de la guerre.

On voit enfin que si Lisimacus par sa constance fait revenir Alexandre de son entêtement, ce n'est pas proprement à Lisimacus qu'Alexandre cede, mais aux Dieux.

En un mot Alexandre a eu la foiblesse de vouloir être adoré ; c'est un fait d'Histoire constant, & qui ne surprend personne, parce que ce fait est connu de tous ceux qui ont oüi parler de ce Héros.

Ceux qui sçavent les régles de l'Art Poëtique, n'ignorent point qu'un Poëte doit représenter un personnage tel qu'il a été le jour qu'il le présente au public, pourvû, comme je ne sçaurois trop le répéter, qu'il ne choque point l'idée générale que le public en a, & qu'il lui laisse le rang qu'il tient, selon l'opinion que tout le monde a de son genre d'Héroïsme, (s'il m'est permis de parler ainsi) & c'est ce que signifie ce passage d'Horace :

Scriptor honoratum si forte reponis Achillem,
Aut famam sequere, aut sibi convenientia finge.

On peut voir un exemple de cette vérité dans le *Britannicus* de M. Racine. Il est certain que l'idée générale que tout le monde a de Néron, est celle d'un Tyran. Il est cependant certain aussi qu'il fut un bon Empereur dans les premiéres années de son Empire ; & c'est pour cela que le Poëte ayant eu dessein de le représenter dans ses premiéres années, le montre aux Spectateurs tel qu'il étoit véritablement alors ; mais en même-tems pour répondre à l'idée générale qu'on a de Néron Tyran, il fait remarquer en lui un secret penchant au crime & à la cruauté ; on voit qu'il se lasse de Burrhus, & que la vertu commence à lui être à charge.

Ainsi l'Auteur de cette Tragédie, pour donner en Lisimacus un grand exemple de piété, de constance & de fermeté doit représenter Alexandre tel qu'il étoit dans le tems qu'il voulut se faire adorer, & ne pas oublier de lui donner un caractére qui réponde à la haute idée qu'on a de lui du côté de la gloire & de la valeur.

REMARQUES.

Quoique M de Brueys eût composé la Tragédie de Lisimacus peu de tems après celle de Gabinie, & peu avant celle d'Asba, il n'a cependant jamais témoigné avoir dessein de la faire représenter Soit qu'il n'en fût pas assez content; soit que, suivant le précepte d'Horace, il eût voulu, pour ainsi dire, l'oublier, afin d'être plus en état par la suite d'en découvrir les défauts, il n'en avoit fait aucune destination, & il l'avoit même mise à part avec plusieurs autres ouvrages que l'on a trouvés après sa mort, & ausquels il n'avoit pû mettre la derniére main. Il y a tout lieu de présumer qu'à l'égard de Lisimacus, M. de Brueys épris de son sujet, des situations & des personnages, a moins pensé à former un plan régulier, qu'à rendre & à soutenir ses caractéres. Les personnages d'Alexandre & de Lisimacus l'ont ébloüi sur tout le reste; il n'a pensé qu'à les faire parler; & lorsque sa Piéce a été finie, tems auquel peut-être il a commencé à la faire connoître, l'âge qu'il avoit ne lui permettoit plus de perdre le fruit d'un long travail, en composant un nouveau plan, & par conséquent une nouvelle Piéce Ses amis par cette même raison, & dans la crainte de lui ôter la seule satisfaction qu'il eût alors, ont pû louer & approuver son ouvrage, en lui conseillant seulement (pour occuper sa vieillesse) d'en travailler les détails & la versification. Mais si cette Tragédie n'est pas en état de soutenir la représentation, la lecture du moins en fera connoître les beautés. On verra qu'en conservant à Alexandre son caractére fier & ambitieux, il en a écarté la dureté & l'inhumanité, en rejettant sur les pernicieux conseils d'un Courtisan en faveur ce qui empêchoit ce Héros d'être vraiment grand. On sentira que la foiblesse qu'il a de vouloir être adoré, est, pour ainsi dire, si bien fondée, qu'il devient presque excusable de se livrer à cette manie. On le plaint d'y être entraîné comme malgré lui; & l'on ressent une double satisfaction de le voir à la fin revenir de son erreur.

On verra Lisimacus soutenir avec fermeté le culte des Dieux ; mais sans petitesse, sans fanatisme, & sans cesser d'avoir pour son Roi le respect & l'obéissance que rien ne doit altérer dans le cœur d'un Sujet fidéle ; & sa constance que son Prince couronne d'une façon si glorieuse à l'un & à l'autre, est (comme dit l'Auteur) une leçon pour les libertins & pour les prétendus esprits forts.

ACTEURS.

ALEXANDRE.

LISIMACUS, } Chefs de l'armée
PTOLOME'E, } d'Alexandre.

ARSINOE', Princesse d'Epire, sœur de Ptolomée.

CLEON, Confident d'Alexandre.

CHERILLE, Ami de Cleon.

CEPHISE, Confidente d'Arsinoé.

GARDES.

La Scene est dans le Camp d'Alexandre, sur le bord de l'Indus, au pied du Rocher d'Aorne.

LISIMACUS, TRAGÉDIE.

ACTE PREMIER.

SCENE PREMIERE.

LISIMACUS, PTOLOMÉE.

PTOLOMÉE.

Non, non, Lisimacus, je ne vous quitte pas :
Enfin nous voici seuls, tirez-moi d'embarras ;
Et daignez informer votre cher Ptolomée,
D'un secret, dont mon ame est pour vous allarmée ;
Je vois qu'un noir chagrin vous trouble & vous confond ;
Il est tems d'expliquer ce silence profond.

LISIMACUS.

Hélas! Prince, pourquoi me faire violence ?
J'ai de justes raisons pour garder le silence.

PTOLOMÉE.

Mais enfin quel sujet peut troubler ce grand cœur?
Des Thraces belliqueux vous revenez vainqueur;
De vos derniers exploits nos fêtes retentissent;
Les Chefs & les Soldats à l'envi vous chérissent;
Alexandre vous aime, & votre heureux retour
A rempli d'allégresse & le camp & la Cour.
Vous semblez cependant à la douleur en proie,
Insensible aux plaisirs, insensible à la joie;
Rêveur, triste, inquiet, & soupçonnant ma foi,
Vous courez en désordre à la tente du Roi;
Et tandis qu'il vous parle, au lieu de lui répondre,
Des déplaisirs amers paroissent vous confondre.
  Hier encore à l'assaut de ce fameux rocher,
Où l'Indien tremblant vient de se retrancher,
Et qui de ses Etats nous ferme le passage,
Je vous vis tout exprès, dans le fort du carnage,
Aux périls les plus grands vous-même vous offrir,
Et vous y cherchiez moins à vaincre, qu'à mourir.
Ce désespoir m'étonne, & l'amitié s'offense...

LISIMACUS.

Eh bien! vous le voulez, je romprai le silence:
Prince, je ne puis plus souffrir ce que je voi;
Vous-même, de quel œil, si vous aimez le Roi,
Voyez-vous les excès où son orgueil l'entraîne?
Ciel! depuis mon départ, quelle fureur soudaine
A changé ce Héros! Dans cet affreux séjour,
Je ne reconnois plus le Prince ni sa Cour.
  Ce n'est plus ce vainqueur modéré, doux, affable;
A tout ce qui l'approche il devient redoutable:
Les Dieux l'ont fait trop grand, & son superbe cœur
Ne peut plus soutenir le poids de sa grandeur;
Pour ses vastes projets la Terre est trop petite;
Des respects qu'on lui doit c'est en vain qu'on s'acquitte;
Mortel, il veut jouir des honneurs immortels,
Et trop bas sur un trône, il aspire aux Autels!
  Cléon, le seul auteur de ses desseins impies,
Au gré de ses desirs dispose de nos vies;
Mais sans parler ici de la mort d'Attalus,

Ni des meurtres récents d'Amintas, de Clitus,
Quel cœur ne frémiroit de l'excès de ta peine,
Vénérable vieillard, malheureux Calisthene?
Prince, je lui dois tout, & je viens de le voir,
Par un ordre cruel réduit au désespoir,
Exposé, déchiré, la face mutilée,
Devenu le jouet d'une infâme assemblée;
Sans que, pour s'arracher à ce funeste sort,
Il ait aucun moyen de se donner la mort.
Dès mes plus jeunes ans sa vertu me fut chere;
Il me traitoit en fils, & je l'aimois en pere;
Pour l'interêt des Dieux s'il est en cet état,
Je dois l'en délivrer par un noble attentat:
Je traîne en languissant une inutile vie:
J'adore Arsinoé, le Roi me l'a ravie:
Vous m'aviez assuré qu'elle acceptoit mes vœux,
Elle, Alexandre & vous aviez flatté mes feux;
Je l'aimois dès long-tems, & j'avois sçû me taire;
Sur le point d'être heureux, tout me devient contraire;
Je trouve à mon retour mes amis égorgés,
Votre sœur infidelle, & les Dieux outragés.
Puis-je voir dans les fers & dans l'ignominie
Celui de qui je tiens tout l'éclat de ma vie,
Calisthene, l'auteur de tout ce que je suis?
Non, je veux l'arracher à ses affreux ennuis.

PTOLOME'E.

Délivrer Calisthene! Ah! songez qu'Alexandre.....

LISIMACUS.

Au même traitement nous devons nous attendre:
Il prétend qu'on l'adore, & non content de voir
Tout l'Univers entier révérer son pouvoir,
Il va par cet orgueil qu'on aura peine à croire,
Ternir en un moment tout l'éclat de sa gloire.

PTOLOME'E.

Mais si Cléon lui donne un conseil odieux,
Est-ce à vous à venger l'affront qu'on fait aux Dieux?

LISIMACUS.

Je voudrois arrêter un projet détestable;
Souffrir un attentat, c'est s'en rendre coupable:
Si je n'aimois le Roi, mon cœur moins agité,

Prince, verroit l'excès de cette impiété,
Et laisseroit aux Dieux le soin de leur querelle;
Mais pour lui vous sçavez jusques où va mon zele;
Tout ce qu'il fait me touche, & me perce le cœur.
Quel mortel jouiroit d'un plus parfait bonheur,
S'il sçavoit bien user de son pouvoir suprême;
Et si maître du Monde, il l'étoit de lui-même:
Si pouvant subjuguer tant de peuples divers,
Il avoit sçû donner la paix à l'Univers,
Et content de l'Asie qu'il tient de la victoire,
Il laissoit en repos le reste de la Terre;
Si loin de s'obstiner à vouloir des Autels,
Il faisoit révérer ceux des Dieux immortels,
Et montroit à ces Dieux qu'animé d'un saint zéle,
Le plus grand des humains leur est le plus fidéle;
Enfin si loin d'aller de climats en climats,
Détrôner tant de Rois, renverser tant d'Etats,
Il ne portoit par-tout ses armes fortunées,
Que pour le juste appui des têtes couronnées!
Quelle gloire! il verroit à son auguste Cour,
Des quatre coins du Monde arriver, tour à tour,
Scithes, Européens, Africains, & Barbares,
Venir pour rendre hommage à des vertus si rares:
Et, dans un calme heureux, faisant fleurir ses loix,
Seroit aimé des siens, & craint de tous les Rois.
Il veut être adoré! quelle tache à sa vie!
Il souffre des Persans la lâche flaterie;
Et mon cher Calisthene éprouve leur fureur!
Ah! dès ce même jour....

PTOLOME'E.

Au nom des Dieux, Seigneur,
N'ayez pour cet ami que des pleurs à répandre,
Et pour le délivrer, n'allez rien entreprendre;
On peut nous écouter, & vous seriez perdu,
Si quelqu'un par hazard nous avoit entendu.

LISIMACUS.

Quoi! je refuserois à cet ami fidéle
Le triste & seul secours qu'il attend de mon zéle?
Non, il cherche à finir ses déplorables jours;
Ma main lui donnera ce funeste secours.

PTOLOME'E.

PTOLOME'E.

Mais Alexandre....

LISIMACUS.

Ami, je dois tout entreprendre;
Qui ne craint plus la mort, ne craint plus Alexandre.

PTOLOME'E.

Un amour sans espoir irrite vos douleurs;
Peut être augmentez-vous vous-même vos malheurs;
Peut-être Arsinoé vous est toujours fidelle;
Alexandre, il est vrai, s'est déclaré pour elle;
Mais il n'aima jamais constamment....C'est le Roi:
Cachez bien à ses yeux le trouble où je vous voi.

SCENE II.

ALEXANDRE, CLEON, LISIMACUS, PTOLOME'E.

CLEON.

LEs lieux rendent souvent la valeur inutile,
Seigneur, les Indiens sont dans un sûr azile,
Et depuis douze jours, malgré tous nos travaux,
Arimasse leur Chef se rit de nos assauts.
Jadis, vous le sçavez, cette roche escarpée,
Vit retirer Hercule, & sa valeur trompée;
Il en leva le siége: on dit même, Seigneur,
Qu'un tremblement de terre en chassa ce vainqueur.

ALEXANDRE.

Hercule eut ses raisons pour quitter cette place;
J'ai les miennes, Cléon, & le fier Arimasse
La verra dès ce jour réduite sous mes loix,
Dût la terre trembler une seconde fois.
Qu'on ne m'en parle plus. Dites-moi, Ptolomée,
Et vous, Lisimacus, d'où vient que dans l'armée,
Depuis hier loin d'y voir mes ordres respectés,
On ose murmurer contre mes volontés?
Je ne veux point changer les Loix de ces Provinces;
On sçait que leur coutume est d'adorer leurs Princes;

Et pour suivre en cela l'usage des Persans,
Je les laisse, à leur gré, me prodiguer l'encens.

LISIMACUS.

J'en conviens; mais nos Grecs le souffrent avec peine.

ALEXANDRE.

Je le sçai, & je viens d'en punir Calisthene,
Qui m'osoit contester, par d'insolens refus,
Un honneur qu'on rendoit aux Rois que j'ai vaincus.

LISIMACUS.

Je pourrois toutefois dire au grand Alexandre....

ALEXANDRE.

Prince, j'ai mes raisons pour me le faire rendre;
Tout rit à nos desseins, tout tremble devant nous:
L'Empire des Persans est tombé sous nos coups;
Nous avons subjugué la sauvage Hircanie,
Répandu la terreur jusqu'au fond de l'Asie,
Et nous touchons enfin, par cent travaux divers,
De conquête en conquête, au bout de l'Univers.
L'Inde reste, & c'est tout; une victoire encore
Porte mes étendarts du couchant à l'aurore:
Cependant si je veux, après tant de travaux,
Rendre le calme au monde, y regner en repos,
Et maintenir en paix cette vaste puissance,
Je dois de Jupiter emprunter ma naissance;
C'est à lui qu'Olimpie a dit que je la dois,
Et l'Oracle d'Hammon a confirmé sa voix.
Mais quoiqu'il en puisse être, & que l'on ose dire,
Par-là du Monde entier je m'assure l'Empire,
Qui contre mon pouvoir se croiroit tout permis,
Tandis qu'au fils d'un homme il se verroit soumis.
Vous donc, qui partagez ma puissance & ma gloire,
Faites taire des bruits que j'aurois peine à croire,
Si Cléon n'avoit pris le soin de m'assurer
Que contre ma conduite on ose murmurer.

PTOLOMÉE.

Comblez de vos bienfaits, Seigneur, & l'un & l'autre;
Vos seules volontés réglent toujours la nôtre.
Vous serez obéi.

ALEXANDRE.

C'est assez, je l'attens;

Cependant je ne puis souffrir que plus long-tems
Le barbare Indien ose en cette contrée,
De ses Etats tremblans me disputer l'entrée.
C'est pour moi trop languir sur les bords de l'Indus;
Je prétens le passer, aller chercher Porus,
Dans le Rocher d'Aorne attaquer le Barbare,
Le vaincre; tout est prêt, & l'assaut se prépare,
Jupiter m'en assure, & nous l'en chasserons;
Vous m'y suivrez tous deux, j'y marche, & j'en répons.
Pour prendre à mon retour des mesures certaines,
Je vais voir leurs remparts, & de-là chez les Reines;
Vous m'y viendrez trouver; ne suivez point mes pas;
Mais sauvez, s'il se peut, Calisthene au trépas.

(Ils sortent par un côté, & Alexandre par l'autre.)

SCENE III.

ARSINOE', CEPHISE.

ARSINOE' *appercevant Lisimacus qui sort.*

Lisimacus me fuit, tu le vois, ah! Cephise,

CEPHISE.

J'ignore encore pourquoi vous en êtes surprise,
Madame, & j'aurois crû que vous cherchiez ici
Le Prince votre frere.

ARSINOE'.

Et je le cherche aussi,
Pour me plaindre & sçavoir.... Je n'ose te l'apprendre,
Lisimacus me fuit, ah! que dois-je en attendre?
De l'amour d'Alexandre il est sans doute instruit;
Mais qui peut en avoir si-tôt semé le bruit?
Hier seulement le Roi m'entretint de sa flamme,
Toi seule en fus témoin; l'aurois-tu dit?...

CEPHISE.

Madame,
Vous qui me connoissez, je l'aurois révélé?
Non; d'autres l'ont appris, & quelqu'un a parlé:

Sçachez que d'un grand Roi l'on ne peut être aimée,
Que sa flamme en tous lieux ne soit bien-tôt semée.
L'amour presque toujours rend les grands Rois heureux,
Mais s'il est des secrets, c'est rarement pour eux.

ARSINOE'.

Ah! Dieux, que cet amour me trouble par avance!
Cruel Lisimacus, toi qui fuis ma présence,
Si de mon triste cœur tu sçavois l'embarras,
Hélas! peut-être, ingrat, tu ne me fuirois pas.

CEPHISE.

Quoi! pour Lisimacus votre cœur s'interesse?

ARSINOE'.

Ecoute-moi, Cephise, & connois ta Maîtresse.
Lorsque mon frere & moi vinmes en cette Cour,
Et quittames l'Epire, où j'ai reçu le jour;
Tu fis voile avec nous; nous allames descendre
Dans la Grece, où déja triomphoit Alexandre,
Et depuis nous avons suivi ce Conquérant,
A qui tout l'Univers donne le nom de Grand.
Par lui nous espérons, dans nos destins contraires,
De remonter un jour au Trône de nos peres;
Et pour pareil dessein, de toutes parts tu vois
Quelle foule le suit de Reines & de Rois.
Tu sçais qu'entre les Chefs, qui sont dans son armée,
Toujours Lisimacus a chéri Ptolomée,
Et que mon frere aussi charmé de ses vertus,
A toujours tendrement aimé Lisimacus;
Je vis avec plaisir leur amitié naissante:
Combien de fois, Cephise, avons-nous dans leur tente
Vû revenir vainqueurs ces illustres amis,
L'un & l'autre couverts du sang des ennemis,
Et souvent de leur sang! Là, parmi les allarmes
Ils calmoient mes frayeurs, ils essuyoient mes larmes,
Et mes larmes à peine achevoient de couler,
Qu'à de nouveaux périls je les voyois voler.
Que la gloire a d'attraits! voi s'il étoit possible
Que je n'apprisse alors à devenir sensible.
Cephise, il est bien vrai, rien n'attendrit nos cœurs
Comme le fer, le sang, la guerre & ses horreurs:
Par crainte ou par pitié d'abord on s'interesse,

Et de cette pitié l'on passe à la tendresse.
Quel cœur eût résisté? j'entendois en tous lieux
Conter de mon vainqueur les exploits glorieux.
Un jour dans un combat Alexandre lui-même
Lui mit autour du front son sacré diadême,
Pour arrêter le sang qu'il en voyoit couler.
Enfin d'un feu secret je me sentis brûler;
J'attendois son retour pour t'apprendre ma flâme;
Mon frere, sans sçavoir le secret de mon ame,
Avec Lisimacus proposa de m'unir,
Et vint de son amour un jour m'entretenir:
Juge de mon transport, & si j'en fus ravie.
Cependant il étoit alors dans l'Hircanie,
Où faisant triompher les armes de son Roi,
Il traînoit après lui la victoire & l'effroi;
Il en revint enfin, mais depuis sa venuë,
Tu le vois, il me fuit, il évite ma vuë;
Jamais dessous mes loix il ne fut engagé;
Ou du moins s'il le fut, il a depuis changé.
Toi, qui connois mon cœur, juge de ma surprise:
Je t'ai dit mon secret; tu conçois bien, Céphise,
S'il étoit découvert en ce malheureux jour,
Que je perdrois l'ingrat, sans perdre mon amour.

CEPHISE.

Ne craignez rien de moi qui puisse vous déplaire;
Je sçai, quand il le faut, & parler & me taire:
Mais puisqu'on ne vient pas encor nous détourner,
Ecoutez un avis que j'ose vous donner.
Vous l'accusez à tort; il vous aime, Madame;
Il faut que d'Alexandre il ait appris la flame;
Et sa fuite sans doute est un aveu secret
D'un violent amour qu'il vous cache à regret.
Vous pouvez aisément, avec un peu d'adresse,
Du Roi qui vous chérit amuser la tendresse;
Son cœur est peu sensible aux charmes de l'amour,
Et peut changer d'objet avant la fin jour;
Cependant ce matin j'ai vû que votre frere
Presse Lisimacus qui s'obstine à se taire;
Il cache un noir chagrin, qu'on voit peint dans ses yeux;

Il aimoit Calisthene, il révére les Dieux;
Et l'on peut soupçonner que l'extrême licence
Qui regne en cette Cour, & l'irrite & l'offense.
Madame, s'il est vrai qu'il vous soit encore cher,
A percer ce mystére il faut nous attacher,
Pour le tirer d'un pas qui lui seroit funeste.
Le tems, les Dieux, l'Amour acheveront le reste.

ARSINOE'.

Tu crois....

CEPHISE.

Madame, on vient, c'est le Roi, je l'entens.
Cherille est avec lui.

ARSINOE'.

Sortons.

CEPHISE.

Il n'est plus tems.

SCENE IV.

ALEXANDRE, ARSINOE', CEPHISE, CHERILLE.

ALEXANDRE.

Madame, quel bonheur en ces lieux vous amene?

ARSINOE'.

Seigneur, j'attens mon frere, & j'en étois en peine;
J'apprens en ce moment qu'il doit se rendre ici.

ALEXANDRE.

Oüi, Princesse, & dans peu vous l'y verrez aussi;
Mais Cléon qui venoit, par respect se retire;
Approchez-vous, Cléon; qu'avez-vous à me dire?

SCENE V.

CLEON, ALEXANDRE, ARSINOE',
CEPHISE, CHERILLE.

CLEON.

SEigneur, je ne sçaurois, sans trahir mon devoir,
Vous cacher un moment ce que je viens de voir.

ALEXANDRE.

Parlez.

CLEON.

J'étois, Seigneur, dans la place prochaine,
Où l'on vient d'exposer le traître Calisthene.
Là, bien loin de servir d'exemple aux factieux,
Ce spectacle les rend encor plus furieux;
Je m'attendois à voir qu'on le chargeât d'injures;
Mais on n'entend par-tout que de secrets murmures;
On voit de toutes parts les soldats mutinés,
Prêts à se soulever, & leurs Chefs étonnés,
Loin de les contenir, par un morne silence
Paroissent avec eux être d'intelligence;
L'un regrette Clitus, & l'autre Philotas,
Polipercon, Lincaste, Attalus, Amintas:
Le camp ne retentit que de plaintes diverses:
On dit que nous prenons les coutumes des Perses,
Et l'on entend crier, d'une commune voix,
Que c'est trahir les Dieux que d'adorer les Rois.
Vous jugez bien, Seigneur, qu'il faut en diligence
De leur rébellion réprimer la licence.
Les auteurs du desordre encor sont inconnus;
Mais on dit que pour chef ils ont Lisimacus.
Après avoir parlé tout bas à Calisthene,
On l'a vû hautement murmurer de sa peine,
Et ses pleurs qu'à dessein, à tous il laissoit voir,
Ont porté les soldats à trahir leur devoir.

ALEXANDRE.

Lisimacus, Cléon; Ciel! puis-je bien le croire,
Lui que j'ai toujours vû si zèlé pour ma gloire!

ARSINOE'.

Mais, Seigneur, ce ne sont encor que des soupçons.

ALEXANDRE.

De Calisthene en lui je vois trop les leçons,
Madame; qu'on me suive. Adieu, belle Princesse:
Pour calmer ce désordre à regret je vous laisse.

SCENE VI.

ARSINOE', CEPHISE.

ARSINOE'.

Tu me l'avois bien dit.

CEPHISE.

Il nous faut éviter
Qu'encor Lisimacus n'aille se présenter....

ARSINOE'.

Je tremble pour ses jours.

CEPHISE.

Dieux! le voici lui-même.
Songez à le tirer de ce péril extrême.

SCENE VII.

LISIMACUS, ARSINOE', CEPHISE.

ARSINOE'.

Ah, Seigneur, de ces lieux osez-vous approcher?
Fuyez-en promptement, qu'y venez-vous chercher?

LISIMACUS.

J'y viens chercher la mort, & c'est toute la grace
Que j'ose demander qu'Alexandre me fasse;
A l'obtenir, Madame, aidez-moi par pitié:
Le Roi de mes forfaits ne sçait pas la moitié:
J'ai soulevé son camp sans dessein de le faire.
Je ne puis approuver l'honneur qu'on lui défére,
Et ne puis voir brûler, sans un juste courroux,
Un criminel encens, dont les Dieux sont jaloux:
Pour Calisthene, il sçait mes regrets légitimes;
Mais il ignore encor le plus grand de mes crimes:
Pour hâter mon trépas, dites-lui que mon cœur
Ose brûler pour vous de la plus pure ardeur
Que l'amour ait jamais allumé dans une ame:
De grace, par pitié, instruisez-l'en, Madame;
Ma mort vous vengera....

ARSINOE'.

Justes Dieux! votre mort!
Sçachez mieux l'interêt qu'on prend à votre sort:
Voulez-vous qu'avec vous je meure en ce jour même?
Allez lui déclarer, cruel, que je vous aime,
Qu'Arsinoé ne peut répondre à son ardeur,
Que nul autre que vous n'a pû toucher son cœur,
Dites-lui....

LISIMACUS.

Ciel! qu'entens-je?

ARSINOE'.

Il n'est plus tems de feindre:
Près de vous voir périr, je n'ai pû me contraindre.

CEPHISE.

Madame, songez-vous que le Roi furieux,
Peut-être en un instant va paroître à vos yeux?
Seigneur, quel tems, quel lieu, prenez-vous l'un & l'autre?

ARSINOE'.

Sortez, au nom des Dieux, ma mort suivroit la vôtre;
Evitez Alexandre. Eloignez-vous, partez,
Et sans plus différer, si vous m'aimez, sortez.

LISIMACUS.

Si je vous aime? hélas!

ARSINOE'.

Ah! ma chere Céphise,
Dans tes justes soupçons, tu ne t'es point méprise:
Oüi, Lisimacus m'aime: as-tu vû son transport,
Et comme pour moi seule il couroit à la mort?
Mais depuis que je suis sûre d'en être aimée,
Je suis de son péril encor plus allarmée;
Allons tout employer pour sauver mon amant:
Le Roi m'aime, je puis l'appaiser aisément;
L'amour sçait adoucir la plus forte colere;
Mon prétexte sera l'amitié de mon frere.
Allons, Céphise, allons, il me faut aujourd'hui
Sauver Lisimacus, ou me perdre avec lui.

Fin du premier Acte.

ACTE II.

SCENE PREMIERE.

CLEON, CHERILLE.

CLEON.

IL doit bien-tôt venir, & je le veux attendre.

CHERILLE.

Mais, Seigneur, après tout, que pouvez-vous prétendre?
La Princesse d'Epire a calmé son courroux;
Voudra-t il bien encor s'en rapporter à vous?

CLEON.

Oüi, Cherille; aux avis qu'en secret je lui donne
Assez facilement je sçai qu'il s'abandonne:
A la fin j'ai trouvé le foible de son cœur;
La louange le touche, & ce fameux vainqueur,
Qui tient tout asservi sous son pouvoir suprême,
De qui sçait le louer est esclave lui-même.
A cet appas flateur, Cherille, enfin je doi
Et le poste où je suis, & la faveur du Roi;
Calisthene a long-tems exercé ma prudence;
Mais sa chute a de près suivi son arrogance.
Lisimacus encor balance mon crédit;
Ce Favori tombé, c'en est fait, tout me rit.
Qui peut autant que moi, me donne de l'ombrage;
Sur deux mal aisément la faveur se partage.
Alexandre veut seul regner dans l'Univers,
Je veux être aimé seul du Maître que je sers.
On ne se souvient plus de ma naissance obscure;
J'ai réparé le tort que m'a fait la Nature.
La Sicile m'a vû sortir de vils parens,

Et je me suis rendu plus grand que ses Tyrans :
Si je ne suis point né pour porter la Couronne,
Le rang où je me vois vaut l'éclat qu'elle donne.
Contemple mon bonheur ; le plus puissant des Rois
Ne voit que par mes yeux, n'écoute que ma voix ;
Et tandis qu'on le voit, orné du diadême,
Regner sur ses sujets, je regne sur lui-même.
Puisque j'ai sçû monter à ce glorieux rang,
Sans donner des combats, ni répandre mon sang,
Je veux m'y maintenir ; & qui me le dispute
Doit, ou me voir tomber, ou trembler pour sa chute.
Mon rival sert les Dieux, il en fait son appui ;
Mais c'est où je l'attens pour le perdre aujourd'hui :
Je t'ai dit mon dessein ; toi, ne songe, Cherille,
Qu'à me bien seconder.

SCENE II.

ALEXANDRE, CLEON, CHERILLE.

ALEXANDRE.

Enfin tout est tranquille.

CLEON.

J'ai bien prévû, Seigneur, que dès qu'on vous verroit,
Chacun dans son devoir aussi-tôt rentreroit.

ALEXANDRE.

J'ai vû Lisimacus, suivi de Ptolomée,
Courant de tous côtés pour appaiser l'armée ;
Et les soldats soumis ont demandé tout haut,
Que pour laver leur faute, on les mene à l'assaut.

CLEON.

Seigneur, pour prévenir les maux qu'ils pourroient faire,
Des plus séditieux songez à vous défaire ;
Pour une fausse attaque on peut les détacher
Du côté que l'Indus bat le pied du rocher.

Vous sçavez qu'en ce lieu sa pente impraticable,
N'offre pour y monter qu'un accès effroyable,
Et que le fleuve encor rendant l'abord affreux,
Y va rompre à grand bruit ses flots impétueux:
Là bien-tôt ces mutins trouveront leur supplice;
Cheñille les connoît.

ALEXANDRE.

Allez, qu'on les choisisse.
Et sur l'heure, sans bruit, que ce détachement
Sur les bords de l'Indus s'avance promptement.

SCENE III.

ALEXANDRE, CLEON.

CLEON.

SEigneur, Lisimacus, quoi qu'on vous fasse entendre,
A l'honneur qu'on vous rend refuse de se rendre;
Il souleve en secret les Macédoniens;
L'éclat qu'ils en ont fait va jusqu'aux Indiens,
Et donne occasion à ce peuple barbare....

ALEXANDRE.

Je le sçai, je l'attens, je veux qu'il se déclare,
Et nous verrons s'il ose encore contester
Que je sois reconnu pour fils de Jupiter.

CLEON.

Les plus fameux héros que l'Orient révere,
Ne prirent-ils pas tous Jupiter pour leur pere?
Cependant, quoi que soit leur immortel renom,
Aucun d'eux ne soutint mieux que vous ce grand nom.

ALEXANDRE.

Le voici.

CLEON.

Qu'il s'explique.

SCENE IV.

LISIMACUS, ALEXANDRE, CLEON.

ALEXANDRE.

Approchez. Dois-je croire
Qu'après vous avoir vû si zèlé pour ma gloire,
Oubliant tout à coup ce zèle & mes bienfaits,
Vous vous opposez seul à mes justes projets?

LISIMACUS.

Moi, Seigneur, m'opposer...

ALEXANDRE.

Expliquez-vous sans crainte,
Et ne me payez point d'une inutile feinte.
Vous sçavez les raisons qui me font en ces lieux
Accepter les honneurs, que l'on ne rend qu'aux Dieux;
Voulez-vous consentir à cet honneur suprême?
Pouvez-vous?...

LISIMACUS.

Ah, Seigneur! le pouvez-vous vous-même?
Et ne craignez-vous point que les Dieux irrités,
Ne détournent le cours de vos prospérités?
Ces Dieux vous ont rendu triomphant dans la guerre,
Ils ont mis en vos mains l'Empire de la Terre;
Pour eux ils ne se sont réservé que les Cieux,
Et vous voulez, Seigneur, vous en prendre à ces Dieux!
Je l'avouerai pourtant, l'invincible Alexandre
Aux honneurs qu'on leur rend doit quelque jour s'attendre;
Vous serez, il est juste, au rang des Immortels:
Mais un Héros vivant n'eut jamais des Autels.
Cette immortalité, dont la gloire est suivie,
Ne vient qu'après le cours d'une brillante vie;
Et cet honneur divin, quand on l'a mérité,
Est toujours un présent de la Postérité.
Il vous est dû, Seigneur; votre gloire immortelle,

Aux siécles à venir servira de modelle,
Et l'Univers surpris de vos fameux exploits,
Pour célébrer vos faits, vous prêtera sa voix.
Pourquoi de Jupiter emprunter la naissance,
Quand vous n'avez besoin que de votre vaillance?
Cessez, Seigneur, cessez de vous abandonner
Aux conseils malheureux qu'on ose vous donner.

CLEON.

Ce conseil vous déplaît? l'Oracle l'autorise.

LISIMACUS.

L'Oracle dit aux Rois ce qu'on veut qu'il leur dise.

CLEON.

Peut-on trop honorer un Roi si glorieux?

LISIMACUS.

Ne peut-on l'honorer sans offenser les Dieux?

ALEXANDRE.

Sans offenser les Dieux? dois-je faire scrupule
De marcher sur les pas de Persée & d'Hercule?
Ils reçurent vivans l'honneur que je reçoi:
Cependant, qu'avoient fait ces Héros plus que moi?
Pensez-vous qu'aveuglé d'orgueil je m'imagine
Que je suis descendu de céleste origine?
Non, non, dans les combats j'ai vû couler mon sang;
J'ai senti la douleur, je sçai quel est mon rang,
Je suis homme, & les Dieux me l'ont bien fait connoître:
Pour fils de Jupiter si j'ose ainsi paroître,
Tant d'autres pour ses fils ont été reconnus;
Et je verrai bien-tôt les Indiens vaincus,
Si cette opinion une fois répanduë,
Fait pancher la victoire entre nous suspenduë.
D'ailleurs ignorez-vous que dans tout l'Orient
On rendoit à ses Rois les honneurs qu'on me rend?
Non que pour achever de conquérir la Terre,
Je cherche à fuir par-là les périls de la guerre!
On m'y verra toujours combattre des premiers,
Et de mon propre sang arroser mes lauriers;
Mais dans les champs de Mars, vous le sçavez vous-même,
L'on doit avec la force unir le stratagême.

LISIMACUS.

Qu'est-il besoin, Seigneur ? tout est presque soumis ;
Bien-tôt vous vous plaindrez d'être sans ennemis :
Un Héros tel que vous, terrible dans la guerre,
Par sa seule valeur doit conquérir la Terre.

CLEON.

Nous rendons ces honneurs, dont on fait tant de cas,
A certains Dieux, Seigneur, qui ne vous valent pas.
Quels Dieux ! pour se montrer si jaloux de leur plaire ?

LISIMACUS.

Ces Dieux ne sont pas tels, que le croit le vulgaire ;
Cléon, un seul d'entr'eux, en ses puissantes mains
Tient le destin des Rois & le sort des humains :
Les contes qu'on en fait sont des fables grossiéres,
Et les sages en ont de plus pures lumiéres.
Vous le sçavez, Seigneur, & dès vos jeunes ans
On vous vit pénétrer ces secrets importans.
Vous le sçavez, Seigneur....

CLEON.

Mais sçavez-vous vous-même
Quelle est d'un si grand Roi la puissance suprême ?

LISIMACUS.

Je sçai quel est des Rois le souverain pouvoir :
Mais la crainte des Dieux fait le premier devoir.

ALEXANDRE.

Oüi, mais j'ai toujours eu gravé dans ma mémoire
De ne rien négliger pour augmenter ma gloire ;
Pour elle mon dessein est de tout hazarder ;
Et pour me bien servir il faut m'y seconder.

LISIMACUS.

Pour vous servir, Seigneur, quoi que l'on me propose,
Vous l'avez vû cent fois, il n'est rien que je n'ose ;
Contre tous les mortels je suis prêt à courir ;
Contre les Immortels je ne sçai que mourir.

ALEXANDRE.

Eh bien ! suis, malheureux, le destin qui t'entraîne ;
Mérite mon courroux, imite Calisthene ;
Méprise insolemment les ordres de ton Roi ;
Mais si je t'en punis, n'en accuse que toi.

SCENE V.

ARSINOE', ALEXANDRE, LISIMACUS, CLEON, CEPHISE.

ARSINOE'.

AH ! Seigneur, & d'où vient ce retour de colere ?
Qu'un si prompt changement va surprendre mon frere !

ALEXANDRE.

Il ne mérite plus que vous parliez pour lui,
Madame, cet ingrat veut se perdre aujourd'hui :
J'ai fait de vains efforts pour fléchir son audace ;
De frivoles raisons son esprit s'embarrasse ;
Il cherche à me déplaire, & lui-même déçû,
Me refuse un honneur qui peut-être m'est dû.

à Lisimacus.

Tu vois avec plaisir que dans ce lieu sauvage
Un indigne rocher s'oppose à mon passage ;
Que depuis treize jours sans succès l'attaquant,
Je ne puis m'avancer vers Porus qui m'attend.
Tu veux t'en prévaloir, & tantôt par tes larmes
Mes soldats révoltés déja couroient aux armes.
Mais je sçaurai punir ces lâches attentats.

SCENE VI.

CHERILLE, ALEXANDRE, LISIMACUS, CLEON, ARSINOE', CEPHISE.

CHERILLE.

PAr votre ordre, Seigneur, j'ai choisi les soldats ;
Ils marchent au rocher, & rien ne les arrête.

ARSINOÉ.

Il changera peut-être.

LISIMACUS.

Peut-on perdre l'amour que vos yeux ont fait naître ?

ARSINOÉ.

Le Roi n'a jamais eu de constantes amours.

LISIMACUS.

Qui vous aime une fois, vous aimera toujours.

ARSINOÉ.

Quelque coup imprévû qu'on n'oseroit attendre,
Peut changer nos destins, & le cœur d'Alexandre;
Mais n'allez pas au moins par une heureuse mort
Arracher Calisthene aux horreurs de son sort.

SCENE VIII.

ARSINOÉ, CEPHISE.

ARSINOÉ.

CEphise, conçois-tu le sort qu'on me prépare?
Lisimacus mourra. C'en est fait. Roi barbare!
Le sang qu'il a versé pour toi dans les combats,
De ta rage aujourd'hui ne le sauvera pas.

CEPHISE.

Que ne consentez-vous qu'il adore Alexandre,
Et qu'il quitte un ami qu'on ne peut plus défendre?
Madame, c'est à quoi vous devez aujourd'hui
Employer le pouvoir que vous avez sur lui.

ARSINOÉ.

Je connois mon amant, il est trop magnanime,
Pour garantir ses jours en commettant un crime,
Il périra plûtôt, Céphise, & je sçai bien
Qu'en cela mon amour sur lui ne pourroit rien.

CEPHISE.

L'amour qu'il a pour vous le fléchira peut-être.

ARSINOÉ.

Quand l'amour d'un grand cœur sçait se rendre le maître,
Quelque degré sur lui qu'il prenne de pouvoir,

Jamais il ne lui fait oublier son devoir.
Non, non, il ne faut pas, te dis-je, qu'on attende
Qu'il consente jamais à ce qu'on lui demande.
Il aime Calisthene, il révére les Dieux;
Il suivra son dessein, puisqu'il est glorieux;
J'en mourrai, je le sçai; pourrois-je lui survivre?
Quel que soit son destin, je m'apprête à le suivre;
Quand deux cœurs bien unis brûlent des mêmes feux,
Ils doivent être ensemble heureux ou malheureux.

SCENE IX.

PTOLOME'E, ARSINOE', CEPHISE.

PTOLOME'E.

Je vous cherche par-tout; mais enfin....

ARSINOE'.

Ah! mon frere,
Sçavez-vous d'Alexandre jusqu'où va la colere?
Et que Lisimacus....

PTOLOME'E.

Oüi, je le sçai, ma sœur,
Et crains plus que jamais quelque nouveau malheur.
Les soldats, qui tantôt attendris par ses larmes
Avoient pour Calisthene osé prendre les armes,
Séduits par la douceur d'un pardon spécieux,
Viennent d'être tirés hors des rangs, à mes yeux;
On les a commandes pour un coup qu'on médite,
Où l'on veut employer deux cens soldats d'élite:
Je sçai quel est ce coup, & je me trompe fort,
Ou sous un beau prétexte on les mene à la mort.
Le Roi par un assaut, dont tout le camp s'étonne,
Prétend justifier le surnom qu'on lui donne,
Attaquer l'Indien, le vaincre, & le porter
A reconnoître en lui le fils de Jupiter.
La fureur de Cléon par-tout se renouvelle
Contre ceux qui des Dieux défendent la querelle.

Enfin l'orage gronde, & je crains quelque éclat.

ARSINOE'.

Mais si les Indiens se rendent sans combat ?

PTOLOME'E.

C'est ce qu'on n'attend pas, & ce qui me fait craindre.
L'Envoyé d'Arimasse est venu pour se plaindre,
Et pour nous insulter ; Alexandre l'entend ;
Son courroux s'en aigrit, Cléon paroît content,
Et je crains que déja ce lâche sacrilége,
Contre Lisimacus n'ait tendu quelque piége.

ARSINOE'.

Ah ! mon frere, son sort fait le vôtre & le mien.
Allons veiller à tout, & ne négligeons rien.

Fin du second Acte.

ACTE III.

SCENE PREMIERE.

CLEON, CHERILLE.

CLEON.

ENfin je l'ai conduit au bord du précipice;
Je triomphe, Cherille, il est tems qu'il périsse;
Alexandre y consent, j'ai sçû le prévenir,
Et je l'attens encor pour l'en entretenir.
Il sçait qu'Arsinoé méprise sa tendresse,
Et que Lisimacus adore la Princesse;
Il l'a livré sans peine à mon ressentiment;
Pour en être écouté j'ai saisi le moment
Qu'il venoit de quitter l'Envoyé d'Arimasse,
Qui se rit des desseins qu'on a faits sur sa place:
Jamais je n'avois vû le Roi plus irrité:
C'est le tems que j'ai pris, tous mes coups ont porté.
Cependant du Rocher l'attaque est résoluë;
Mais il m'importe peu quelle qu'en soit l'issuë,
Et que les Indiens soient vainqueurs ou vaincus,
Si je puis aujourd'hui perdre Lisimacus.

CHERILLE.

Mais si les Dieux qu'il sert embrassent sa défense;
Si ces Dieux irrités.....

CLEON.

Tu crains donc leur puissance,
Crédule! pour mener un projet à sa fin,
Agis avec prudence, & ris-toi du Destin.
Quand on sçait avec art conduire une entreprise,
Les Dieux nous laissent faire, & le Ciel l'autorise;
Et tu verras ces Dieux, sans songer si j'ai tort,
Prendre sans balancer le parti du plus fort.

CHERILLE.

Mais ne craignez-vous point la Princesse d'Epire?
Vous sçavez que pour elle Alexandre soupire;
Lisimacus lui plaît, & pour le secourir....

CLEON.

Je sçai à quels moyens elle peut recourir;
Mais j'en crains peu l'effet: le Roi, tu peux m'en croire,
Fera toujours céder son amour à sa gloire;
Dans son superbe cœur la fière ambition
Ne laisse point d'accès à d'autre passion.
Il veut être adoré: c'est par-là qu'il aspire
A voir tout l'Univers soumis à son Empire.
Lisimacus s'obstine à n'y point consentir;
En vain Arsinoé voudra le garantir;
Le Roi, sans être émû, verra couler ses larmes.

CHERILLE.

Cependant il n'est pas insensible à ses charmes,
Et les cœurs les plus fiers.....

CLEON.

Tu connois mal le sien;
Lorsque la gloire parle, il n'écoute plus rien.
Mais le voici.

SCENE II.

ALEXANDRE, CLEON, CHERILLE, PTOLOME'E.

PTOLOME'E.

SEigneur, l'Envoyé du Barbare
Est déja loin du camp, & chacun se prépare ...

ALEXANDRE.

Avec quelle arrogance osoit-il me parler!
L'insolent demandoit si nous pouvions voler?
Oüi, pour aller à toi par des routes nouvelles,
La valeur aujourd'hui nous donnera des aîles.

PTOLOME'E.

PTOLOMÉE.

Quand vous voudrez, Seigneur, nous pouvons approcher ;
Les chemins sont ouverts jusqu'au pied du Rocher ;
On les a reconnus.

CLEON.

Seigneur, leur insolence
Nous doit faire juger quelle est leur confiance
Peut être faudroit-il, nous approchant sans bruit,
Pour leur donner l'assaut attendre qu'il fût nuit.

ALEXANDRE.

Qu'il fût nuit ? ce seroit dérober la victoire ;
Le Soleil fut toujours le témoin de ma gloire.

PTOLOMÉE.

Au moins à cet assaut ne portez point vos pas,
Seigneur, l'occasion ne le mérite pas ;
N'allez point en ces lieux hazarder une tête,
Qu'on ne sçauroit payer par aucune conquête.
Vous le pouviez, Seigneur, quand par des coups puissans
Il falloit renverser l'Empire des Persans ;
Ces exploits demandoient un bras comme le vôtre.
Mais pour ceux d'aujourd'hui, laissez agir le nôtre.
Parmi tant d'ennemis, que ferons-nous sans vous ?
Quand vous vous exposez, vous nous exposez tous.
Ménagez-nous, Seigneur, une si chere vie ;
Par ma bouche, Seigneur, tout le camp vous en prie ;
Tandis que vous vivrez, en vain tout l'Univers
Couvrira de soldats & la Terre & les Mers ;
Nous en triompherons au nom seul d'Alexandre :
Mais si vous nous manquiez, qui pourroit nous défendre ?
Vous avez à trente ans ....

ALEXANDRE.

Avec plaisir je voi
Votre zèle & l'espoir que vous fondez sur moi :
Mais si vous regardiez mes actions passées,
Vous sçauriez un peu mieux pénétrer mes pensées :
Je veux vous conserver ; je le puis, je le dois ;
Mais, au lieu de mes ans, qu'on compte mes exploits ;

Un Roi doit mesurer la grandeur de sa vie
Par les faits éclatans, dont on la voit remplie;
Comptez combien de fois avec vous j'ai vaincu,
Et vous verrez que j'ai déja long-tems vécu.
A l'assaut du Rocher je marche à votre tête;
Il est vrai, ce n'est pas une grande conquête;
Mais je ne trouve rien d'indigne à conquérir,
Où je trouve beaucoup de gloire à m'acquérir:
Je sçai que l'on ne peut le forcer sans miracle:
Que les Dieux en courroux m'opposent cet obstacle:
Mais je leur en sçai gré, je n'en ai point d'effroi;
Ils m'offrent des périls qui sont dignes de moi.
Sçachez si tout est prêt, retirez-vous, Cherille.
Vous, Cléon, demeurez, vous pourrez m'être utile.

SCENE III.

ALEXANDRE, CLEON.

ALEXANDRE.

JE suivrai vos conseils; mais je sens qu'en secret,
Malgré ses attentats, je l'expose à regret.

CLEON.

Seigneur, sa peine est juste, il ose vous déplaire.

ALEXANDRE.

Quand je punis Clitus, je crus le devoir faire;
Et cependant, Cléon, dès qu'il eut expiré,
De quels affreux remords me vis-je déchiré?

CLEON.

Quoi! chacun pourra prendre une juste vengeance,
Et le plus grand des Rois souffrira qu'on l'offense!

ALEXANDRE.

Il est vrai, je le suis; mais plus j'ai de pouvoir,
Plus je me sens forcé de faire mon devoir;
Car chacun a le sien, & chacun a son juge;
Je juge l'Univers, mais l'Univers me juge;
Et mon Trône élevé rend de mes actions
Arbitres & témoins toutes les Nations.

Cependant c'est en vain que mon cœur en soupire,
Je me suis expliqué, je ne puis m'en dédire.

CLEON.

Il a trop mérité la peine qui l'attend,
Et s'il meurt, ce sera du moins en combattant.

SCENE IV.

LISIMACUS, PTOLOME'E, ALEXANDRE, CLEON.

ALEXANDRE.

EH bien ! des ennemis quelle est la contenance ?
Ont-ils pû découvrir que vers eux on s'avance ?

PTOLOME'E.

Oüi, Seigneur, & déja des Indiens surpris
On voit les mouvemens, tous leurs postes sont pris ;
Sur le haut du Rocher leurs troupes s'épaississent,
Et de leurs cris affreux les vallons retentissent ;
Notre approche pourtant semble les étonner,
Et nous n'attendons plus que l'ordre pour donner.

ALEXANDRE.

Allons donc, & voyons si le fier Arimasse
Du discours qu'il m'a fait soutiendra bien l'audace.
Prince, vous conduirez les Macédoniens,
Soutenus des Persans & des Hircassiens.
Pour toi, de mes Soldats une troupe s'apprête ;
Sur les bords de l'Indus va te mettre à sa tête ;
Va, conduis-la toi-même au sommet du Rocher.

PTOLOME'E.

Quoi ! lui, Seigneur !

LISIMACUS.

Oüi, moi ; je suis prêt à marcher ;
Et dans ce poste indigne, au gré de son envie,

en montrant Cléon.

Avec gloire, Seigneur, j'exposerai ma vie :
Car tout est glorieux à qui suit comme moi,
Sans rien examiner, les ordres de son Roi.

PTOLOMÉE.

Mais, Seigneur....

ALEXANDRE.

C'est assez, je ne veux rien entendre;
Qu'à son poste bien-tôt chacun songe à se rendre.
Vous, suivez-moi, Cléon.

SCENE V.

PTOLOMÉE, LISIMACUS.

PTOLOMÉE.

Eh! pourquoi n'avez-vous,
En feignant un moment, éludé son courroux?

LISIMACUS.

Moi feindre! non, un cœur incapable de crainte,
Prince, ne doit jamais recourir à la feinte.

PTOLOMÉE.

Votre perte est certaine, & nous devons encor
Pour vous en garantir faire un dernier effort.

LISIMACUS.

Non, le péril certain où Cléon seul m'expose,
Est le plus grand honneur que mon cœur se propose:
La gloire en est pour moi, la honte en est pour lui;
Voyez quel interêt je soutiens aujourd'hui:
Je défens un ami, les Dieux, & ce que j'aime,
Contre un Roi devant qui tremble l'Univers même,
Et contre tous les coups, dont je suis combattu,
J'attens tout mon secours de ma seule vertu.

PTOLOMÉE.

Ah Dieux! que je vous plains!

SCENE VI.

ARSINOE', CEPHISE, LISIMACUS, PTOLOME'E.

ARSINOE'.

Ciel ! que viens-je d'apprendre ?
Hélas ! Lisimacus, est-il vrai qu'Alexandre
Par un ordre cruel vous expose à la mort ?

LISIMACUS.

Je suis encor, Madame, incertain de mon sort.
Quelquefois dans la guerre un destin favorable
Nous tire d'un péril qu'on croit inévitable :
Mais enfin quel que soit le danger qui m'attend,
Puisque j'ai pû vous voir, je mourrai trop content.

à Ptolomée.

Vous avez approuvé, Prince, notre tendresse,
Aux fureurs de Cléon dérobez la Princesse ;
Peut-être il oseroit attenter sur ses jours :
Ce traître a découvert nos secrettes amours.
Il n'est rien que sa rage aujourd'hui n'entreprenne ;
Mettez-vous l'un & l'autre à l'abri de sa haine ;
Fuyez, ami, fuyez cette funeste Cour :
Tirez Arsinoé d'un dangereux séjour.

ARSINOE'.

Non, non, Lisimacus, je vous fus destinée ;
Mon frere y consentit, ma foi vous est donnée,
Je connois mon devoir ; & le courroux du Roi
Ne peut tomber sur vous, qu'il ne tombe sur moi.
L'ordre est donné, marchez, que rien ne vous retienne ;
Vous portez à l'assaut votre vie & la mienne :
Je ne vous suivrai point dans l'horreur des combats,
Mais je sçaurai de près suivre votre trépas.
Tu seras satisfait, Roi cruel !

LISIMACUS.

Ah ! Madame,

Quel trouble jettez-vous dans le fond de mon ame!
Le péril jusqu'ici n'avoit pû l'ébranler:
Mais vous voulez mourir, je commence à trembler;
Princesse, épargnez moi ces cruelles allarmes;
C'est trop, si vous daignez m'honorer de vos larmes.

ARSINOE'.

A quoi me serviroient des jours infortunés,
Qu'à des pleurs éternels je verrois destinés?

PTOLOME'E.

Madame, c'est trop tôt perdre toute espérance,
Et vous portez trop loin vos malheurs par avance.
Que veut encor Cléon?

SCENE VII.

CLEON, LISIMACUS, PTOLOME'E, ARSINOE', CEPHISE.

CLEON.

JE viens vous avertir
Qu'on va donner l'assaut, qu'il est tems de partir;
Que le Roi, près de qui déja chacun se range,
Jusqu'au pied du Rocher a conduit la Phalange:
Mais de l'autre côté, vous qui devez marcher,
Pourquoi tardez-vous tant à vous rendre au Rocher?
Alexandre s'en plaint, cela vous doit suffire.

LISIMACUS.

Tu pourrois t'épargner le soin de me le dire,
Perfide! c'est toi seul qui desire m'y voir.
Assez tôt j'y serai pour faire mon devoir:
Mais tremble en ce moment pour punir un impie,
Que le Ciel ne me laisse encor assez de vie.

CLEON.

Consultez Calisthene.

LISIMACUS.

Ote-toi de mes yeux,
Et crains de me trouver au sortir de ces lieux.

ARSINOE'.

Ah ! mon frere, empêchez, courez....

SCENE VIII.

ARSINOE', CEPHISE.

ARSINOE'.

Quelle entreprise ?

CEPHISE.

Madame, j'en frémis.

ARSINOE'.

Ah ! ma chere Cephise,
Je me croyois, hélas ! au comble des malheurs;
Cependant, chaque instant redouble mes douleurs.
O jour infortuné, qui vois couler mes larmes !
Hâte-toi par ma mort de finir mes allarmes ;
Il mourra, Dieux cruels ! pourquoi tant de courroux
Contre un jeune Héros qui s'expose pour vous ?
Je n'espére plus rien

CEPHISE.

Pourquoi perdre courage,
Madame ? jusqu'au bout résistons à l'orage.
Lorsqu'on est sans espoir, un imprévû secours....

ARSINOE'.

Que mon sort a changé de face en peu de jours !
Tout sembloit conspirer au bonheur de ma vie;
Avec Lisimacus je devois être unie ;
Alexandre & mon frere attendant son retour,
Pour cet heureux hymen avoient marqué ce jour;
Et ce jour qui devoit voir nos ardeurs fidelles,
N'offre à mon triste cœur que des frayeurs mortelles:
La mort de toutes parts menace mon amant,
Et l'orage grossit de moment en moment :
Dieux ! à quel désespoir me vois-je abandonnée !
Que vins-je faire ici, Princesse infortunée !
N'ai-je donc traversé tant d'Etats, tant de mers,

Ne suis-je donc venuë au bout de l'Univers,
Que pour y voir périr un Héros que j'adore!
Un Héros qui pour moi....

CEPHISE.

Madame, il vit encore;
Les Dieux ont interêt à conserver ses jours.

ARSINOE'.

Les Dieux sont quelquefois inflexibles & sourds;
Ils le seront pour nous: regarde Calisthene;
Il défendoit les Dieux, s'en mettent-ils en peine?
Daignent-ils terminer les rigueurs de son sort?
Daignent-ils l'en tirer par une heureuse mort?
Ils craindroient d'irriter le superbe Alexandre,
Et n'osent secourir qui les ose défendre.

CEPHISE.

Modérez vos transports, & daignez écouter....

SCENE IX.

PTOLOME'E, ARSINOE', CEPHISE.

ARSINOE'.

Quelle nouvelle encor me venez-vous porter,
Mon frere?

PTOLOME'E.

Hélas! ma sœur, malgré ma diligence,
Votre amant de Cléon a puni l'insolence;
Je voulois éviter qu'ils en vinssent aux mains;
Je voulois prévenir les suites que je crains:
Mais tous deux s'étant joints, déja, malgré mon zele,
Les armes à la main décidoient leur querelle;
Et même Calisthene a vû de sa prison,
Tomber d'un coup mortel le perfide Cléon;
Il est mort à ses yeux, & je viens vous l'apprendre.

ARSINOE'.

Et le Roi?

PTOLOME'E.

L'on ne sçait ce qu'on en doit attendre;

Il l'a ſçû, mais ſon cœur d'autres ſoins agité,
Contre Liſimacus n'a pas fort éclaté.

ARSINOE'.

Et qu'eſt-il devenu ?

PTOLOME'E.

Sans tarder davantage
Il eſt allé, ma ſœur, où ſon devoir l'engage ;
Avant que de partir, il m'a dit de vous voir,
Et que certains avis lui donnoient quelque eſpoir.

SCENE X.

ARSINOE', CEPHISE.

CEPHISE.

LIſimacus eſpére, & Cléon eſt ſans vie ?
Oüi, puiſqu'enfin les Dieux ont puni cet impie,
Madame, je commence à juger par ſa mort,
Que le Ciel ſe prépare à changer votre ſort.

ARSINOE'.

Je voudrois me flater d'une eſpérance vaine.

CEPHISE.

La mort de votre amant eſt encore incertaine ;
Il faut, Madame, il faut eſpérer juſqu'au bout ;
Le ſuccès de l'aſſaut décidera de tout.

ARSINOE'.

Allons, Céphiſe, allons en attendre l'iſſuë ;
A tous événemens tu me vois réſoluë ;
Contre les coups du ſort, qui peuvent m'attaquer,
La mort eſt un ſecours qui ne peut me manquer.

Fin du troiſiéme Acte.

ACTE IV.

SCENE PREMIERE.

ARSINOE', CEPHISE.

ARSINOE'.

ALlons....

CEPHISE.

Où courez-vous? que prétendez-vous faire?
Déja le jour qui fuit à peine nous éclaire:
Les ombres de la nuit vont obscurcir les Cieux;
Et vous voulez encor retourner en des lieux,
Où d'un terrible assaut les images funébres,
Vont mêler leurs horreurs à l'horreur des ténébres!
Nous avons vainement, courant de tous côtés,
Porté jusqu'au Rocher nos pas precipités;
Et vous voulez encor dans ce péril extrême,
Une seconde fois vous exposer vous-même:
Madame, où croyez-vous trouver Lisimacus?
Il combat, ou poursuit les Indiens vaincus,
Et lui-même, couvert d'une gloire nouvelle,
Peut-être en portera la premiére nouvelle.

ARSINOE'.

J'ai vû le lieu, Céphise, & ne puis espérer
Que jamais sa valeur puisse l'en retirer;
S'il combattoit ailleurs, je serois plus tranquille;
Mais que peut-on attendre où tout est inutile?
Songe qu'en ce moment ce que j'ai de plus cher,
Est parmi les périls de cet affreux Rocher;
J'ai vû, j'ai vû de près cette horrible tempête;
J'ai vû voler les dards qu'on lance sur sa tête;
Je voulois, au travers des traits & des soldats,

Contempler ce guerrier, & marcher sur ses pas;
J'aurois sçû le trouver; mais tu m'as retenuë,
Cruelle! pense-tu m'avoir bien secouruë?
Ah! tout ce que l'assaut peut avoir de terreur,
Est-il à comparer au trouble de mon cœur?
Pourquoi m'arrêtes-tu?

CEPHISE.

Madame, j'ose croire
Que nous avons enfin remporté la victoire:
On n'entend plus ici les cris des combattans,
Et vous serez de tout instruite en peu de tems.
Votre frere paroît.

SCENE II.

PTOLOME'E, ARSINOE', CEPHISE.

ARSINOE'.

QUe venez-vous m'apprendre?

PTOLOME'E.

Tout céde enfin, ma sœur, aux armes d'Alexandre;
J'ai vû fuir devant lui les Indiens vaincus,
Et le Rocher est pris.

ARSINOE'.

Que fait Lisimacus?
Vous ne m'en dites rien, est-il encore en vie?

PTOLOME'E.

Je ne puis sur ce point contenter votre envie:
Son nom vole par-tout, mais je ne l'ai point vû;
Le Roi le fait chercher; c'est tout ce que j'ai sçû.

ARSINOE'.

Le Roi le fait chercher? inutile recherche!
Ah! mon frere, il est mort; c'est en vain qu'on le cherche;
Je ne dois plus songer qu'à le suivre aujourd'hui.
Son nom vole par-tout? & que dit-on de lui?

PTOLOME'E.

Ce qu'on en dit, ma sœur, est à peine croyable :
Nous avons attaqué ce Rocher effroyable;
Le Roi, pour contenter les Chefs & les Soldats,
A bien voulu d'abord ne s'y hazarder pas.
Mais le signal à peine à l'assaut nous engage,
Que n'étant plus alors maître de son courage,
Il vole à notre tête, & voit de toutes parts
Nos bataillons couverts d'une grêle de dards,
De pierres & de feux, qui sur les avenuës
Lancés du haut du Roc sembloient tomber des nuës.
Il le faut avouer; non, aucun des mortels
N'a mieux que ce Héros merité des autels;
Sa valeur n'a jamais rencontré tant d'obstacles,
Et jamais sa valeur n'a fait tant de miracles;
De son rapide effort rien n'arrêtoit le cours,
Nous le suivions de près en tremblant pour ses jours;
Et lui parmi le feu, le fer, & le carnage,
De rocher en rocher nous ouvroit le passage.
Mais en vain la valeur & l'exemple du Roi
Nous faisoient affronter le péril sans effroi;
L'Indien résistoit, quand du lieu le plus proche,
On entend un grand bruit s'élever dans la Roche :
A la cime aussi-tôt nous portons nos regards,
Surpris nous y voyons flotter nos étendarts;
L'ennemi qui les voit, entend nos cris de joie,
Croit que c'est un secours que le Ciel nous envoie,
S'étonne, & de son fort s'empressant de sortir,
Non pour nous attaquer, mais pour se garantir,
Se précipite en foule, & sa frayeur extrême,
Fait que croyant nous fuir, il nous cherchoit lui-même.
  C'étoit Lisimacus qui causoit leur effroi:
Par un coup de bonheur, qu'à peine encor je croi,
Au sommet du Rocher sa troupe parvenuë,
Leur venoit de donner cette allarme imprévuë;
Poussés par cette troupe ils se lançoient sur nous;
Et venoient en désordre expirer sous nos coups.
Après cela, ma sœur, bien que l'on puisse croire
Que nous aurions sans lui remporté la victoire,
S'il est encore vivant, Alexandre, dit-on,

Ne se souviendra plus de la mort de Cléon.

ARSINOE'.

S'il est encor vivant? hélas! que dois-je attendre?

SCENE III.

ALEXANDRE, PTOLOME'E, ARSINOE', CEPHISE, CHERILLE.

ALEXANDRE.

Oui, qu'il vienne; il n'a pas besoin de se défendre;
J'ai vû ce qu'il a fait, & c'est assez pour moi.

PTOLOMEE.

C'est de Lisimacus, que leur parle le Roi.

ARSINOE'.

Ah! Ciel, se pourroit-il qu'il fût encore en vie?

CHERILLE.

Laisserez-vous, Seigneur, cette mort impunie?

ALEXANDRE.

En vain, Cherille, en vain tu voudrois m'y porter;
Contre Lisimacus je ne puis t'écouter,
Et bien-tôt de ma bouche il l'apprendra lui-même:
Je n'examine plus, Madame, s'il vous aime,
Ou, si d'accord ensemble, au mépris de mes feux,
Vous aviez fait dessein de me tromper tous deux.

ARSINOE'.

Quoi, Seigneur, vous pourriez.....

ALEXANDRE.

N'achevez pas, Madame;
Vous pourriez à mes yeux découvrir votre flame;
Vous m'aviez inspiré quelque amoureuse ardeur:
Mais j'ai toujours été le maître de mon cœur;
Aux vulgaires amans je laisse la constance;
J'ai de plus grands desseins....

CHERILLE.

Lisimacus s'avance.

SCENE IV.

LISIMACUS, ALEXANDRE, CHERILLE, ARSINOÉ, PTOLOMÉE.

LISIMACUS.

Seigneur.....

ALEXANDRE.

Lisimacus, si je t'ai maltraité,
Par ton entêtement tu l'avois mérité.
Tu sçais que je pourrois encore avec justice,
Pour la mort de Cléon, t'envoyer au supplice;
Mais de cet attentat perdant le souvenir,
Je veux recompenser qui je devrois punir.
Aujourd'ui je t'ai vû combattant pour ma gloire,
En exposant tes jours assurer ma victoire,
Je te la dois, ainsi reprens sous moi ton rang.

LISIMACUS.

Ah! Seigneur, quand pourrai-je au prix de tout mon sang.....

ALEXANDRE.

Attens, & vois encor ce que je prétens faire:
Arsinoé te plaît, tu sçais qu'elle m'est chere;
Mais puisqu'enfin son cœur à tes desirs répond,
Ami, je te la céde, & te fais Roi de Pont.
Es-tu content de moi? parle, je te l'ordonne;
Que te faut-il encor? demande, je le donne.

LISIMACUS.

De vos bienfaits, Seigneur, & surpris & confus....

ALEXANDRE.

Après de tels bienfaits dois-je attendre un refus?
Tu sçais que quand j'aurai tout soumis par la guerre,

Si je veux être en paix le Maître de la Terre,
Il faut que sous le nom de fils de Jupiter,
On me rende un honneur qu'on n'ose contester;
Les Macédoniens qui veulent s'en défendre,
Si tu veux commencer, sont prêts à me le rendre;
Ils me l'ont déclaré : commence, je l'attens,
Et ne me le fais pas demander plus long-tems.

LISIMACUS

Disposez de mes jours, Seigneur, sans plus attendre;
Montrons à l'Orient l'invincible Alexandre,
Passons le fleuve Indus, les chemins sont ouverts,
Et vous serez dans peu vainqueur de l'Univers :
Sous un tel Conquérant il faut que tout se range;
Nous irons au-delà de l'Hidaspe & du Gange;
Au bruit de votre nom tout fuira devant nous,
Et rien n'est impossible à qui combat sous vous.
Quand le Monde soumis....

ALEXANDRE.

Je vois ton artifice;
Mais enfin tes raisons n'ont rien qui m'éblouisse,
Le dessein en est pris, songe à plaire à ton Roi;
Tu vois ce qu'aujourd'hui je veux faire pour toi.
Ne me refuse plus ce que mon cœur désire;
J'y suis trop engagé, pour m'en pouvoir dédire.
L'Univers se riroit de ma légéreté :
Consultez en ici tous trois en liberté;
Même pour le fléchir donnez-moi vos suffrages;
Je vais des Indiens recevoir les hommages,
Et reviens sur mes pas; vous m'attendrez ici;
Songe qu'à mon retour je veux être obéi.
Toi, Cherille, sui-moi.

SCENE V.

ARSINOE', LISIMACUS, PTOLOME'E.

LISIMACUS.

Quoi! toujours plus impie!
Ah! pourquoi, justes Dieux, conserviez-vous ma vie!
Que ne me laissiez-vous périr dans les combats?
A quoi m'exposez-vous, & par combien d'appas
Vois-je dans ce moment ma vertu combattuë!
Que de biens éclatans viennent frapper ma vuë!
Ma Princesse, grandeur, sceptre, tout m'est offert,
Un seul mot me les donne, & ce seul mot me perd;
Je sçai que vous avez trop d'horreur pour le crime;
Oüi, s'il me faut par-là mériter ton estime,
Roi cruel! j'y renonce: un cœur comme le mien,
De chérir la vertu fait son souverain bien.
Pour cet heureux état que l'innocence donne,
J'abandonne & grandeurs, & Maîtresse & couronne,
Ne crois pas de me voir un moment combattu;
Garde tous tes présens, laisse moi ma vertu.

PTOLOME'E.

Mais enfin, cher ami, que prétendez-vous faire?
Loin de vous obstiner, vous pourriez, pour lui plaire,
Promettre & différer.

LISIMACUS.

Non, celui qui promet,
A ce qu'il a promis consent & se soumet.

ARSINOE'.

Pour les Dieux dès long-tems on connoît votre zele;
N'avez-vous pas assez défendu leur querelle?
De tant d'autres vertus vous êtes revêtu.

LISIMACUS.

Qui ne craint point les Dieux, n'a pas d'autre vertu;

Et pour ternir l'éclat de la plus belle vie,
Quoi que l'on soit d'ailleurs, il suffit d'être impie.

PTOLOME'E.

Pour vous déterminer vous n'avez qu'un moment.

LISIMACUS.

Sans crime je ne puis hésiter seulement;
Je vois ce que je perds; mais je sçai, ma Princesse,
Que vous condamneriez vous-même ma foiblesse,
Si contre mon devoir lâchement suborné,
J'allois souiller un cœur, que je vous ai donné.

ARSINOE'.

C'en est fait; doux espoir, dont je m'étois flatée,
Je te perdrai bien-tôt; & mon ame agitée,
A de nouveaux malheurs...

LISIMACUS.

Madame, au nom des Dieux,
Cessez de m'affoiblir par ces pleurs précieux;
Il sera bien-tôt tems de s'armer de constance;
Calisthene par moi tiré de sa souffrance,
Par un secret poison, qu'on avoit préparé,
Au moment que je parle a sans doute expiré.

ARSINOE'.

Ciel, que m'apprenez-vous!

CEPHISE.

Voici le Roi, Madame;
Cachez bien à ses yeux le trouble de votre ame.

SCENE VI.

ALEXANDRE, ARSINOE', CEPHISE, CHERILLE. LISIMACUS,

ALEXANDRE.

EH bien, vous avez sçû tantôt ma volonté;
Enfin se rendra-t-il? & qu'a-t-on arrêté?
Je viens pour le sçavoir.

ARSINOÉ.

Seigneur, sans plus attendre,
Je crois qu'à vos desirs il est prêt à se rendre;
Mais à ses ennemis n'ajoutez point de foi.

ALEXANDRE.

Vous voulez l'excuser, Madame, je le voi;
Mais je ne prétens point le presser davantage.
Au fils de Jupiter l'Indien rend hommage;
Calisthene exposé, souffrant aux yeux de tous,
Pour me faire obéir suffit à mon courroux;
Je vous cédois, pour prix de son obéissance;
J'ai senti que mon cœur se faisoit violence;
Auriez-vous obéi, si je l'eusse ordonné?

UN GARDE (*se jettant à genoux.*)

Calisthene, Seigneur, vient d'être empoisonné.
Par votre ordre, avec soin, je le gardois à vuë:
Malgré ma vigilance, une main inconnuë,
D'un violent poison empruntant le secours,
A fini son supplice, en terminant ses jours.

ALEXANDRE.

Traître, tu sçais l'auteur de cette perfidie;
Déclare-moi qui c'est, ou c'est fait de ta vie.

LE GARDE.

Je craindrois d'accuser, Seigneur, un innocent.

ALEXANDRE.

Toi-même as fait le coup, perfide, & je t'entend.

LE GARDE.

Seigneur....

ALEXANDRE.

C'est trop long-tems soutenir ma présence;
Qu'on aille par sa mort expier son offense.

LISIMACUS.

Arrêtez, Alexandre, & voyez devant vous
Le coupable, sur qui doivent tomber vos coups;
C'est moi qu'il faut punir.

ALEXANDRE.

Je vais te satisfaire.
Gardes, que sur le champ ..

ARSINOÉ.

Ah Ciel! qu'allez-vous faire?

Du crime qu'il s'impose éclaircissez-vous mieux.
Différez un moment, Seigneur, au nom des Dieux:
On n'a que trop de tems pour punir un coupable;
Mais quand le coup est fait, il est irréparable.
Quel regret eûtes-vous de la mort de Ciitus?
Vous plaindriez peut être autant Lisimacus.

ALEXANDRE.

Madame, c'en est trop, & je lui rends justice.
Gardes, qu'au premier ordre on le mene au supplice;
Et pour servir d'exemple aux traîtres comme lui,
Qu'au lieu de Calisthene on l'expose aujourd'hui.

LISIMACUS.

J'ai servi mon ami, je n'ai plus rien à faire;
Inventez des tourmens, je dois vous satisfaire;
Je ne m'en plaindrai point mais vous êtes mon Roi,
Et vous êtes, Seigneur, plus à plaindre que moi.
Adieu, Princesse.

Deux Gardes emmenent Lisimacus.

ARSINOE'.

Hélas!

SCENE VII.

ALEXANDRE, ARSINOE', CHERILLE, CEPHISE.

ALEXANDRE.

Quoi! vous versez des larmes!
On me l'avoit bien dit, je connois vos allarmes,
Vous l'aimez.

ARSINOE'.

Ah! Seigneur...

ALEXANDRE.

J'en suis trop éclairci.

ARSINOE'.

Seigneur, mon frere l'aime.

ALEXANDRE.

Et vous l'aimez aussi.
Vous l'avez garanti deux fois de ma colere ;
Vous feignez de pleurer pour l'interêt d'un frere ;
Mais, non, ne cherchez plus d'inutile détour:
Ces larmes, je le vois, sont des larmes d'amour.

ARSINOE'.

Ah ! Seigneur, la pitié seulement m'interesse :
Ne me soupçonnez point d'aimer....

ALEXANDRE.

Eh bien, Princesse,
Pour guérir mon esprit de ce soupçon jaloux,
Il faut dès aujourd'hui m'accepter pour époux :
Vous connoissez mon cœur ; mais afin que le vôtre
Soit exempt désormais de brûler pour un autre,
Venez sans différer jouir d'un si beau sort,
Et que Lisimacus soit conduit à la mort.
Vous ne répondez rien ?

ARSINOE' (*à part.*)

Juste Ciel ! que répondre ?
Vous avez achevé, Seigneur, de me confondre ;
Perdez Lisimacus, éclatez contre moi ;
C'est par votre ordre exprès qu'il a reçu ma foi ;
Votre consentement nous donna l'un à l'autre,
Et notre tendre amour nâquit avant le vôtre ;
De peur de vous aigrir, je voulois le céler ;
Mais puisque l'on m'y force, il est tems de parler.
Gardez tous les honneurs que vous me voulez faire,
Rien sans Lisimacus ne peut me satisfaire ;
Je préfere sans peine au destin le plus beau
Le funeste plaisir de le suivre au tombeau.
Après cela, Seigneur, tranchez sa destinée ;
Si vous le condamnez, je me tiens condamnée :
Un même arrêt nous sauve ou nous perd aujourd'hui ;
Et je ne puis que vivre ou mourir avec lui.

SCENE VIII.

ALEXANDRE, CHERILLE.

ALEXANDRE.

OU ſommes-nous, Cherille, & que viens-je d'entendre ?
A-t-on donc oublié que je ſuis Alexandre ?
L'un oſe me trahir au milieu de ma Cour,
Et l'autre oſe à mes yeux expoſer ſon amour.

CHERILLE.

Puniſſez, puniſſez, Seigneur, qui vous offenſe.

ALEXANDRE.

Oüi, ſans aucun délai, courons à la vengeance,
Et ſans conſidérer ſur qui tombent mes coups,
N'écoutons aujourd'hui que mon juſte courroux.

Fin du quatriéme Acte.

ACTE V.

SCENE PREMIERE.

ARSINOÉ, CEPHISE.

ARSINOÉ.

LE Roi se cache, hélas! il n'est point dans sa tente;
Pour sauver mon amant, que faut-il que je tente?
Ces lieux n'offrent par-tout à mes tristes regards,
Que Gardes effrayés courans de toutes parts;
On n'ose me parler, on me fuit, on m'évite:
Dans tous les yeux en pleurs je vois sa perte écrite.

CEPHISE.

Lisimacus, Madame, est chéri des soldats,
Leur révolte est à craindre, & l'on n'osera pas,
Dans l'effroyable état où l'on vit Calisthene,
Exposer à leurs yeux un si grand Capitaine;
Alexandre content des exploits d'aujourd'hui,
Révoquera l'arrêt prononcé contre lui.

ARSINOÉ.

Non, tout ce qu'il a fait, Céphise, est inutile;
Le Roi suit les avis d'Agis & de Cherille.

CEPHISE.

Pour fléchir Alexandre il ne faut qu'un moment;
Après une victoire on pardonne aisément.

ARSINOÉ.

Le jour que ta valeur lui donne la victoire,
Il te comble d'horreur, tu le combles de gloire;
Infortuné Héros, quel prix de tes hauts faits!
Et les Dieux que tu sers souffriroient ces forfaits?

CEPHISE.

Modérez, s'il se peut, l'ennui qui vous accable.

ARSINOE',

Conçois-tu bien l'état de mon sort déplorable ?
Tantôt, pour délivrer mon amant du trépas,
Des Gardes furieux j'ai retenu le bras.
Cependant je n'ai fait par ce cruel office,
Que le livrer vivant aux horreurs du supplice.
Pourquoi, lorsqu'il étoit tantôt prêt à mourir,
Malheureuse, pourquoi l'allois-je secourir ?
Pour finir mes tourmens, je n'avois qu'à le suivre;
Maintenant comme lui je suis réduite à vivre.
O comble de disgrace ! ô trop funeste sort !
Les maux les plus cruels prennent fin par la mort;
Mais dans mon désespoir, à qui tout autre céde,
J'ai perdu le secours de ce triste reméde.
Pardonne, cher amant, c'est moi qui t'ai conduit
Dans l'état où déja peut-être es-tu réduit;
Mais pouvois-je du sort prévoir la barbarie ?
Je me plains aujourd'hui d'avoir sauvé ta vie.

CEPHISE.

Mais, Madame, pourquoi ce violent transport ?
Vous n'êtes pas encore instruite de son sort.

SCENE II.

PTOLOME'E, ARSINOE', CEPHISE.

ARSINOE'.

Mon frere, vous pleurez.

PTOLOME'E.

Hélas !

ARSINOE'.

Que va-t-on faire ?
Rien ne peut donc du Roi modérer la colere ?

PTOLOME'E.

J'ai parlé, j'ai pressé.... mais inutilement;
Dieux ! que ne suivoit-il son premier mouvement ?
Alexandre, ma sœur, content de la victoire,

Dont à Lisimacus il croit devoir la gloire,
Surmontant son courroux vouloit lui pardonner,
Quand Agis & Cherille ont sçû l'en détourner.
Sur ces lâches flatteurs ce grand Roi se repose,
Et de tous nos malheurs ils sont la seule cause:
Contre leurs sentimens j'ai long-tems contesté,
Mais ces traîtres enfin sur moi l'ont emporté.
Pour tromper les soldats, ils ont eu l'artifice
De faire changer l'ordre & l'heure du supplice;
Et craignant à demain quelque rebellion,
On l'expose ce soir aux fureurs d'un Lion.

ARSINOE'.

Aux fureurs d'un Lion? ô vengeance cruelle!
Allons, courons par-tout en porter la nouvelle:
Mon frere, au nom des Dieux ne l'abandonnons pas;
Allons en informer les Chefs & les Soldats;
Ne perdons point de tems: si par toute l'armée
Cette horrible nouvelle est une fois semée,
Les Soldats soulevés d'abord en sa faveur,
Arrêteront du Roi la barbare fureur,
Et le fer à la main viendront jusqu'à sa tente
Arracher ce Héros...

PTOLOME'E.

C'est une vaine attente.
Les Soldats, qui pourroient s'opposer à sa mort,
Ne peuvent dans la nuit être instruits de son sort;
On le leur cache exprès. Ceux qui veulent qu'il meure,
Pour le perdre sans bruit, ont fait choix de cette heure;
Un seul moyen, ma sœur, s'offre à le secourir,
Il vous doit venir voir avant que de mourir;
Alexandre l'ordonne, & lui fait grace encore,
Si vous pouvez enfin obtenir qu'il l'adore;
Il ne peut autrement éviter son courroux.

ARSINOE'.

A quelle extrémité, Dieux! me réduisez-vous?
Dois-je le voir mourir d'une mort si cruelle,
Ou le porter moi-même à vous être infidelle?
Hélas! quand je voudrois par-là le garantir,
Lui-même voudra-t-il jamais y consentir?

Non,

Non, son grand cœur exempt des frayeurs qui m'étonnent,
N'abandonnera point les Dieux qui l'abandonnent.

SCENE III.

LISIMACUS, ARSINOE', PTOLOME'E, CEPHISE.

ARSINOE'.

Ah Ciel ! en quel état.....

LISIMACUS.

C'est par l'ordre du Roi
Qu'en ce dernier moment, Princesse, je vous voi;
Si je veux l'adorer, encore il me fait grace;
Mais vous sçavez trop bien ce qu'il faut que je fasse;
Vous m'y voyez tout prêt, & je viens en ce lieu,
Madame, pour vous dire un éternel adieu.

ARSINOE'.

Hélas!

LISIMACUS (*à Ptolomée.*)

Quoique mon sort ait de quoi vous surprendre,
Respectez, comme moi, le courroux d'Alexandre.
Cher Prince, perdez-en le triste souvenir,
Et cachez, s'il se peut, aux siécles à venir,
Une indigne action qu'on auroit peine à croire,
Qui seule suffiroit pour flétrir sa mémoire.
C'est tout ce que je veux; vous me le promettez?
Gardes, où dois-je aller?

ARSINOE'.

Barbares, arrêtez;
Ou menez-nous tous deux à cet affreux supplice;
Allez le dire au Roi; de tout je suis complice;
Pourquoi nous séparer?

LISIMACUS (*à Ptolomée.*)

Au nom des Dieux, Seigneur,

ARSINOE'.

Je ne le quitte point.

PTOLOME'E.

Que faites-vous, ma sœur?

LISIMACUS.

Ah! Princesse, ma mort est trop digne d'envie;
Pour quel sujet plus beau puis-je donner ma vie?
Mon zèle pour les Dieux, l'amour que j'ai pour vous,
Du sort qu'on me prépare m'ont attiré les coups.
Après un tel bonheur, peut-on me plaindre encore?
Trop heureux de mourir pour tout ce que j'adore!
Madame, adieu, je parts.

ARSINOE'.

Adieu, Prince, je meurs.

LISIMACUS.

Quel spectacle, grands Dieux! ô jour rempli d'horreurs!
Mais s'il faut pour jamais être séparé d'elle,
La peine qui m'attend me sera moins cruelle;
Et je ne crains, ami, dans son funeste sort,
Que la seule douleur qu'elle aura de ma mort.

PTOLOME'E.

Ami, pour signaler l'amitié qui nous lie,
Que ne puis-je donner tout mon sang pour ta vie!
Cher ami! je ne puis que pleurer ton malheur.

CEPHISE.

La Princesse se meurt, secourons-la, Seigneur;
Déja ses yeux....

SCENE IV.

ALEXANDRE, PTOLOME'E, ARSINOE', CEPHISE, CHERILLE.

ALEXANDRE.

Que vois-je, Arsinoé mourante?

PTOLOME'E.

Réduite au désespoir vous voyez une amante,

Seigneur. Lisimacus vient de quitter ce lieu;
Elle s'est évanouie, en lui disant adieu.
Pardonnez sa surprise; & permettez qu'un frere,
En perdant un ami, serve une sœur si chere.

ALEXANDRE.

Moi-même en cet état je la vois à regret;
Votre ami s'est perdu par un zèle indiscret;
Je voulois le sauver, mais pour l'obéissance
J'ai dû des attentats prévenir la licence.

ARSINOE'.

Qu'entens-je? où suis-je? hélas! encore je te voi,
Mon cher Lisimacus.... Ah! barbare, c'est toi.
Qu'est-il donc devenu? cher amant, que j'adore,
En cet affreux moment un Lion te dévore:
Ah! Seigneur, prévenez un cruel repentir,
Encor, peut-être encore on peut le garantir;
Ne prenez pas du moins la colere pour guide.

CHERILLE.

Il n'est plus tems, Madame, & c'est en vain....

ARSINOE'.

Perfide!
La vertu te deplaît, tu l'as fait condamner;
Sans toi, monstre, le Roi vouloit lui pardonner.
Ah! Seigneur, par l'amour que vous m'aviez jurée,
Commandez que sa mort soit au moins différée.

ALEXANDRE.

Princesse, je voudrois....

ARSINOE'.

Courez, Gardes, allez;
Alexandre le veut, partez, courez, volez.
Hélas! je parle en vain. Lisimacus expire,
On ne m'écoute point, Ciel! encor je respire!
Tyran, crains les transports de mon ressentiment:
Ou donne-moi la mort, ou rends-moi mon amant;
Inhumain, tes bourreaux n'ont pas eu le courage
De te prêter leurs bras pour contenter ta rage.

PTOLOME'E.

Ah! ma sœur....

ARSINOE'.

Tu te sers, pour cet horrible emploi,

D'un Lion furieux, moins féroce que toi:
Cruel, si tu veux voir ta vengeance assurée,
Croi-moi, commande aussi que j'en sois dévorée;
Crains que Lisimacus ne vive dans mon cœur;
Achéve, prends ma vie, assouvis ta fureur.

PTOLOME'E.

Seigneur, elle s'égare, & sa triste pensée....

ALEXANDRE.

J'excuse la douleur d'une amante insensée;
Je la plains.

ARSINOE'.

Cependant c'est vous, injustes Dieux,
Oüi, c'est vous qui là haut tranquilles dans vos Cieux,
A sauver qui vous sert ne pouvez vous résoudre,
Et qui, pour le venger, n'osez lancer la foudre.
Pour qui donc faites-vous si souvent dans les airs
Gronder votre tonnerre, & briller vos éclairs?
Si, tandis qu'un grand cœur pour vous se sacrifie,
Aux Lions affamés vous prodiguez sa vie.
Non, je n'ai plus besoin de vos cruels secours;
Je veux finir ici mes deplorables jours.
Heureuse! si je puis y perdre la lumiere.
Heureuse! si je puis y mourir la premiere,
Et n'apprendre jamais... Ciel! puis-je un seul moment,
Sans mourir de douleur y songer seulement?

SCENE V.

UN GARDE, ALEXANDRE, PTOLOME'E, ARSINOE', CEPHISE.

UN GARDE.

AH! Seigneur, quel spectacle!

ARSINOE'.

Oh! Ciel, que vais-je entendre?

ALEXANDRE.

En est-ce déja fait? & que viens-tu m'apprendre?

GARDE.

Vous m'en voyez, Seigneur, encor tout hors de moi;
Au rapport de mes yeux je n'ose ajouter foi.

ALEXANDRE.

Qu'est-il donc arrivé ? parle, je te l'ordonne.
Reviens de ta surprise, & que rien ne t'étonne;
C'est moi qui l'ai voulu, qu'as-tu vû ? qu'a-t-on fait ?
Lisimacus a-t-il expié son forfait ?

GARDE.

Sans se plaindre du sort ni de votre justice,
Il est allé, Seigneur, au lieu de son supplice;
Des flambeaux allumés la funèbre lueur,
Eclairant le spectacle, en augmentoit l'horreur;
Aussi-tôt on l'a vû, sans changer de visage,
Descendre en un cachot tout rempli de carnage.
Le terrible Lion qu'on avoit préparé,
D'une grille de fer en étoit séparé.
On l'ouvre; du Lion la grandeur épouvante;
Il présente une tête affreuse, menaçante,
Rugit, & bat ses flancs, cherche de toutes parts,
Et sur Lisimacus fixe enfin ses regards;
La fureur tout à coup dans ses yeux étincelle,
Tous nos cœurs sont glacés d'une frayeur mortelle;
Le fier Lisimacus, d'un regard assuré,
Contemplant le péril pour lui seul préparé,
Ceint son bras d'une écharpe, & montre avoir envie,
Tout désarmé qu'il est, de défendre sa vie.
On tremble à cet aspect; le Lion à l'instant
Fond sur Lisimacus; Lisimacus l'attent,
L'observe, prend son tems, & dans sa gueule avide,
Prompt à le prévenir, plonge un bras intrépide.
L'animal arrêté, par des rugissemens
Exprime sa fureur pendant quelques momens;
Puis, pour se délivrer de ce bras qui le tuë,
En vain de tous côtés & s'élance, & se ruë;
Lisimacus le suit, tant qu'enfin harassé,
Il le voit à ses pieds mourant & terrassé.
Alors du creux gosier de la bête expirante
En arrachant la langue encor toute écumante,
Au Garde des Lions il adresse la voix:

Fais-en sortir un autre, & fais un meilleur choix,
Lui dit-il. A ces mots on frémit, on s'étonne;
Le Garde encor sur lui déchaîne une Lionne;
Mais du Lion sanglant elle n'ose approcher,
Et dans sa cave obscure elle court se cacher.
A ce qu'on vient de voir mille voix applaudissent;
De cris d'etonnement les voûtes retentissent;
On demeure en suspens, & moi je viens, Seigneur,
Sçavoir ce qu'il vous plaît ordonner du vainqueur.

ALEXANDRE.

Je vous entens, grands Dieux! je vois que ce miracle,
Qui part de votre main, est un digne spectacle,
Qui montre à l'Univers que vous êtes jaloux
Des suprêmes honneurs qui ne sont dûs qu'à vous.
Eh bien, je vous les céde, & loin d'y plus prétendre,
Je veux mettre ma gloire à vous les faire rendre.
Qu'on le fasse venir, je veux tout oublier;
Le Ciel a pris le soin de le justifier.
Oüi, quoiqu'avec raison fier de cette avanture,
Il ne puisse sans peine oublier mon injure,
Je veux de tant de biens le combler désormais,
Qu'il ne se souviendra que de mes seuls bienfaits.

ARSINOE'.

Grands Dieux! de quels périls tirez-vous l'innocence!
Non, jamais qui vous sert ne doit perdre espérance.

ALEXANDRE.

Assez & trop long-tems de lâches imposteurs
Ont sçû m'empoisonner par leurs conseils flateurs;
Je veux me delivrer de leur troupe servile;
Et je bannis Agis & l'infâme Cherille;
Du faste de la gloire où l'on me voit monté,
Ces esprits dangereux m'auroient précipité.
Pour perdre Calisthene, ils ont sçû me surprendre;
Mais enfin je rendrai tant d'honneurs à sa cendre,
Que ces tristes honneurs qu'il a trop mérités,
Peut-être appaiseront ses Mânes irrités.
Heureux! si je pouvois ensevelir de même
Dans un profond oubli cet oubli de moi-même,
Et cacher, en voilant la triste vérité,
Cet endroit de ma vie à la postérité!

ARSINOE'.

Oublierez-vous, Seigneur, mes fureurs & mes craintes?
Contre les Dieux & vous j'ai fait les mêmes plaintes;
Vous aviez prononcé ce funeste trépas,
Au fond de votre cœur vous ne l'approuviez pas.

ALEXANDRE.

Votre plainte étoit juste, & c'est à vous, Princesse,
Pour gagner votre amant qu'il faut que je m'adresse;
Vous avez sur son cœur un absolu pouvoir,
Faites qu'il m'aime encore....

ARSINOE'.

Il suivra son devoir.

PTOLOME'E.

Oüi, Seigneur, je l'ai vû dans son malheur extrême
S'interesser pour vous.... mais le voici lui même.

SCENE DERNIERE.

LISIMACUS, ALEXANDRE, ARSINOE', PTOLOME'E, CEPHISE.

ARSINOE'.

Ah Ciel!

ALEXANDRE.

Lisimacus, oublions le passé.
J'ai voulu te punir, tu m'avois offensé;
Mais je vois que les Dieux embrassent ta défense;
Soyons amis, je céde enfin à ta constance.

LISIMACUS.

Ah! Seigneur, si le Ciel veut exaucer mes vœux...

ALEXANDRE.

Rends-moi ton amitié, c'est tout ce que je veux.
Je connois ton amour, & je sçai ta tendresse;
Accepte de ma main la main de la Princesse.
Ta valeur a soumis la Thrace sous ma loi,
J'y joins tous les Etats de Pont, je t'en fais Roi:
Ces peuples belliqueux ont besoin d'un tel maître,

Et déja je t'avois jugé digne de l'être.

LISIMACUS.

Avec respect, Seigneur, je reçois vos bienfaits ;
J'en connois tout le prix, ils passent mes souhaits ;
Mais quels que soient les biens qu'un heureux sort m'envoie,
Votre retour, Seigneur, fait ma plus grande joie.

ALEXANDRE.

Enfin de tous côtés je suis victorieux ;
Allons de tant de biens rendre graces aux Dieux.

FIN.

L'OPINIÂTRE,

COMÉDIE

EN VERS

ET EN TROIS ACTES,

Repréſentée pour la premiére fois le 19 Mai 1722.

REMARQUES HISTORIQUES
Sur l'Opiniâtre.

LA Comédie de l'Opiniâtre composée d'abord en cinq Actes, puis remise en trois Actes, & ainsi représentée au mois de Mai 1722, eût un succès assez favorable. On prétendit cependant que l'Auteur n'avoit pas tiré tout le parti qu'il auroit pû du caractére qu'il traitoit, & des situations que ce caractére lui pouvoit fournir ; on remarqua que les trois principaux traits d'opiniâtreté n'étoient pas assez marqués ou assez comiques. Que l'on ait eu tort ou raison, c'est ce qu'on laisse au Lecteur à décider. Il ne s'agit ici que de l'historique de la Piéce, & voici ce qu'elle occasionna peu de tems après sa premiére représentation.

Comme elle fut annoncée par l'Auteur du Grondeur, un parent de M. de Palaprat fit insérer dans le Mercure du mois de Juin 1722. l'extrait d'une lettre qu'il écrivoit à ce sujet à un de ses amis de Province, & par laquelle il proposoit comme un probléme littéraire de sçavoir : " Si par l'annonce de l'Opiniâtre de l'Au-
„ teur du Grondeur, M. Brueys avoit eu des-
„ sein de faire entendre que M. de Palaprat eût
„ travaillé avec lui à la Comédie de l'Opiniâtre,
„ ou que M. Brueys eût seul fait le Grondeur. „
C'étoit frapper l'endroit sensible de M. Brueys, que de l'attaquer sur le Grondeur ; il a toujours

eu pour cette Piéce une tendresse de pere, & un goût de préférence qu'il n'a jamais démenti; aussi ne tarda-t-il pas à repousser l'offense, & il communiqua le mois suivant aux Auteurs du Mercure une lettre adressée à un de ses amis de Paris, dont voici l'extrait, & dans laquelle il résolut ainsi le problême proposé.

" . . . . . Au reste, je ne sçai de quoi s'avise le
" parent de notre cher ami; il est vrai que nous
" avons été associés autrefois, mais il y a long-
" tems que notre société est finie. Depuis ce tems-
" là nous avons donné M. de Palaprat & moi des
" Piéces de Théatre pour notre compte particu-
" lier, & sans partage; lesquelles nous nous com-
" muniquions l'un à l'autre, comme des amis qui
" se consultent: c'est ainsi que je puis lui avoir
" envoyé il y a 15 ou 16 ans à Paris un Canne-
" vas de l'Opiniâtre en cinq Actes, & qu'on peut
" avoir trouvé parmi les papiers de ce cher ami;
" mais il n'a jamais travaillé, ni prétendu, ni
" pû prétendre aucune part à cette Piéce, qui de
" son vivant & sans sa participation, a été pré-
" sentée par vous, Monsieur, aux Comédiens. Je
" ne suis pas moins surpris de ce que ce parent
" trouve mauvais que l'on ait annoncé l'Opiniâ-
" tre par l'Auteur du Grondeur: Messieurs les
" Comédiens avec tout Paris, ne sçavent-ils pas
" que j'en suis véritablement le pere? quoique M.
" de Palaprat l'ait produit dans le monde, qu'il
" l'ait enrichi de ses biens, & qu'il m'ait fait
" l'honneur de l'adopter, ainsi que je lui écri-
" vis à lui-même il y a 8 ou 10 ans; ce qu'il ne

„ désavoüa point par la réponse qu'il me fit, que „ j'ai heureusement conservée, que je montrai „ à M. le Duc de Roquelaure, parce qu'il s'é„ toit élevé chez lui sur ce sujet une querelle „ de Parnasse, qui fut décidée par-là. M. de Pa„ laprat ne laissa-t-il pas annoncer la Tragédie „ de Gabinie de l'Auteur du Grondeur, quoi„ qu'elle fût imprimée sous mon nom, & dé„ diée à M. le Comte d'Ayen, aujourd'hui Duc „ de Noailles? Les Empyriques & Pátelin n'ont„ ils pas été annoncés de même du vivant & „ au sçû de M. de Palaprat, sans qu'il ait tiré „ aucune part de ces Piéces, ni qu'il m'ait cher„ ché aucune chicane sur l'annonce? Ainsi pour „ résoudre le problême de son parent, je ne „ veux ni partager avec lui le produit d'une „ Piéce qui est toute de moi, ni flétrir la mé„ moire de mon cher ami, en le privant de la „ gloire d'avoir quelque part à la production du „ Grondeur; & je veux même par respect pour „ sa mémoire, ne pas dire tout ce que je pense „ sur le procédé extraordinaire de son parent.. „

On n'a pû se dispenser de rapporter ici à l'occasion de ce fait la lettre de M. Brueys, puisqu'elle est une preuve plus que suffisante de la raison qu'on a euë de mettre le Grondeur au nombre de ses Ouvrages.

ACTEURS.

LE BARON, Pere d'Eraste.

ERASTE, Fils du Baron.

LA MARQUISE, Mere de Dorise.

DORISE, Fille de la Marquise.

LE MARQUIS, Mari de la Marquise, & crû Ibrahim Turc.

DAMIS, Cousin du Baron & d'Eraste.

CLITANDRE, Amant de Dorise.

LARAMÉE, Hôte, autrefois Valet du Marquis.

TOINON, Fille de Chambre de Dorise.

La Scene est chez la Marquise, dans un Bourg près de Toulon.

L'OPINIÂTRE, COMÉDIE.

ACTE PREMIER.

SCENE PREMIERE.

ERASTE, LE BARON, DAMIS.

LE BARON.

Vous sortez ?

ERASTE.

Oüi, Monsieur.

LE BARON.

Mais, mon fils.

ERASTE.

Oüi, mon pere ;
Je sors.

LE BARON.

Après l'éclat que vous venez de faire,
Sortir si brusquement, mon fils, que dira-t-on ?

ERASTE.

L'on dira... l'on dira, Monsieur, que j'ai raison,

LE BARON.

Mais vous ſçavez à quoi la bienſéance engage ;
La Marquiſe conſent à votre mariage ;
Ses parens à Toulon ce matin avertis,
Seront ici ce ſoir, & ſont déja partis ;
Chez elle vous jouez, vous paſſez la ſoirée ;
Et par votre imprudence une bague égarée,
Et que peut-être encor trouveroit-on ſur vous,
Vous fait quitter le jeu ; puis ferme contre tous
Vous oſez ſoutenir que ſa fille Doriſe
Vouloit avoir la bague, & qu'elle vous l'a priſe.

ERASTE.

Mais, Monſieur, je le ſçai, j'en ſuis ſûr, elle l'a,
Et j'en mettrois au feu cette main que voilà.

DAMIS.

Oh ! Monſieur le Baron, nous ſçavons bien la choſe.

LE BARON.

Mais, quand cela ſeroit, eſt-il ſéant qu'il oſe
Soutenir contre tous opiniâtrement ? . . .

ERASTE.

Eh bien, Monſieur, j'ai tort, j'ai tort aſſurément ;
On le veut, je me rends.

LE BARON.

Eh ! je crois vous entendre,
Eraſte, & ce n'eſt pas ainſi qu'on doit ſe rendre.

ERASTE.

Mais, le doit-on, Monſieur, lorſque l'on a raiſon ?

LE BARON.

Raiſon ? . . . Vous vous fondez ſur un ſimple ſoupçon.
Clitandre avoit donné cette bague à Doriſe,
Parce qu'en mariage elle lui fut promiſe :
Mais aujourd'hui ſa mere approuvant nos deſſeins,
A voulu qu'elle ait mis cette bague en vos mains,
Et vous la ſoupçonnez d'avoir voulu reprendre
Un preſent qui venoit de la main de Clitandre.
Voilà ſur quel prétexte, & ſur quoi ſeulement
Rien ne peut vous tirer de votre entêtement ;
Mais puiſqu'enfin demain, de l'aveu de la mere,
Vous épouſez Doriſe, ainſi que je l'eſpere ;
Lorſqu'un hymen heureux va joindre nos maiſons,

Devez-vous soutenir, sur de simples soupçons,
Qu'elle vous a repris la bague de Clitandre?

ERASTE.

Mais qui donc, je vous prie, est venu me la prendre?

LE BARON.

Je ne sçai, mais enfin je connois votre esprit;
Vous n'en démordrez point, puisque vous l'avez dit.

DAMIS.

Mon cousin n'a pas tort, je vous en fais excuse.

ERASTE.

Moi tort, Monsieur, moi tort? Qui faut-il que j'accuse,
Que celle qui cherchoit, sans doute, à la ravoir?
Nous jouons, j'ai ma bague, on demande à la voir;
Je la donne, on la voit, on la met sur la table;
Je ne l'ai point reprise, ou je sois misérable;
Et lorsque je rêvois au coup que j'ai perdu,
Vous en êtes témoin, ma bague a disparu.
Toinon s'est mise à rire, en regardant Dorise,
Monsieur, je le soutiens, c'est elle qui l'a prise.

DAMIS.

On n'en sçauroit douter.

LE BARON.

Mon Dieu, Monsieur Damis,
Sans lui complaire en tout, soyez de ses amis;
Son sentiment toujours est la régle du vôtre;
Quand il est d'un avis, vous n'en avez point d'autre;
A présent qu'il est nuit, s'il s'avisoit ici
De dire qu'il est jour, vous le diriez aussi;
On doit pour ses amis avoir quelque indulgence;
Mais on ne porte pas si loin la complaisance;
Et lorsque sans raison il s'obstine si fort,
Vous devriez au moins lui dire qu'il a tort;
Mais vous n'en ferez rien, j'ai beau vous le rebattre;
Et vous mourrez flatteur, & vous opiniâtre.

ERASTE.

Eh! Monsieur, quand j'ai tort je me rends sans détours;
Mais lorsque j'ai raison.

LE BARON.

Vous l'avez donc toujours,
Eraste; car jamais je ne vous ai vû rendre;

Vous soupçonnez Dorise, à cause de Clitandre;
L'apparence est pour vous, j'en demeure d'accord;
Mais voici sûrement en quoi vous avez tort.
Croyez-vous que ce soit assez que l'apparence,
Pour soutenir un fait avec tant d'assurance?
Et s'il n'en étoit rien, n'entrageriez-vous pas,
D'avoir mal à propos fait un si grand fracas?
Je veux que vous soyez assuré de la chose,
Alors que contre nous tout le monde s'oppose,
A la voix générale il faut s'accommoder;
Et, quoiqu'on ait raison, il est mieux de céder;
Entre nous, je crains fort que Dorise en colere
Contre vous n'ait aigri la Marquise sa mere;
Je l'ai vûë en courroux de votre entêtement,
Rentrons pour l'appaiser... je crains son changement,
Et la fine Toinon, qui nous est opposée,
Pour vous nuire auprès d'elle est bien assez rusée.
Venez, rentrons, Eraste.

SCENE II.

TOINON, LE BARON, ERASTE, DAMIS.

TOINON.

Ah! Messieurs, vous voici:
Vraiment je vous croyois déja bien loin d'ici,
Et j'allois vous chercher.

ERASTE.

Nous, pourquoi?

TOINON.

Pour vous dire
Que ma Maîtresse...

ERASTE.

Eh bien, Toinon, c'étoit pour rire
Seulement qu'elle a pris ma bague, n'est-ce pas?
Eh bien, Monsieur, j'ai tort d'avoir fait du fracas,

Je suis opiniâtre ?

DAMIS.

Et moi flatteur ?

ERASTE.

Mon pere,
On se trompe par fois.

DAMIS.

Monsieur, je suis sincere,
Vous voyez à présent que nous avions raison.

ERASTE.

Sans faire un peu de bruit, adieu ma bague....

DAMIS.

Bon,
On auroit ri de vous.

ERASTE.

Tu viens donc me la rendre,

TOINON.

Non, Monsieur.

ERASTE.

Non ? comment ?

TOINON.

Non, je viens vous apprendre
Que la bague....

ERASTE.

Et tu viens de dire en ce moment
Que ta Maîtresse l'a....

TOINON.

Moi ? je dis seulément
Qu'elle a vû que vous-même....

ERASTE.

Eh quoi ? que je l'ai prise ?

TOINON.

Oüi, Monsieur.

ERASTE.

Moi ?

TOINON.

Vous-même.

ERASTE.

Où donc l'aurois-je mise ?

TOINON.

Dans votre bourse.

ERASTE.

Bon dans ma bourse.

TOINON.

Oüi vraiment,

ERASTE.

Tu te mocques de moi.

TOINON.

Cherchez bien seulement,
Et vous l'y trouverez.

ERASTE.

Ah! testebleu ... j'enrage,
Comment diable ai-je fait?

TOINON.

Il la touche; je gage,
Oüi, qu'il n'avoûra pas qu'il l'a....

ERASTE.

Va, va, Toinon,
Si je l'ai soutenu, ce n'est pas sans raison.

TOINON.

Mais, Monsieur, vous avez la bague....

ERASTE.

Ta Maîtresse
Trouve Clitandre seul digne de sa tendresse.

TOINON.

Mais la bague.....

ERASTE.

Il est vrai que son pere autrefois,
Quand il étoit en vie, en avoit fait le choix.

TOINON.

Quoi ... vous n'avoûrez pas?

ERASTE.

Enfin, malgré sa mere,
Elle veut s'en tenir au choix de feu son pere.

TOINON.

Non, il n'en fera rien.

ERASTE.

Et ce n'est qu'à regret,
Qu'elle voit le dessein que nos parens ont fait.

TOINON.

Oh !

LE BARON.

Toinon, c'est assez.

ERASTE.

Voyez cette insolente.

TOINON.

Oh, Monsieur, je la vois, je suis votre servante.

SCENE III.

ERASTE, LE BARON, DAMIS.

LE BARON.

EH bien, qu'en dites-vous ?

DAMIS.

C'étoit distraction.

LE BARON.

Oüi, mais ce que je blâme en cette occasion,
C'est d'avoir soutenu contre tous, que Dorise....

DAMIS.

Eh qui diantre n'eût crû qu'elle l'avoit reprise ?

LE BARON.

Excusez-le toujours, rien ne peut vous tenir ;
C'est votre caractere, il faut le soutenir ;
Et puis vous me direz, sur quelque vaine excuse,
Que d'être opiniatre à tort on vous accuse.
Je vous l'ai dit souvent, l'opiniâtreté
N'est pas de disputer contre la vérité,
Sçavoir que l'on a tort, le voir & le comprendre,
Et de mauvaise foi ne vouloir point se rendre ;
C'est lorsque prévenu de bonne opinion,
On croit obstinément avoir toujours raison ;
Et n'approuvant jamais les sentimens des autres,
Sans rien examiner ne suivre que les nôtres ;
Ce dernier vice est bas, & ne tombe jamais
Qu'en de lâches esprits, & dans les cœurs mal faits ;

Et ce défaut n'eſt pas, que je penſe, le vôtre;
Mais aiſément, Eraſte, on y paſſe de l'autre.
On le voit tous les jours, un eſprit prévenu
D'abord de bonne foi ſoutient ce qu'il a crû;
Mais lorſqu'à la raiſon en vain on le rappelle,
Qu'à la prévention la paſſion ſe mêle,
Alors, pour ſoutenir ce qu'il a d'abord dit,
Contre la vérité ſouvent il ſe roidit;
Et honteux d'avouer qu'il ait pû ſe méprendre,
Il voit, il ſent, il touche, & ne veut pas ſe rendre.
Vous vous reconnoiſſez ſans doute à ce portrait,
Car voilà juſtement ce que vous avez fait;
Mais qu'en dit le couſin, s'il veut être ſincere?

DAMIS.

Je dis... Je dis, Monſieur,... que... vous êtes ſon pere,
Que.... quoi que vous diſiez.... on vous doit reſpecter,
Et que nous aurions tort de vous rien conteſter.

LE BARON.

Je vous entens, Damis, & vois votre défaite,
Avec ce beau reſpect vous avouez la dette.
Et vous, de tout ceci jugez ce qu'on dira.
Mais je vois chaque jour encor pis que cela.
Quand vous vous êtes mis en tête quelque choſe,
C'eſt une affaire faite; & quoi qu'on vous oppoſe.
Jamais vous ne cédez, pas ſeulement à ceux
Qu'on conſulte en leur art, vous en ſçavez plus qu'eux.
Jamais nos Avocats n'ont pû vous faire entendre
Qu'il faut accommoder le procès de Clitandre,
Et que vous allez perdre un gros bien ſûrement,
S'il peut de feu Damon trouver le teſtament.
Pour moi, quand je vous vois ſi fort opiniâtre,
Je crains qu'on ne vous mette un jour ſur le Théâtre.
Le caractere eſt neuf, & pourroit divertir,
Sans que du naturel on cherchât à ſortir.
Mais c'eſt trop s'arrêter. Votre bruſque ſortie
Nous a mal à propos fait rompre la partie,
Je vous l'ai déja dit, ce vif emportement
Ne peut ſe réparer, qu'en rentrant promptement.

De tout ce qui causoit votre plainte imprudente,
Vous venez de le voir, Dorise est peu contente;
Rentrons... vous aviez tort, le fait est avéré;
Ce manque de respect doit être réparé,
Et par ce prompt retour vous leur ferez connoître....

ERASTE.

Non, mon pere, si-tôt je ne dois point paroître.

DAMIS.

En effet, comme on vient, Monsieur, de contester,
Il me semble que c'est trop tôt se présenter.

LE BARON.

Trop tôt? ne faut-il pas achever la reprise?
Je parlerai pour vous, j'appaiserai Dorise.
Je me charge de tout.

ERASTE.

Mais, Monsieur....

LE BARON.

Eh! rentrons...
Nous le pouvons encor; mais si nous différons,
Il ne sera plus tems; rentrons, je vous en prie.

ERASTE.

Nous finirons demain, Monsieur, notre partie.

LE BARON.

Non, tandis que l'on a les cartes à la main,
Il est mieux....

DAMIS.

L'on pourroit renvoyer à demain.

LE BARON.

Eh, Monsieur.... non, Eraste, allons... rentrons; vous dis-je;
La raison, le devoir, l'amour, tout vous oblige
A rentrer promptement.

ERASTE.

Je ne vois pas parbleu
Sur quel prétexte entrer.

LE BARON.

Pour reprendre le jeu;
Déja, même déja, c'est trop se faire attendre.

DAMIS.

Il est pourtant bien tard pour vouloir le reprendre.

ERASTE.

Assûrément, Monsieur, tout dort dans le logis.

DAMIS.

La Marquise bâilloit quand nous sommes sortis.

LE BARON.

Allons, ferme tous deux, il n'est plus de remède,
Je le vois bien, en tout il faut que je vous céde:
Mais c'est tant pis pour vous, Dorise a des appas;
Je sçai que vous l'aimez.

ERASTE.

Si je ne l'aimois pas,
Je serois trop heureux; je sçai que la cruelle
Me hait, & malgré moi je soupire pour elle;
Et pour changer jamais, j'aime trop constamment.

LE BARON.

Vous ne changerez pas, Eraste, assurément.
Pour moi, j'admire en tout votre persévérance,
Et vous êtes sans doute un héros en constance;
Toutes vos actions ne le font que trop voir:
Mais puisque vous aimez, je ne peux concevoir
Que vous ne veuillez pas réparer la sottise,
Que vous venez de faire aux yeux de la Marquise.

ERASTE.

Nous calmerons demain ces petits différends;
Cependant, comme il faut inviter nos parens,
Je m'en vais à Toulon.

LE BARON.

Mais c'est une imprudence
Dans la nuit....

DAMIS.

Il est bon de faire diligence..

ERASTE.

Sans doute, & je serois même déja parti,
N'étoit que si Toinon venoit encor ici,
Je voudrois l'engager à parler à Dorise
En ma faveur, après je parts & sans remise.

LE BARON.

Attendez à demain.

ERASTE.

Et pourquoi pas ce soir?

LE BARON.

LE BARON.

Mais quoi! partir de nuit?

DAMIS.

Il ne fait pas trop noir.

LE BARON.

A Toulon cependant vous ne pourrez rien faire
Qu'il ne soit jour.

ERASTE.

Souffrez.

DAMIS.

Monsieur, quand on différe,
On peut manquer les gens.

LE BARON.

De grand matin suffit.

ERASTE.

Eh! Monsieur, permettez que je parte.

LE BARON.

Il l'a dit,
C'est une affaire faite, il partira sans doute.

ERASTE.

Dans deux heures au plus j'aurai fait cette route.

LE BARON.

Eh bien, allez, partez, Eraste; je vois bien
Que pour vous retenir, je n'avancerois rien.

ERASTE.

Je reviendrai d'abord.

LE BARON.

Allez, je me retire;
Car aussi bien il vaut autant ne vous rien dire.

SCENE IV.

TOINON, ERASTE, DAMIS.

DAMIS.

Vous demandiez Toinon, justement la voici,

TOINON.

Ma Maîtresse me suit, & doit se rendre ici
Pour prendre mes conseils sur tout ce qui se passe.
Faisons-les déloger de cette salle basse.

DAMIS.

Elle vient droit à nous.

ERASTE.

Bon soir; où va Toinon?

TOINON.

Bien-tôt au lit, Monsieur; tout dort dans la maison;
Ma Maîtresse est couchée, & chacun se retire;
Délogeons.

DAMIS.

Le cousin a deux mots à te dire.

TOINON.

Le cousin me dira demain ce qu'il voudra;
Mais ma foi pour ce soir, Monsieur s'en passera:
Délogeons.

ERASTE.

Tu veux donc perdre la récompense
Que je vais te donner, si tu prens ma défense.

TOINON.

Je dors, Monsieur, je dors.

ERASTE.

Dis, ma pauvre Toinon,
Voudrois-tu dire un mot à ta Maîtresse?

TOINON.

Non.
O que les Provençaux sont faits d'étrange sorte!
Restez, Messieurs, restez; je vais fermer la porte:
Voyez si vous voulez coucher ici.

ERASTE.

Sortons,
Allons faire seller des chevaux, & partons.

SCENE V.

TOINON, DORISE.

TOINON.

VEnez, je leur ai dit que vous étiez couchée;
Venez, ils sont sortis.

DORISE.

Ma mere est donc fâchée.

SCENE VI.

CLITANDRE, DORISE, TOINON.

TOINON.

QUi vois-je ? Les amans marchent toujours de nuit,
Madame, c'est Clitandre... approchez-vous sans bruit,
Vous serez du conseil, Monsieur.

CLITANDRE.

Quel coup sensible!
Ce que je viens de voir, Madame, est-il possible?

DORISE *à Toinon.*

Qu'a-t-il donc?

CLITANDRE.

Ce que j'ai? faut-il tant le chercher?
Cruelle, n'avez-vous rien à vous reprocher?

DORISE.

Moi?

CLITANDRE.

Je cours à Toulon par son ordre, & j'espere
D'engager les parens de feu Monsieur son pere
A soutenir son choix; & lorsque tout est prêt...

TOINON.

Il faut que je m'en mêle . . . alte-là, s'il vous plaît.
Voyons. . . ce ne sera que pure bagatelle;
Les amans ont toujours quelque sotte querelle;
Et pour se picoter, ils choisissent le tems,
Que l'on veut employer à les rendre contens.
Ça, voyons, qu'avez-vous?

CLITANDRE.

Demande-lui le gage
Qu'elle reçût de moi, d'un amour....

TOINON.

Oh! j'enrage:
Point d'exclamations, laissez-là votre amour
Pour l'heure, & répondez, s'il vous plaît, tour à tour.
Quel gage?

CLITANDRE.

Elle le sçait; Eraste dans la ruë
Vient de me faire voir..

DORISE.

Ma bague.

CLITANDRE.

Oh! je l'ai vuë;
Ne cherchez pas ici des détours superflus;
Vous pouviez la cacher, & ne la porter plus:
Mais la donner.

TOINON.

Suffit. . . qu'avez-vous à répondre?

DORISE.

Rien . . . fais-lui voir ceci, c'est de quoi le confondre,
Il la reconnoîtra.

TOINON.

Quoi! vous l'aviez aussi.

DORISE.

Dans un tems plus heureux, je vous aurois puni,
D'oser sur un soupçon offenser ce qu'on aime,
Je vous aurois laissé dans l'erreur ...

CLITANDRE.

C'est la même.

DORISE.

Mais j'ai bien d'autres soins en ce malheureux jour.

CLITANDRE.

Hélas!

TOINON.

O moi, je suis curieuse à mon tour,
Et je n'y comprens rien ... de grace, que j'apprenne
Comment cela se peut?

DORISE.

Te voilà bien en peine.

TOINON.

On le seroit à moins.

DORISE.

Quand ma mere voulut
Que de mes propres mains Eraste la reçût,
Je contestai deux jours, & j'en fis faire une autre;
Je la donnai, Clitandre, & je gardai la vôtre.

TOINON.

La peste qu'elle en sçait!... & vous fites cela
Sans me communiquer à moi ce secret-là?

DORISE.

Personne ne le sçut.

CLITANDRE.

Ah! charmante Dorise,
Me pardonnerez-vous cette injuste méprise?

TOINON.

Allons au fait, Monsieur.

CLITANDRE.

Eh bien, que ferons-nous,
Pour l'empêcher d'avoir Eraste pour époux?
Dis, ma pauvre Toinon, dis, que nous faut-il faire?

TOINON.

Faisons courir le bruit que Monsieur votre pere
Est en vie, & revient.

DORISE.

Mais tu sçais mieux que moi,
Que jamais à ce bruit on n'ajouteroit foi:
Chacun sçait qu'autrefois la fortune ennemie,
Sur les mers du Levant, lui fit perdre la vie,
Dans un combat naval contre les Ottomans.

CLITANDRE.

Oüi, mais l'on sçait aussi que depuis quatorze ans,

Madame sur sa mort presque toujours en peine,
N'en a jamais reçu la nouvelle certaine.

TOINON.

Que sçait-on, après tout, s'il est mort, comme on dit?

DORISE.

Mais s'il étoit vivant, n'auroit-il pas écrit?

TOINON.

Bon, écrit; tant de gens pris par les Infidelles,
Dont on n'avoit jamais pû sçavoir des nouvelles,
Et qu'on croyoit défunts, sont venus à bon port....
Lorsque l'on meurt si loin, on n'est pas toujours mort;
D'ailleurs, vous le sçavez, sur la côte où nous sommes,
Tous les jours, tous les jours, on voit venir des hommes
A Marseille, à Toulon, qu'on avoit crû perdus,
Et qui chez eux pourtant se sont enfin rendus.
Faisons courir ce bruit.

DORISE.

Comment?

TOINON.

Hier un homme
Qui prit terre à Toulon, & vient, dit-il, de Rome,
Arriva dans ce Bourg: c'est un homme de peu,
Très facile à gagner, & fort propre à ce jeu;
Il est Turc, ses habits le font assez connoître,
Nous le ferons parler, on le croira peut-être;
Je l'instruirai moi-même. Il suivra mes leçons,
Et quand on n'en prendroit que de simples soupçons,
Nous ferons differer du moins le mariage
Qu'on veut faire demain, & qu'on fera, je gage;
Car tout est arrêté; même je vous apprens,
Qu'Eraste, pour aller inviter ses parens,
Est parti pour Toulon.

CLITANDRE.

Juste Ciel! s'il les mene,
Toinon, tout est perdu

TOINON.

Ne soyez pas en peine;
A la pointe du jour secrettement demain
J'engagerai ce Turc à nous tenir la main;
Il se nomme Ibrahim, je m'en suis informée,

Il loge heureusement chez Monsieur la Ramée,
L'Hôte du Cheval blanc, jadis votre Fermier;
Il est de mes amis, je veux que le premier
Il répande le bruit que Monsieur votre pere
Est en vie: aussi-tôt Madame votre mere
Voudra s'en informer, & le Turc parlera;
Il l'aura vû vivant, & le lui dépeindra
Tel qu'il étoit. Instruit par Monsieur la Ramée,
Qui le servoit du tems qu'il partit pour l'armée,
Et qui l'a, comme on sçait, parfaitement connu;
Car, Madame, pour moi je ne l'ai jamais vû.

DORISE.

A peine il m'en souvient.

TOINON.

Dormez en assurance;
Et prenez sur mes soins entiere confiance:
J'irai tout disposer avant votre réveil,
Mais allons nous coucher, la nuit porte conseil.

Fin du premier Acte.

ACTE II.

SCENE PREMIERE.

LE MARQUIS, LA RAME'E.

LE MARQUIS.

Ce n'est pas sans sujet qu'après quinze ans d'absence,
J'étois depuis hier dans quelque impatience,
De revoir ma maison; & j'ai pris le matin,
Pour n'être rencontré de personne en chemin.
Je vous ai dit pourquoi je ne veux pas encore
Annoncer mon retour, il est bon qu'on l'ignore;
Vous m'avez informé de ce qu'on fait ici;
Et je veux par moi-même être mieux éclairci.
Enfin je suis chez moi, mon pauvre la Ramée.

LA RAME'E *rêvant.*

J'ai de ce qu'il m'a dit l'ame encore allarmée.

LE MARQUIS.

Montez là haut sans bruit, & tâchez de sçavoir....

LA RAME'E *rêvant.*

Il tombe dans la mer blessé sans nul espoir.

LE MARQUIS.

Allez voir si l'on dort là haut.

LA RAME'E *rêvant.*

Ceux qui le prirent,
A d'autres maudits Turcs aussi-tôt le vendirent.

LE MARQUIS.

Allez ...

LA RAME'E *toujours rêvant.*

Quinze ans esclave.

LE MARQUIS.

Oüi, mais laissons cela.

Je vois que vous avez encor ce défaut-là,
De réfléchir à part sur ce qu'on vient de dire,
Sans faire attention à ce que l'on desire.

LA RAME'E.

Pardon, Monsieur.

LE MARQUIS.

Tandis que j'observe ces lieux,
Vous, afin d'éviter que quelque curieux
Ne me surprenne ici....

LA RAME'E *par réflexion.*

Dans le fond de l'Asie,
Esclave sans pouvoir informer sa patrie.
De son état.

LE MARQUIS.

Encore.

LA RAME'E (*à part.*)

Un Marquis!

LE MARQUIS.

Je vois bien
Qu'à moins qu'il n'ait tout dit, je n'avancerai rien:
Mais allez donc sçavoir si quelqu'un va descendre.

LA RAME'E *au Marquis.*

Que ce vaisseau marchand vint à propos vous prendre
Sur les bords de la mer!

LE MARQUIS.

Apparemment on dort.

LA RAME'E.

Si l'on vous eût repris, Monsieur, vous étiez mort.
(*à part par réflexion.*) Il arrive à Toulon sans se faire connoître,
De nuit hier chez moi je vois entrer mon Maître
Sous le nom d'Ibrahim.

LE MARQUIS.

Enfin il a tout dit.
Allez voir si là haut on est encore au lit.

LA RAME'E.

Ma foi sans l'aller voir, Monsieur, ne vous déplaise,
Vous pouvez observer ces lieux tout à votre aise;
Ne craignez pas qu'on vienne, on dort.

LE MARQUIS.

Quand on viendroit,
Hors ma femme, céans nul ne me connoîtroit.

LA RAME'E.

Mais ne voulez-vous pas vous faire reconnoître?

LE MARQUIS.

Je le prétens, sans doute, & dès ce soir peut-être;
Car c'est sans nul dessein, que sous ces vêtemens,
Qui cachent qui je suis, je me trouve céans:
Avant que de paroître & que de me produire,
De ce qu'on fait chez moi j'ai dû me faire instruire,
L'ayant sçû, je voulois aussi-tôt me montrer;
Mais vous sçavez pourquoi j'ai voulu différer.
Je retrouve en ces lieux & ma femme & ma fille,
Et je suis, grace au Ciel, content de ma famille:
Vous m'en avez instruit, & de plus déclaré
Ce qu'on a résolu pour l'hymen préparé.
Mais puisque par hazard sous un tel équipage,
J'arrive justement le jour du mariage,
Je veux, à la faveur de ce déguisement,
En faire, s'il se peut, moi seul, le dénouement.
Vous tiendrez en ceci fort bien votre partie,
Car, jadis vous avez joué la Comédie.

LA RAME'E.

Oüi, Monsieur, j'ai couru la campagne autrefois,
Je jouois les valets, même au besoin les Rois.

LE MARQUIS.

Je le sçai, & j'aurai besoin de votre adresse.
Comme je veux ce soir que l'on me reconnoisse,
Il me faut des habits.

LA RAME'E.

Je vais prendre là haut,
Pour vous bien assortir, Monsieur, tout ce qu'il faut;
Car je sçai que depuis que vous vous en allates,
On n'a point déplacé ce que vous y laissâtes.

LE MARQUIS.

Tant mieux; portez-le donc chez vous adroitement,
Et songez à garder le secret seulement,
Mais sur-tout à Toinon.

SCENE II.

TOINON, LE MARQUIS, LA RAME'E.

TOINON.

Oh! les voici, j'enrage;
Depuis le grand matin je cours tout le village:
Où diantre étiez-vous donc?

LA RAME'E.

Ici, comme tu vois.

TOINON.

O ça, Signor... ce Turc entend-il le François?

LA RAME'E.

Lui? non... parle-lui Turc, si tu veux qu'il t'entende.

TOINON.

Moi, Turc?

LA RAME'E.

Il veut sortir.

TOINON.

De grace, qu'il attende.

LA RAME'E.

O! non, il craint Madame, il faut nous en aller.

TOINON.

Elle est encore au lit; & moi je veux parler,
Si je peux, à ce Turc d'une affaire pressante,
Signor..... Si voi:... voler: peste de l'ignorante,
Que n'ai-je appris le Turc!

LA RAME'E.

Mais, que veux-tu de lui?
Je lui ferai sçavoir.

TOINON.

Je voudrois qu'aujourd'hui,
Pour rompre, ou différer l'hymen de ma Maîtresse,
Pour laquelle je crois que chacun s'interesse,
Comme il est Turc, par lui le bruit se répandît,
Que Monsieur le Marquis n'est point mort, comme on dit;

Qu'il l'a vû dans l'Asie, & qu'il revient ... ce drôle
Sera très-bien payé, s'il veut joüer ce rôle;
Mais il ne parle point, je n'avancerai rien.

LE MARQUIS.

Je parlerai, ma fille, & parlerai fort bien.
Mon hôte l'ignoroit, j'entens votre langage....
Et je serai ravi de vous aider.

TOINON.

Courage.
Ah! Signor Ibrahim, ceci dépend de vous;
Vous serez bien payé; de grace servez-nous.
Ah! que si vous sçaviez quel homme on lui destine,
Et quel autre on refuse; enfin on l'assassine.

LE MARQUIS.

Je sçai tout.

SCENE III.

DORISE, TOINON, LE MARQUIS, LA RAMÉE.

TOINON.

La voici.

LE MARQUIS.

Ciel!

DORISE.

Toinon, est-ce là
Ce Turc dont tu parlois?

TOINON.

Madame, le voilà,
Et tout prêt à parler, comme je le souhaite;
Il est instruit de tout.

LE MARQUIS.

Vous serez satisfaite.

LA RAMÉE.

J'en répons corps pour corps.

LE MARQUIS.

Sans me flatter, je croi
Qu'à ce que je dirai l'on ajoutera foi.

TOINON.

Ah! Madame, le Ciel, sans doute, nous l'envoie.

DORISE.

A le voir, à l'entendre, une secrette joie
Se répand dans mon cœur, & me fait espérer
Que du trouble où je suis il pourra me tirer.
Je n'ai qu'un seul regret, c'est, Toinon, quand je songe
Qu'il nous faut pour cela recourir au mensonge,
Imposer à ma mere, annoncer un bonheur
Qui va, se trouvant faux, rappeller sa douleur.
Même je ne sçai point, lorsque je considére
Ce Turc, qui me paroît être honnête & sincére,
Comment il ose faire un récit fabuleux.

TOINON.

O! Madame, les Turcs ne sont pas scrupuleux.

LE MARQUIS.

A faire ce récit, si je consens sans peine,
C'est que l'on m'a donné pour chose très-certaine,
Qu'avant que de partir, feu Monsieur le Marquis
Vous avoit accordée à l'un de ses amis,
Pour son fils encor jeune, & qu'on nomme Clitandre;
Ainsi, quand la Marquise accepte un autre gendre,
Je crois que sans scrupule on peut adroitement
Tâcher de rappeller son premier sentiment:
Si pourtant à cela vous trouvez à redire,
Je n'en parlerai point.

TOINON.

Eh! bon, laissez-la dire,
Vous voyez pour un rien son esprit combattu.

LE MARQUIS.

Je vois avec plaisir qu'elle a de la vertu.
Vous craignez d'affliger Madame votre mere;
Elle regrette donc feu Monsieur votre pere?

DORISE.

Elle ne peut encore en entendre parler,
Que ses pleurs aussi-tôt ne soient prêts à couler.

TOINON.

O! puisqu'il veut agir, Madame, il faut se rendre.

DORISE.

Ah! Toinon, je ne sçai quel pouvoir a sçû prendre
Cet homme-là sur moi, si c'est pour me trahir;
Mais à tout ce qu'il veut je ne peux qu'obéir.
Cependant ne crois pas ici que je m'abuse,
J'attens peu de secours d'une pareille ruse;
Mais enfin, dans l'état pressant où je me voi,
Fais ce qu'il te plaira, je m'abandonne à toi.

TOINON.

O! ça donc, il nous faut sans tarder davantage,
Répandre adroitement ce bruit dans ce village,
Pour parler du Marquis que vous n'avez pas vû,
Vous vous en instruirez de lui, qui l'a connu.

LA RAMÉE.

Bien plus, je soutiendrai la chose véritable,
Même j'en jurerai, s'il le faut, comme un diable.

TOINON.

Ce que vous devez dire, il le faut inventer.
Sortez, j'entends Madame, allez vous concerter.

SCENE IV.

LA MARQUISE, LE BARON, TOINON.

LA MARQUISE.

Quels gens sortent d'ici?

TOINON.

Madame, c'est un homme
Qui prit terre à Toulon hier, & vient de Rome;
C'est un Turc, qui, dit-on, parle pertinemment
Des guerres de Venise & des mers du Levant....
Il est logé, je crois, chez Monsieur la Ramée.

LA MARQUISE.

Un Turc? Je le verrai.... Monsieur, je suis charmée

Que Monsieur votre fils ait vû qu'il avoit tort.

LE BARON.

Madame, il se prévint; mais il revint d'abord;
Hier même, pressé d'une ardeur vive & pure,
Il partit pour Toulon, malgré la nuit obscure;
Et je viens de sçavoir, que hâté par l'amour,
Il a vû nos parens, & qu'il est de retour.

LA MARQUISE.

Il est céans, Monsieur; lui, Damis & Dorise,
Pour se raccommoder, achévent leur reprise;
Allons les voir jouer.... Vous, faites-moi venir
La Ramée, tantôt je veux l'entretenir.

SCENE V.

LA RAME'E, TOINON.

LA RAME'E.

J'Ai pris secrettement les habits de mon Maître;
Il prétend aujourd'hui se faire reconnoître,
Aussi-tôt qu'il sçaura.... Mais, chut.... voilà Toinon:
Le dessein qu'elle avoit ne nous paroît pas bon;
Du retour du Marquis il ne lui faut rien dire;
Bon, passons vîtement, puisqu'elle se retire.

TOINON.

Qu'emportez-vous d'ici?

LA RAME'E.

C'est.... c'est.... un vieux balot
Que j'avois au grenier.... Adieu.

TOINON.

De grace, un mot;
Je viens de préparer Madame à la nouvelle
Que nous voulons répandre, & je vous réponds d'elle;
Elle m'a commandé de vous faire venir;
Mais le Turc est-il prêt à l'en entretenir?
Parlera-t-il bien-tôt? Comment va notre affaire?

LA RAME'E.

Fort mal.

TOINON.

Pourquoi fort mal?

LA RAME'E.

C'est qu'il dit que la mere
Ne peut croire jamais qu'il ait vû son époux.

TOINON.

Mais de notre projet comment sortirons-nous?

LA RAME'E.

Fort bien.

TOINON.

Fort mal, fort bien, que diantre a-t-il en tête?

LA RAME'E.

Un grand dessein; Toinon, va, je ne suis pas bête,
Et si je ne craignois ta langue....

TOINON.

Oh! sur ma foi,
Vous pouvez sûrement vous confier à moi,
Qu'est-ce?

LA RAME'E.

C'est un dessein, un dessein, qui, sans doute
Te plaira... Sçache donc .. Je crains qu'on ne m'écoute,
Regarde...

TOINON.

Non, personne ici ne doit venir,
Ils sont tous occupés du jeu qui va finir.

LA RAME'E.

O ça, jure moi donc...

TOINON.

Que le Ciel me confonde,
Puissai-je devenir l'horreur de tout le monde,
Que la terre, l'enfer...

LA RAME'E.

Non, tous ces sermens-là
Ne te retiendront point, voici qui suffira
Pour m'assurer de toi, comme je le désire,
Il faut...

TOINON.

Eh bien! il faut.

LA RAME'E.

Il faut ne te rien dire.

TOINON.

Peste de l'animal.

SCENE VI.

DORISE, ERASTE, DAMIS, LA MARQUISE, TOINON.

TOINON.

MAis d'où vient ce fracas ?

DORISE.

C'est Monsieur qu'on condamne, & qui ne se rend pas.

ERASTE.

O! non pas, s'il vous plaît, Madame, & je parie,
J'ai vû le même coup mille fois en ma vie ;
J'en suis sûr, j'en suis sûr, vous-même l'avouerez,
Il n'en sera pourtant que ce que vous voudrez.

DORISE.

Je ne veux rien, Monsieur.

ERASTE.

Pardonnez-moi, si j'ose
Vous dire qu'il est bon de bien sçavoir la chose:
A l'Hombre quelquefois ce coup peut revenir,
Et nous sçaurons, Madame, à quoi nous en tenir.

LA MARQUISE.

On ne peut le juger autrement, j'en suis sûre.

ERASTE.

O! Madame, agréez qu'ici je vous assure,
Que si la chose étoit douteuse seulement,
Je n'appellerois pas de votre jugement ;
Mais, si vous le voulez, malgré mon assurance,
Le respect & l'amour m'imposeront silence.

LA MARQUISE.

Qu'en croit Monsieur Damis ?

DAMIS.

Les régles ont changé,
Madame, & je croirois... que l'on a mal jugé.
Je parle contre moi.

SCENE VII.

LE BARON, CLITANDRE, ERASTE, DAMIS, LA MARQUISE, DORISE, TOINON.

LA MARQUISE.

Voici Monsieur son pere,
C'est un Juge pour l'Hombre à qui chacun défere;
Vous sçavez qu'après lui, l'on n'ose contester:
Voici Clitandre encor sur qui l'on peut compter;
Ils ont tous deux du jeu connoissance parfaite,
Exposez-leur le coup.

ERASTE.

Ils me croiroient mazette,
De mettre seulement la chose en question.
Au moins, Messieurs, je fais ma protestation
Que je n'en doute point, quoique je le propose.

LA MARQUISE.

Je vais, moi, sans façon leur exposer la chose;
Rendez-vous; quand l'arrêt en sera prononcé.
Monsieur donne, Damis & Dorise ont passé;
Eraste dit qu'il jouë. Il écarte, & s'explique
En jettant son écart, qu'il va jouer en pique.
Sur cela l'on n'a point de contestation:
Pour prendre, il se saisit des cartes du Talon,
Il les compte, recompte, enfin au lieu de treize,
Les tenant dans ses mains il en a trouvé seize.

ERASTE.

Eh! qu'importe?

LA MARQUISE.

Qu'importe, il vient de l'avouer,
Il trouve le jeu faux, & veut pourtant jouer.

ERASTE.

Sans doute, on doit du jeu bannir toute finesse,
Je ne dis pas pour nous; mais on aura l'adresse
De couler au Talon trois cartes, & par-là

D'un gros coup, d'un jeu sûr, bon, on me privera.
Vous en riez? J'avois cinq matadors sixiémes.

DORISE.

Et moi j'avois, Messieurs, les deux as noirs septiémes.

LA MARQUISE.

Dans les cartes de trop il est aisé de voir,
Qu'avoient été laissés & l'un & l'autre as noir;
Il s'en est trouvé quatre, & partant treize piques.

TOINON *à part.*

O, je te tiens bien fin, ma foi, si tu répliques.

ERASTE.

Tout cela n'y fait rien.

LE BARON.

Mais vous n'y pensez pas.
Quatre as noirs. Et comment jouer avec quatre as?

LA MARQUISE.

C'est cela; car Monsieur ne voulant rien entendre,
Et Damis l'approuvant, il a fallu se rendre;
On s'est mis à jouer; mais ces as présentés,
L'un à l'autre, les ont si fort déconcertés,
Qu'ils ont quitté par force.

ERASTE.

Oüi, oüi; mais je parie
Que je gagne le coup.

CLITANDRE.

La gageure est hardie.

LE BARON.

Vous avez tort, Eraste.

ERASTE.

Eh! bien soit... Mais, Monsieur
Qui, sans être prié, tranche du connoisseur,
Voudroit-il parier cent louis?

CLITANDRE.

La gageure
N'est pas tout-à fait bien, quand une chose est seure.

ERASTE.

Eh! pariez, Monsieur.

DAMIS.

J'en serai de moitié.

LE BARON.

En vérité, tous deux vous nous faites pitié,
Qu'osez-vous soutenir?

ERASTE.

Depuis quelques années,
Les régles de ce jeu, Monsieur, sont surannées.

DAMIS.

C'est ce que je disois.

LE BARON.

Vous rêvez, vous dit-on.

ERASTE.

Pour en être certains, envoyons à Toulon.

LE BARON.

A Toulon? on dira que c'est une folie.

DAMIS.

Permettez-nous, Monsieur, d'en douter, je vous prie.

ERASTE.

Envoyons.

CLITANDRE.

A Madrid, Monsieur, si vous voulez.

ERASTE.

Pariez, pariez, Monsieur, si vous osez.

CLITANDRE.

Quand Monsieur votre pere, & Madame, je pense,
Ont jugé, le pourrois-je en bonne conscience?

ERASTE.

Eh! pariez toujours, à Toulon on ira.

LE BARON.

A Toulon, & par tout, Eraste, on en rira.

DORISE.

Qui contesta jamais une pareille chose?

ERASTE.

Contester contre vous, Madame, oh! je ne l'ose,
Quand vous vous tromperiez, & que j'aurois raison.
Mais que l'on jouë ainsi, si l'on veut, à Toulon,
A Marseille, à Madrid, pour moi je le proteste,
Puisque je sçai le coup, & qu'on me le conteste,
Sur mes terres au moins, j'en fais ici serment,
Je ne souffrirai point qu'on le juge autrement.

CLITANDRE.

O, là, vous le pouvez ; il faudra qu'on y passe :
Vous avez la Justice haute, moyenne, & basse.

ERASTE.

Vous riez, nous rirons peut-être à notre tour.

TOINON *bas à Clitandre.*

Allez presser le Turc de servir votre amour.

SCENE VIII.

LA RAME'E, TOINON, LA MARQUISE, LE BARON, DORISE.

TOINON *à la Ramée.*

EH ! venez donc, Madame est prête à vous entendre.

LA RAME'E *à part.*

De lui venir parler je n'ai pû me défendre ;
Mais battons la campagne, & gardons le secret.

LA MARQUISE.

Eh bien ! que dit ce Turc ? J'aurois quelque regret
D'avoir rien négligé.

LA RAME'E.

Grande, grande nouvelle,
Du Signor Ibrahim ! (c'est ainsi qu'on appelle,
Madame, un certain Turc qui vint loger chez nous,)
Il prétend prouver que Monsieur votre époux
Est encor plein de vie.

ERASTE.

Eh ! bon, sur ma parole ;
Ce Turc-là veut avoir de vous quelque pistole.

TOINON.

Il ne demande rien.

LA MARQUISE.

Mais s'il veut me parler,
Lorsqu'il m'a vû tantôt, pourquoi donc s'en aller ?

ERASTE.

Sur ce qu'il veut vous dire il craint qu'on le confonde.

LA RAME'E.

Non ; mais avec Madame il a vû trop de monde ;
Il veut prendre son tems, c'est un homme discret,
Et qui souhaite fort de vous voir en secret.

LE BARON.

On le doit écouter.

LA MARQUISE.

De nouvelles pareilles,
Monsieur, l'on m'a cent fois rebattu les oreilles.

TOINON

Ecoutez-le toujours, Madame, que sçait-on ?

ERASTE.

Ce Turc pourroit bien être aposté par Toinon.

LA RAME'E.

O, non, vous vous trompez, & lui faites injure.
D'ailleurs, j'ai consulté mon oracle, & j'augure
Sur ce que j'y lisois, que Monsieur le Marquis
Reviendra sain & sauf bien-tôt en ce pays ;
J'ai lû, ces jours passés.....

ERASTE.

Vous nous la donnez belle.

LA RAME'E.

Morbleu, ne traitez point ceci de bagatelle ;
Dans mon Nostradamus j'ai lû, ces jours passés :
De loin gens reviendront qu'on croyoit trépassés.
Madame, je suis sûr de cette centurie,
Et mon Turc m'en répond.

LA MARQUISE.

C'est une rêverie.
J'en reviens à Toinon, qui pourroit en effet....
Mais nous l'allons sçavoir, si ma fille le sçait.

LA RAME'E.

L'on m'attend au logis, Madame, & je vous quitte ;
Ce Turc viendra dans peu vous faire sa visite.
Bas à Toinon. Je te l'avois bien dit, qu'elle n'en croiroit rien ;
Mais ne t'allarme point. Adieu, tout ira bien.

SCENE IX.

LA MARQUISE, DORISE, TOINON, ERASTE, LE BARON.

LA MARQUISE.

De me vouloir tromper je vous crois incapable,
Ma fille, & je vous crois aussi trop raisonnable,
Pour entrer dans le tour qu'elle veut me jouer:
Seulement je vous prie ici de m'avouer
Si Toinon, qui s'oppose à votre mariage,
N'a point gagné ce Turc pour tenir ce langage.

DORISE.

Madame....

TOINON *bas à Dorise.*

Chut au moins.

LA MARQUISE.

Que dit-elle tout bas?

DORISE.

Madame....

LA MARQUISE.

Parlez donc.

DORISE.

Madame, elle n'a pas,
Par ce qu'elle inventoit, eu dessein de vous nuire,
Je ne le voulois point.

LA MARQUISE.

C'est assez m'en instruire.

DORISE.

Pardonnez-lui, Madame.

LA MARQUISE.

Oüi, ma fille, entre nous
Je doute quelquefois du sort de mon époux;
Pareils bruits m'ont souvent mis dans l'inquiétude;
Car je n'ai de sa mort aucune certitude;
Mais il est tems d'aller.... Faites votre devoir,
Toinon, allez parer ma fille pour ce soir.

Allons à ma bastide y finir notre affaire.

LE BARON.

Madame, nous avons averti le Notaire;
Et pour la nôce on fait préparer ce qu'il faut.

LA MARQUISE.

Mon carosse viendra nous reprendre au plûtôt;
Mais hâtez-vous, Toinon, ne faites pas attendre.

SCENE X.

DORISE, TOINON.

DORISE.

EH bien! Toinon, eh bien! quel conseil dois-je prendre?

TOINON.

A vous parler, Madame, avec sincérité,
De votre mere il faut suivre la volonté:
L'amour en souffrira; mais quoiqu'il vous en coûte,
Le parti du devoir est le plus sûr, sans doute.

DORISE.

Ah! Toinon, j'en mourrai.

TOINON.

Non, vous n'en mourrez pas:
Bien d'autres, sans mourir, ont vû le même cas.
Au choix de nos parens c'est à nous à nous rendre,
Comme vous, franchement, j'aimerois mieux Clitandre;
Mais enfin quelquefois l'hymen fait de ces coups.
Ceux que l'on hait amans, on les chérit époux,
Et peut-être, s'il faut qu'Eraste soit le vôtre...

DORISE.

Non, Toinon, je le hai.

TOINON.

C'est que vous aimez l'autre.

DORISE.

Je ne m'en défens point.

TOINON.

TOINON

Vous-même l'avez vû,
J'ai tenu pour Clitandre, autant que je l'ai pû.

DORISE.

Pour Eraste à présent tu t'es donc déclarée?

TOINON.

Moi? Non, dans son parti je ne suis point entrée.
Je ne tiens pour personne, & j'ignore aujourd'hui
Encor qui vous aura de Clitandre ou de lui.
Clitandre assurément auroit tout l'avantage,
S'il pouvoit de Damon obtenir l'héritage.

DORISE.

Il m'a dit très-souvent qu'un testament perdu
Le prive d'un gros bien, qui lui seroit rendu.

TOINON.

Et même la Ramée avec toute assurance
M'a dit qu'en sa faveur il tourneroit la chance;
Mais nous ne voyons point paroître votre amant,
Parce qu'auprès du Turc il agit vivement.
Pour moi, je ne sçai point ce qu'ils prétendent faire;
Car franchement, Madame, ils m'en font un mistere,
Et comme si Toinon n'étoit plus bonne à rien,
Tout ce que l'on m'en dit, c'est que tout ira bien.
Attendons, s'il vous plaît, que le sort se déclare,
Et cependant entrons. Venez, que l'on vous pare,
Votre mere le veut. Allons.

DORISE.

Cruel devoir!
Je ne prendrai conseil que de mon désespoir.

Fin du second Acte.

ACTE III.

SCENE PREMIERE.

CLITANDRE.

Je les ai vû passer ; mais avec la Marquise,
Eraste & le Baron, je n'ai pas vû Dorise,
Elle doit être ici : ne pourrai-je un moment
Présenter à ses yeux son malheureux amant ?
Car enfin on me donne en vain quelque espérance ;
Sur ce qu'on me promet je prens peu d'assurance :
Quand ce Turc prouveroit ce qu'il m'a raconté,
Fera-t-il différer un hymen arrêté ?
Je sçai que tout est prêt ; que puis-je entendre encore ?
Ah ! je perds aujourd'hui la beauté que j'adore.

SCENE II.

DORISE, TOINON, CLITANDRE.

DORISE.

Non, Toinon. Laisse-moi, tes soins sont superflus,
En l'état où je suis je ne me connois plus ;
Dans le cruel ennui qui déchire mon ame,
A quoi bon tous ces soins ? ... Ah ! c'est vous....

CLITANDRE.

Oüi, Madame,
Je viens ... je sens ... je sçai que l'on n'attend que vous,
Et qu'on va vous donner Eraste pour époux....
Vous pleurez !

DORISE.

Juste Ciel!

TOINON.

Quel dessein est le vôtre?
Pourquoi ces pleurs? Pourquoi s'affliger l'un & l'autre?
Rien n'est encore fait: la chose peut changer.

CLITANDRE.

On me le dit.

TOINON.

Eh bien, pourquoi donc s'affliger?

SCENE III.

LA RAME'E, CLITANDRE, DORISE, TOINON.

LA RAME'E.

JE viens vous avertir ... mais que vois-je? on soupire.

TOINON.

Laissez-les soupirer; qu'avez-vous à nous dire?
Grand faiseur de desseins, vous, qui promettez tant,
Garderez-vous encor ce secret important?

LA RAME'E.

Doucement, s'il te plaît; je vois ce qui t'offense;
Tu ne pouvois entrer dans notre confidence:
Aujourd'hui franchement tu joues de malheur;
Je tente un grand dessein, mais j'en veux tout l'honneur.

TOINON.

Eh! que tardez-vous donc? ma foi, le tems nous presse;
Le Notaire est venu, l'on attend ma maîtresse;
On dresse le contrat; il en sera bien tems,
Quand il sera signé.

LA RAME'E.

C'est où je les attens.

CLITANDRE.

Croyez-vous réussir?

DORISE.

Que faut-il que j'espere ?

LA RAME'E.

Attendons seulement Madame votre mere.

TOINON.

Elle est à sa bastide.

LA RAME'E.

Elle en doit revenir.
C'est ici que mon Turc la veut entretenir,
Et je viens de sa part vous dire de l'attendre.

TOINON.

Je vois que votre Turc joue à se faire pendre ;
Je soupçonne à peu près ce qu'il ose tenter:
Les hardes que d'ici je vous ai vû porter;
Au portrait du Marquis certaine ressemblance
Que je trouve en ce Turc: tout cela, que je pense,
Vous porte à hazarder un coup des plus hardis,
Et que l'on fit, dit-on, autrefois à Paris....

LA RAME'E.

Quel esprit pénétrant !

TOINON.

Pénétrant ; prenez garde
A ce que vous ferez.

LA RAME'E.

Va, cela me regarde ;
De ce que j'entreprens je vous suis caution,
Et je vous prens tous deux sous ma protection.

CLITANDRE.

Dois-je croire un bonheur dont mon ame est charmée ?

DORISE.

Pouvons-nous espérer, mon pauvre la Ramée ?...

LA RAME'E.

Oüi, Madame, comptez que nous réussirons:
Je suis sûr de mon fait, & je vous en répons.
Après, comme je sçai qu'elle vous est fidelle,
Vous me remettrez bien, s'il vous plaît, avec elle ;
Car nous sommes broüillés quelque peu.

TOINON.

Bon vraiment ;

Que demandai-je mieux ? servez-les seulement.

LA RAME'E.

Mais qu'as-tu contre moi ?

TOINON.

Rien.

LA RAME'E.

Je vois le contraire.
L'affaire de tantôt t'aura mise en colere;
Mais franchement, Toinon, tu te picques de rien:
Car, après tout, pourvû que ceci tourne bien,
Pourquoi mal à propos vas-tu te mettre en tête
De sçavoir ce que c'est ?

TOINON.

Oüi, je suis une bête,
Je ne suis bonne à rien: & mordienne pourquoi,
Si l'on veut les servir, se cache-t'on de moi ?
Qu'ai-je fait pour cela ? doit-on, mort de ma vie,
Me laisser ignorer comment on la marie ?
Que dira-t-on ? vraiment l'on m'estime bien peu,
Moi, qui pour la servir me mettrois dans le feu.

LA RAME'E.

Oüi, ton dépit est juste, & je te le pardonne:
Mais mon Turc (je ne sçai si sa raison est bonne)
M'a commandé sur tout de garder le secret.
Les Turcs, comme tu sçais, révérent Mahomet,
Et sa loi leur défend sur des peines séveres,
De confier jamais aux femmes leurs affaires;
Il dit que votre Sexe aime à les publier,
Et que de votre langue on doit se défier.

TOINON.

Mahomet est un sot, & telles que nous sommes,
Nous valons pour ceci cent fois plus que les hommes:
Il s'agit d'une ruse, & la moindre de nous,
Pour tromper finement, l'entend mieux que vous tous:
De vos déguisemens enfin je me défie;
Il croit encor jouer ici la Comédie;
Mais gare.

LA RAME'E.

Les périls sont faits pour les grands cœurs,
Et de ceux d'aujourd'hui nous sortirons vainqueurs.

DORISE.

Ma mere vient; Clitandre, allez, fuyez sa vuë;
Elle croiroit qu'ici vous m'auriez retenuë.

LA RAME'E.

On va vous rendre heureux, ne vous éloignez pas:
Cet oracle est plus sûr que celui de Calchas.

SCENE IV.

LA MARQUISE, DORISE, TOINON, LA RAME'E.

LA MARQUISE.

Ma fille, je reviens, mais je ne peux comprendre
Ce que ce Turc prétend ici me faire entendre,
Vous m'avez avoué la ruse de Toinon,
Et je ne compte plus que sur la fiction.
Je vais chercher là haut, pour finir nos affaires,
Des papiers qui nous sont encore nécessaires;
Attendez un moment, dans peu nous sortirons;
Cependant si ce Turc paroît, nous l'attendrons;
Mon carosse est ici, nous partirons ensemble.

SCENE V.

LA RAME'E, DORISE, TOINON.

TOINON.

Votre Turc à venir tarde bien, ce me semble.

DORISE.

Pour moi j'augure mal de ce retardement.

LA RAME'E.

Il ne tardera pas, Madame, assurément;

Quelqu'un dans son chemin l'a retenu peut-être;
Il n'est pas loin d'ici, vous l'allez voir paroître,
Non avec le Turban, car, à ce que je croi,
Il a de Mahomet abandonné la loi:
Enfin vous l'allez voir sous un autre équipage.

TOINON.

Il tarde bien pourtant à montrer son visage;
Quand on fait ce qu'il ose, on y pense deux fois;
Il craint....

LA RAME'E.

Il ne craint rien, Toinon, & tu le vois.

SCENE VI.

LE MARQUIS, CLITANDRE, DORISE, TOINON, LA RAME'E.

TOINON.

C'Est cela justement, voici tout le mistére:
Je prévois leur dessein, plus je le considére.

LE MARQUIS, *bas à Clitandre.*

Si je ne vous avois rencontré sur mes pas,
Je vous faisois chercher.

TOINON.

Que lui dit-il tout bas?

LE MARQUIS *à Dorise.*

Ce changement d'habits qui vous a fait attendre
Quelque tems, ne doit pas à présent vous surprendre;
Mon hôte la Ramée en sçait bien la raison.

LA RAME'E.

Oüi, oüi, je leur ai dit votre conversion.

LE MARQUIS *à Dorise.*

J'ai promis d'informer Madame votre mere
Que son mari vivoit; mais je n'ai pû le faire,
Qu'aprés avoir connu, pour le choix d'un époux,
Lequel de vos amans étoit digne de vous,

Et je viens à présent vous tenir ma parole.

TOINON.

Jusques-là votre Turc joue assez bien son rôle;
Mais j'ai peine à comprendre où diantre il veut aller.

DORISE.

Ma mere va venir, il est tems de parler;
Si vous avez de quoi confirmer la nouvelle
Que mon pere est vivant, je peux obtenir d'elle
Que l'on différera du moins de quelques jours.

CLITANDRE.

Vous me l'avez promis, j'attens votre secours.
Quand nos peres vivoient, tous deux, dès notre enfance,
Nous fumes élevés dans la douce espérance
D'être unis quelque jour par les plus tendres nœuds,
Et sa mere aujourd'hui nous accable tous deux.

LE MARQUIS.

J'espére que, pourvû qu'elle veuille m'entendre,
A ce que je vais dire elle pourra se rendre.

TOINON.

Enfin voici Madame; oh voyons maintenant,
Comme il s'en tirera.

SCENE VII.

LA MARQUISE, CLITANDRE, DORISE, TOINON, LA RAME'E, LE MARQUIS.

LA MARQUISE.

Ma fille, on nous attend.
Allons. . . . . . Pour votre Turc, il me fait bien connoître,
Ce qu'on en doit juger, puisqu'il n'ose paroître;
Aussi ne veux-je plus m'arrêter à cela;
Allons, Dorise, allons.

LA RAME'E.

Madame, le voilà.

Vous pouvez par lui-même enfin être éclaircie.

LA MARQUISE.

Je ne vois aucun Turc dans cette compagnie :
Mais quel est ce Monsieur que je n'avois pas vû?

LE MARQUIS.

Quoi ! Madame, de vous je ne suis point connu !

LA MARQUISE.

Mon mari !

DORISE.

Quoi ! mon pere !

CLITANDRE.

O Ciel !

TOINON.

Quelle surprise !

LE MARQUIS.

Oüi, Madame, c'est moi que le Ciel favorise :
Vous sçaurez par quel sort je me vois près de vous.

LA MARQUISE.

O Ciel ! il est donc vrai, je revois mon époux.
Dans la joie où je suis, à peine je respire.

TOINON.

Ma foi, je m'en doutois, & j'ai pensé le dire.

LA RAME'E.

O ! voilà le secret que tu voulois sçavoir.

LE MARQUIS.

Madame, en arrivant je courois pour vous voir ;
Mais ayant sçû de lui l'hymen où l'on s'aprête,
Sous mes habits de Turc j'allai me mettre en tête,
De connoître l'époux que vous vouliez choisir ;
Le soin que j'en ai pris, m'a privé du plaisir
De me montrer d'abord à toute ma famille,
Et j'en avois fait même un secret à ma fille.

LA MARQUISE.

Vous êtes revenu, Monsieur, vous choisirez.
Je ne peux que vouloir ce que vous désirez :
C'est vous, ce n'est plus moi, qui dois disposer d'elle.

LA RAME'E.

Allons porter partout cette grande nouvelle.

CLITANDRE.

Permettez-moi, Monsieur, dans mon ravissement,

ERASTE.

Ah! fort bien, c'est cela,
Et je donnerai, moi, dans tous ces panneaux-là ?

LA RAME'E.

Il n'en reviendra point.

LE BARON.

Mon fils, la chose est sûre.

ERASTE.

Ah! ah! vous y donnez, Monsieur; je vous assure,
Que c'est un nouveau tour que Monsieur fait jouer.

CLITANDRE.

Je crois qu'après Madame on le doit avouer.

LA MARQUISE.

Rien n'est plus vrai, Monsieur.

LE BARON.

Après cette assurance,
Eraste....

ERASTE.

Eh! bon, Monsieur, ils sont d'intelligence.

LA MARQUISE.

D'intelligence, moi? Monsieur, détrompez-vous,
Tout le monde a d'abord reconnu mon époux.

ERASTE.

Bagatelle.

LA RAME'E.

Eh! morbleu, personne ne l'ignore,
Curé, Bailli, Notaire, & cent autres encore
De ses anciens amis....

ERASTE.

Eh! Madame, pourquoi,
Si l'on a fait dessein de me manquer de foi,
Pourquoi, si l'on me veut faire cette injustice,
A-t-on encor recours a ce foible artifice?

DAMIS.

Madame, en vérité, mon cousin a raison;
On vous l'a dit, ce Turc est une fiction,
Ou bien il faut depuis qu'on vous ait abusée.

DORISE.

On vous le fera voir, la chose est fort aisée.

TOINON.

Pas tant que vous croyez.

ERASTE.

Ce tour si bien joué,
N'avez-vous pas tantôt, moi présent, avoué
Que c'étoit une feinte à dessein concertée
Par cette fille-là, par Toinon inventée,
Et que même c'étoit contre vos sentimens?

DAMIS.

Après cela, ma foi, c'est se moquer des gens.

LA RAME'E.

Sans doute.

LA MARQUISE.

Quoi, Messieurs, vous me croyez capable
De pouvoir entrer, moi, dans un dessein semblable?
Il est vrai que Toinon l'a tantôt inventé;
Mais ce qu'elle a crû feinte, est une vérité:
Mon époux est venu par un bonheur extrême,
Vous l'allez voir bien-tôt paroître ici lui-même.
(*Au Baron.*) Peut-être il se rendra le voyant dans mes bras.

TOINON.

Il le verra, Madame, & ne se rendra pas.

ERASTE.

On ne me trompe pas aisément.

DAMIS.

Belle ruse
Pour manquer de parole! Il faudroit être buse.

LA RAME'E.

Tiendra-t-il ferme encor contre lui?

SCENE DERNIERE.

LE MARQUIS, LA MARQUISE, ERASTE, LE BARON, DAMIS, CLITANDRE, TOINON, DORISE, LA RAMÉE.

ERASTE.

Justement.
C'est ce Turc travesti. Le beau déguisement.
Eh! Madame, peut-on m'opposer cet obstacle?

LE MARQUIS.

Qu'est-ce?

LA MARQUISE.

Votre retour est un si grand miracle,
Qu'il est ici des gens qui l'osent contester.

LE MARQUIS.

Je ne suis pas surpris qu'on en puisse douter,
Moi-même, quand je songe à ce long esclavage,
Dans lequel j'ai passé le plus beau de mon âge,
Et que je suis chez moi; je doute quelquefois
De l'état où je suis, & de ce que je vois.

ERASTE.

Eh! bon, c'est bien à moi qu'on conte des sornettes:
Je vois trop les leçons qui vous ont été faites:
On ne m'impose point par de pareils discours;
Madame, encore un coup, je vois tous vos détours.

LE MARQUIS.

Que prétend donc Monsieur? Quels détours? Qu'est-ce à dire?

LA MARQUISE.

Monsieur veut & soutient que c'est pour me dédire,
Que je vous fais, Monsieur, passer pour mon époux;
Que vous ne l'êtes point, qu'il le sçait mieux que nous

LE MARQUIS.

Oh! votre entêtement, Monsieur, fût-il extrême,
Vous n'empêcherez pas que je ne sois moi-même;

Croyez-le, s'il vous plaît.

LE BARON,

Eraste, en vérité,
C'est porter dans l'excès l'opiniâtreté;
Voulez-vous tenir seul contre la loi publique,
Contre Monsieur, Madame, & ce vieux domestique,
Contre tous?

ERASTE.

Mais, Monsieur, je sçai ce que je dis;
Cet homme-là n'est point, vous dis-je, le Marquis.

LA RAME'E.

Tout le monde, morbleu, le connoît dans les ruës.

ERASTE.

A d'autres, on veut donc qu'il soit tombé des nuës.

DAMIS.

Sçait-on pas qu'il est mort depuis plus de quinze ans?

ERASTE.

Ma foi ce conte est bon à faire à des enfans.

LE MARQUIS.

Ce conte?

ERASTE.

Oüi, oüi, ce conte, ou plûtôt cette fable.

LE BARON.

Eraste....

ERASTE.

Il ne l'est point, mon pere.

LA RAME'E.

Comment diable;
Monsieur n'est pas mon Maître?

LA MARQUISE.

Il n'est pas mon époux?

ERASTE.

Non, non, Madame, non.

LE BARON.

Mon fils, que faites-vous?

ERASTE.

Ce que je fais, Monsieur? Quoi, souffrir qu'on nous joue!

LE BARON.

Mais enfin, on se rend quand tout le monde avoue.

ERASTE.

Moi, je ne me rends point, c'est une fiction.

LE MARQUIS.

Je ne suis pas l'époux de Madame, moi?

ERASTE.

Non.

DORISE.

Quoi? Monsieur, que j'embrasse....

ERASTE.

Il n'est point votre pere,
Madame, il ne l'est point.

TOINON.

O! vous avez beau faire.
On nous l'avoit bien dit, que quand il le verroit,
Il ne se rendroit point.

ERASTE.

Qui diable se rendroit?
Je serois un nigaud, un sot. (*à Toinon.*) Eh! bon, toi-même,
Ne me l'as-tu pas dit?

LE BARON.

Quelle folie extrême?

ERASTE.

Eh! ne voyez-vous pas qu'on cherche à me tromper?
Par quelque ressemblance on prétend me dupper;
Mais on a beau le dire, il a beau le paroître,
Je sçai qu'il ne l'est point, & qu'il ne le peut être:

LE MARQUIS.

Je ne le comprens pas, ô! quel entêtement!
Monsieur, est-il sujet à cet égarement?

TOINON.

O! Monsieur, tous les jours, demandez-le à Madame,
Nous admirons en lui cette fermeté d'ame.

LE MARQUIS.

Eh bien! quoiqu'il en soit, il faut vous préparer
A ce qu'enfin, Monsieur, je dois vous déclarer:
Je voudrois, en faveur de Monsieur votre pere,
Que tout le monde estime, & que je considere,
Pouvoir exécuter ce qu'on vous a promis;
Mais l'on sçait qu'au meilleur de mes anciens amis

Autrefois

Autrefois j'accordai ma fille en sa jeunesse
Pour son fils, & je dois lui tenir ma promesse.

ERASTE.

On l'a fort bien instruit, & si je ne sçavois
Que cet homme est le Turc, parbleu je le croirois.

LE BARON.

Allez, vous êtes fou.... Monsieur, je vous supplie,
En faveur de l'amour, d'excuser sa folie.

ERASTE.

Il est vrai que l'amour me trouble le cerveau;
Mais, Monsieur, vous donnez, ma foi, dans le panneau;
C'est au Turc Ibrahim que vous faites excuse.

LE MARQUIS.

Si faut-il à la fin que je le désabuse;
Car avec cet écrit, je le peux sûrement;
Monsieur, vous rendrez-vous voyant ce testament?

à Clitandre.

Pour votre hymen, Monsieur, feu Monsieur votre pere,
Lorsque Damon mourut, m'en fit dépositaire;
Je partis pour Venise, & le laissai là-haut:
Le voilà, je n'ai pû vous le rendre plûtôt,
Ni vous faire sçavoir que je l'avois.

TOINON.

Courage,
Madame, nous aurons Clitandre & l'héritage.

LE BARON.

Sortons. Vous méritez, ma foi, ce que je vois.
Allons, allons.... Monsieur, j'approuve votre choix.

LE MARQUIS.

Quel homme donniez-vous, Madame, à votre fille?
Heureusement j'en ai délivré la famille;
Mais allons assembler nos parens, nos amis,
Et tenir à Monsieur tout ce que j'ai promis.

Fin du premier Volume.